Einaudi Tas

«Mario Rigoni Stern non è scrittore di vocazione», notava Elio Vittorini nel risvolto de *Il sergente nella neve. Ricordi della ritirata di Russia*, pubblicato nella sua collana «I gettoni» presso Einaudi nel 1953. «Nato ad Asiago trent'anni or sono, alpinista, cacciatore, impiegato statale, forse non sarebbe mai capace di scrivere di cose che non gli fossero accadute. Ma può riferire con immediatezza e sincerità di quello che gli accadde. Tra la fine del '42 e il principio del '43 gli accadde di partecipare alla ritirata di Russia. Come tanti altri che vi parteciparono è stato portato a scriverne, e noi riteniamo di poter affermare, pubblicando qui la sua relazione di sergente maggiore, ch'essa è forse l'unica testimonianza del genere da cui si riceva un'impressione più di carattere estetico che sentimentale o polemico, o insomma pratico. Una piccola Anabasi dialettale, la definiremmo...»

Mario Rigoni Stern, durante la Seconda guerra mondiale aveva combattuto come alpino in Francia, poi in Albania, in Jugoslavia e ancora per due inverni in Russia, poi era finito prigioniero dei tedeschi in Germania, in Lituania e in Austria, dove aveva lavorato nelle miniere di ferro e di carbone e aveva cominciato a scrivere i suoi ricordi con mezzi di fortuna. Elio Vittorini che curava per la casa editrice Einaudi la nuova collana «I gettoni» era stato per lui un severo maestro editoriale e gli aveva imposto di rifare per ben sette volte il resoconto sulla ritirata. Per questo nel grande elogio che tributava allo scrittore occasionale Elio Vittorini aveva incluso anche una specie di riduzione della sua attività letteraria, appunto all'occasione eccezionale dell'evento bellico. E a questa riduzione parve uniformarsi lo stesso Mario Rigoni Stern, tornato, mentre *Il sergente nella neve* riscuoteva un crescente successo, a far le sue sette ore al giorno dietro lo sportello del catasto di Asiago e a passare il tempo libero tra caccia, montagna e vecchie amicizie.

Eppure i critici piú fini, come Giuseppe De Robertis, avevano cominciato subito a discutere la sentenza vittoriniana secondo cui Mario Rigoni Stern non era scrittore di vocazione. «Certo è, però, intanto, – affermava infatti, già nel 1953, Giuseppe De Robertis sul "Nuovo Corriere" di Firenze, diretto da Romano Bilenchi, – che qui noi conosciamo uno scrittore, che il libro ha una sua struttura, e sta tra un cominciamento che attacca d'impeto, come se la materia ancora gli bruciasse ed egli ne fosse sopraffatto, quasi intonando una "Cassa" di canzone di gesta [...] e un finale in forma di crescendo [...] Di qua e di là, dunque, una passione viva piú che mai, una passione che un poco si ricanta da sé, lui in persona di attore ancora; ma nel mezzo (e torna esatto il confronto con l'*Anabasi* con le sue qualità proprie), una scrittura limpida, una narrativa schietta, solo leggermente mossa...»

Il secondo libro di Mario Rigoni Stern arrivò solo nel 1962, quasi dieci anni dopo, e furono i racconti del *Bosco degli urogalli*, pure pubblicati da Einaudi. Mario Rigoni Stern si era rigorosamente attenuto allo scrivere solo di cose che gli fossero accadute. Pubblicò poi nel 1967, *La guerra della naja alpina*, presso l'editore Ferro, e ancora presso Einaudi nel 1971 *Quota Albania* e nel 1973 il *Ritorno sul Don* con cui concluse idealmente il suo ciclo di ricordi della ritirata di Russia. Un viaggio non solo nello spazio, ma anche nel tempo, non solo nel presente, ma anche nel passato, senza rancori e senza voglia di rivalse, ma anzi come un atto di amore, il recupero del paesaggio e dell'umanità della terra dove aveva rischiato di perdere la vita, ma che, in un certo senso, lo aveva consolato e protetto, un'immagine preziosa.

«Nel 1943, quando noi pochi rimasti prendemmo il treno per ritornare, avevo portato via un'immagine simile che per anni mi aiutò a vivere», scrive Mario Rigoni Stern, al ritorno ad Asiago. «Ecco sono tornato ancora una volta; ma ora so che laggiú, quello tra il Donetz e il Don, è diventato il posto piú tranquillo del mondo. C'è una grande pace, un grande silenzio, un'infinita dolcezza. La finestra della mia stanza inquadra boschi e montagne, ma lontano, oltre le Alpi, le pianure, i grandi fiumi, vedo sempre quei villaggi e quelle pianure dove dormono nella loro pace i nostri compagni che non sono tornati a baita».

Dopo *Ritorno sul Don*, Mario Rigoni Stern ha continuato a scrivere sulla flora, la fauna e l'umanità della sua terra, pubblicando, sempre presso Einaudi, *Storia di Tönle* nel 1978, *Uomini, boschi e api* nel 1980, *L'anno della vittoria* nel 1985, *Amore di confine* nel 1986. Nel 1989 è uscito *Il magico Kolobok e altri racconti*, edito da «La Stampa», il quotidiano di Torino che Mario Rigoni Stern gratifica ogni tanto di pagine di grazia sorprendente e sconcertante nel grigio orizzonte delle collaborazioni giornalistiche, storie di suggestione musicale e morale, che piú che mai lo confermano scrittore di vocazione non solo dell'accaduto, ma anche e soprattutto del sognato, anzi del sognabile.

Mario Rigoni Stern
Il sergente nella neve
Ricordi della ritirata di Russia
e
Ritorno sul Don

Einaudi

Il sergente nella neve

Parte prima

Il caposaldo

Ho ancora nel naso l'odore che faceva il grasso sul fucile mitragliatore arroventato. Ho ancora nelle orecchie e sin dentro il cervello il rumore della neve che crocchiava sotto le scarpe, gli sternuti e i colpi di tosse delle vedette russe, il suono delle erbe secche battute dal vento sulle rive del Don. Ho ancora negli occhi il quadrato di Cassiopea che mi stava sopra la testa tutte le notti e i pali di sostegno del bunker che mi stavano sopra la testa di giorno. E quando ci ripenso provo il terrore di quella mattina di gennaio quando la Katiuscia, per la prima volta, ci scaraventò le sue settantadue bombarde.

Prima che i russi attaccassero e pochi giorni dopo che si era arrivati si stava bene nel nostro caposaldo.

Il nostro caposaldo era in un villaggio di pescatori in riva al Don nel paese dei cosacchi. Le postazioni e le trincee erano scavate nella scarpata che precipitava sul fiume gelato. Tanto a destra che a sinistra la scarpata declinava sino a diventare un lido coperto di erbe secche e di canneti che spuntavano ispidi tra la neve. Al di là di un lido, a destra, il caposaldo del Morbegno; al di là dell'altro, quello del tenente Cenci. Tra noi e Cenci, in una casa diroccata, la squadra del sergente Garrone con una pesante. Di fronte a noi, a meno di cinquanta metri, sull'altra riva del fiume, il caposaldo dei russi.

Dove eravamo noi doveva essere stato un bel paese. Ora, invece, delle case rimanevano in piedi soltanto i camini di mattoni. La chiesa era metà; e nell'abside erano il comando di compagnia, un osservatorio e una postazione per la pesante. Scavando i camminamenti negli orti delle case che non c'erano piú, uscivano fuori dalla terra e dalla neve patate, cavoli, carote, zucche. Qualche volta era roba buona e si faceva la minestra.

Le uniche cose vive, animalmente vive, che erano rimaste nel villaggio, erano i gatti. Non piú oche, cani, galline, vacche, ma solo gatti. Gatti grossi e scontrosi che vagavano fra le macerie delle case a caccia di topi. I topi non facevano parte del villaggio ma facevano parte della Russia, della terra, della steppa: erano dappertutto. C'erano topi nel capo-saldo del tenente Sarpi scavato nel gesso. Quando si dormiva venivano sotto le coperte al caldo con noi. I topi!

Per Natale volevo mangiarmi un gatto e farmi con la pelle un berretto. Avevo teso anche una trappola, ma erano furbi e non si lasciavano prendere. Avrei potuto ammazzarne qualcuno con un colpo di mo-schetto, ma ci penso soltanto adesso ed è tardi. Si vede proprio che ero intestardito di volerlo prendere con la trappola, e cosí non ho mangiato polenta e gatto e non mi sono fatto il berretto con il pelo. Quando si tornava dalla vedetta, si macinava la se-gala: e cosí ci riscaldavamo prima di andare a dor-mire. La macina era fatta con due corti tronchi di rovere sovrapposti e dove questi combaciavano c'era-no dei lunghi chiodi ribaditi. Si faceva colare il grano da un foro che stava sopra nel centro e da un altro foro, in corrispondenza dei chiodi, usciva la farina.

Si girava con una manovella. Alla sera, prima che uscissero le pattuglie, era pronta la polenta calda. Diavolo! Era polenta dura, alla bergamasca, e fumava su un tagliere vero che aveva fatto Moreschi. Era senza dubbio migliore di quella che facevano nelle nostre case. Qualche volta veniva a mangiarla anche il tenente che era marchigiano. Diceva: – Com'è buona questa polenta! – e ne mangiava due fette grosse come mattoni.

E poiché noi avevamo due sacchi di segala e due macine, alla vigilia di Natale mandammo una macina e un sacco al tenente Sarpi con auguri per i mitraglieri del nostro plotone che erano lassú nel suo caposaldo.

Si stava bene nei nostri bunker. Quando chiamavano al telefono e chiedevano: – Chi parla? – Chizzarri, l'attendente del tenente, rispondeva: – Campanelli! – Era questo il nome di convenienza del nostro caposaldo e quello di un alpino di Brescia che era morto in settembre. Dall'altra parte del filo rispondevano: – Qui Valstagna: parla Beppo –. Valstagna è un paese sul fiume Brenta lontano dal mio dieci minuti di volo d'aquila mentre qui indicava il comando di compagnia. Beppo, il nostro capitano nativo di Valstagna. Pareva proprio di essere sulle nostre montagne e sentire i boscaioli chiamarsi fra loro. Specialmente di notte quando quelli del Morbegno, che erano nel caposaldo alla nostra destra, uscivano sulla riva del fiume a piantare reticolati e conducevano i muli davanti alle trincee e urlavano e bestemmiavano e battevano pali con le mazze. Chiamavano persino i russi e gridavano: – Paesani! Paruschi, spacoina noci! – I russi, stupefatti, stavano a sentire.

Ma dopo abbiamo preso anche noi confidenza con le cose.

Una notte di luna sono uscito con Tourn, il piemontese, a cercare qualcosa fra case diroccate piú discoste. Siamo scesi in quei buchi che sono davanti ad ogni isba, dove i russi ripongono le provviste per l'inverno e la birra d'estate. In uno c'erano tre gatti che facevano all'amore, e che, seccati, balzarono fuori mandando scintille dagli occhi facendoci prendere un gran spavento. Quella volta trovai una pentola di ciliege secche e Tourn due sacchi di segala e due sedie, ed io in un altro buco, uno specchio grande e bello. Volevamo portare quella roba nella nostra tana, ma c'era la luna e la vedetta russa che stava al di là del fiume non voleva che portassimo via la sua roba e ci sparò. Forse aveva ragione, ma lui non l'avrebbe potuta adoperare, e le pallottole ci passavano vicine fischiando come a dirci: «Mettete giú». Dietro un camino abbiamo aspettato che una nube coprisse la luna, poi, saltando fra le macerie, abbiamo raggiunto la nostra tana dove i compagni ci aspettavano.

Era proprio bello sedersi su una sedia per scrivere alla ragazza, o radersi guardandoci nello specchio grande, o bere, alla sera, lo sciroppo delle ciliege secche bollite nell'acqua di neve.

Peccato che non riuscivo a prendere il gatto.

Quello che bisognava economizzare era l'olio per i lumini. D'altra parte, un po' di luce ci voleva sempre nelle tane, per il caso di un allarme, sebbene avessimo armi e munizioni sempre a portata di mano.

Una notte che nevicava ero andato con il tenente oltre i nostri reticolati ove c'era la spiaggia abbandonata fra noi e il Morbegno. Non c'era nessuno là. Soltanto rottami aggrovigliati di chissà quali macchine. Volevamo vedere cosa c'era di buono fra quei rottami. Trovammo un bidone di olio, e pensammo che potesse servire per fare i lumi e per ungere le armi. Cosí un'altra notte che c'era tormenta ed era buio son ritornato lí con Tourn e Bodei. Mettendo il bidone in una posizione comoda per poterlo vuotare nei recipienti che avevamo con noi, si fece del rumore. La vedetta sparò, ma era buio nero come il fondo esterno del paiolo della polenta; sparò cosí per scaldarsi le mani. Bodei bestemmiava sottovoce per non farsi sentire. Eravamo piú vicini ai russi che ai nostri compagni. Facendo diversi viaggi riuscimmo a portare nella tana un cento litri di olio. Abbiamo dato un po' d'olio al tenente Cenci per il suo caposaldo, poi al tenente Sarpi, poi anche il capitano ne volle, e la squadra esploratori, e anche il maggiore al comando di battaglione. Infine, stanchi delle richieste, mandammo a dire che non ne avevamo piú. Quando ci diedero l'ordine di ripiegare ne abbiamo lasciato anche per i russi. Nella nostra tana c'erano tre lumi fatti con scatolette di carne vuote. Per gli stoppini si adoperavano stringhe da scarpe tagliate a pezzi.

La notte era per noi come il giorno. Camminavo sempre fuori dai camminamenti e andavo da una vedetta all'altra. Mi divertivo a camminare senza far rumore e giungere cosí alle loro spalle per vederle, confuse, chiedermi la parola d'ordine. Io rispondevo: – Ciavhad de Brexa –. Poi parlavo loro sottovoce in bresciano, raccontavo qualche barzelletta e dicevo parole sconce. Ridevano a sentirmi, veneto come sono, parlare nel loro dialetto. Solo quando andavo da Lombardi stavo zitto. Lombardi! Non posso ricordare il suo viso senza che si rinnovi in me un fremito. Alto, taciturno, cupo. Quando lo guardavo in viso non mi sentivo di fissarlo a lungo e quando, molto di rado, sorrideva, faceva male al cuore. Sembrava facesse parte di un altro mondo e sapesse delle cose che a noi non poteva dire. Una notte, mentre mi trovavo da lui, venne una pattuglia russa, e le pallottole dei mitra sfiorarono l'orlo della trincea. Io, allora, abbassai il capo e guardai attraverso la feritoia. Lombardi, invece, stava ritto con tutto il petto fuori e non si muoveva di un filo. Io avevo paura per lui, sentivo di arrossire per vergogna. Una sera, poi, durante l'attacco dei russi, venne il sergente Minelli a dirmi che Lombardi era morto con una pallottola in fronte mentre, fuori della trincea, ritto in piedi, sparava con un mitragliatore imbracciato. Ricordai allora com'era sempre stato taciturno e il senso di soggezione che mi dava la sua presenza. Pareva che la morte fosse già in lui.

La cosa piú buffa era quando portavamo davanti alla trincea i gabbioni dei reticolati. Ricordo un alpino, piccolo, sempre attivo, con la barba secca e rada, porta-arma tiratore veramente in gamba della squadra di Pintossi. Lo chiamavamo « il Duce ». Bestemmiava in un modo tutto suo particolare ed era ridicolo a vedersi perché indossava un camicione bianco piú lungo di lui, cosí che, camminando, questo s'impigliava sempre sotto gli scarponi scatenando una fila di bestemmie che lo sentivano anche i russi. S'impigliava spesso anche fra i gabbioni di filo spinato che portava con il suo compagno e allora neanche tirava il fiato per bestemmiare, e includeva la naia, i reti-

14

colati, la posta, gli imboscati, Mussolini, la fidanzata, i russi. Sentirlo era meglio che andare a teatro.

Venne anche il giorno di Natale.

Sapevo che era il giorno di Natale perché il tenente la sera prima era venuto nella tana a dirci: – È Natale domani! – Lo sapevo anche perché dall'Italia avevo ricevuto tante cartoline con alberi e bambini. Una ragazza mi aveva mandato una cartolina in rilievo con il presepio, e la inchiodai sui pali di sostegno del bunker. Sapevamo che era Natale. Quella mattina avevo finito di fare il solito giro delle vedette. Nella notte ero andato per tutti i posti di vedetta del caposaldo e ogni volta che trovavo fatto il cambio dicevo: – Buon Natale!

Anche ai camminamenti dicevo buon Natale, anche alla neve, alla sabbia, al ghiaccio del fiume, anche al fumo che usciva dalle tane, anche ai russi, a Mussolini, a Stalin.

Era mattina. Me ne stavo nella postazione piú avanzata sopra il ghiaccio del fiume e guardavo il sole che sorgeva dietro il bosco di roveri sopra le postazioni dei russi. Guardavo il fiume ghiacciato da su dove compariva dopo una curva fin giú dove scompariva in un'altra curva. Guardavo la neve e le peste di una lepre sulla neve: andavano dal nostro caposaldo a quello dei russi. « Se potessi prendere la lepre! », pensavo. Guardavo attorno tutte le cose e dicevo: – Buon Natale! – Era troppo freddo star lí fermo e risalendo il camminamento rientrai nella tana della mia squadra. – Buon Natale! – dissi, – buon Natale!

Meschini stava pestando il caffè nell'elmetto con il manico della baionetta.

Bodei faceva bollire i pidocchi.

Giuanin stava appollaiato nella sua nicchia vicino alla stufa.

Moreschi si rammendava le calze.

Quelli che avevano fatto gli ultimi turni di vedetta dormivano. C'era un odore forte lí dentro: odore di caffè, di maglie e mutande sporche che bollivano con i pidocchi, e di tante altre cose. A mezzogiorno Moreschi mandò per i viveri. Ma siccome quel rancio non era da Natale si decise di fare la polenta. Meschini ravvivò il fuoco, Bodei andò a lavare il pentolone in cui aveva bollito i pidocchi.

Tourn e io si voleva sempre stacciare la farina e, chissà dove e come, un giorno Tourn riuscí a trovare uno staccio. Ma quello che restava nello staccio, tra crusca e grano appena spezzato, era piú di metà e allora si decise a maggioranza di non stacciarla piú. La polenta era dura e buona.

Era il pomeriggio di Natale. Il sole incominciava ad andarsene per i fatti suoi dietro la mugila e noi si stava nella tana attorno alla stufa fumando e chiacchierando. Venne poi dentro il cappellano del Vestone: – Buon Natale, figlioli, buon Natale! – E si appoggiò con la schiena ad un palo di sostegno. – Sono stanco, – disse, – ho fatto tutti i bunker del battaglione. Quanti ce ne sono ancora dopo il vostro?

– Una squadra sola, – dissi. – Dopo viene il Morbegno.

– Dite il rosario stasera e poi scrivete a casa. State allegri e sereni e scrivete a casa. Ora vado dagli altri. Arrivederci.

– Non ha neanche un pacchetto di Milit da darci, padre?

– Ah, sí! Prendete.

E ci butta due pacchetti di Macedonia e va fuori. Meschini bestemmia. Bodei bestemmia. Giuanin dalla sua nicchia dice: – Zitti, è Natale oggi! – Meschini bestemmia ancora piú fiorito: – Sempre Macedonia, – dice, – e mai trinciato forte o Popolari o Milit. Questa è paglia per signorine.

– Boia faus, – dice Tourn, – Macedonia.

– Porca la mula, – dice Moreschi, – Macedonia.

Poi mandai fuori la prima coppia di vedette perché era buio. Ero lí che mi grattavo la schiena vicino alla stufa quando entrò Chizzarri a chiamarmi: – Sergentmagiú, – disse, – ti vogliono al telefono. È il capitano –. Mi infilai il pastrano e presi il moschetto domandandomi cosa potessi aver fatto di male. Il telefono era nella tana del tenente. Il tenente era fuori, forse a passeggiare lungo la riva del fiume per sentire gli starnuti delle vedette russe.

Era proprio Beppo, il capitano, che mi voleva su a Valstagna, al comando di compagnia. Aveva qualcosa da dirmi. «Che sarà?» pensavo, mentre andavo su alla chiesa diroccata.

Con la faccia tonda e rossa il capitano mi aspettava nella sua tana che era larga e comoda. Aveva il cappello sulle ventitre con la penna diritta come un coscritto, le mani in tasca. – Buon Natale! – disse. E poi mi tese la mano e poi un bicchiere di latta con dentro cognac. Mi chiese come andava al mio paese e come al caposaldo. Mi cacciò tra le braccia un fiasco di vino e due pacchi di pasta. Ritornai giú alla mia tana saltando fra la neve come un capretto a primavera. Nella furia scivolai e caddi ma non ruppi il fiasco né mollai la pasta. Bisogna saper cadere. Una volta sono scivolato sul ghiaccio con quattro gavette di vino e non versai una goccia: io ero giú per terra ma le gavette le avevo salde in mano con le braccia tese a livello. Ma era successo in Italia di aver quattro gavette di vino, al corso sciatori.

Quando arrivai al caposaldo le vedette mi diedero l'alt-chi-va-là-parola-d'ordine e gridai, forte che mi sentirono anche i russi: – Pastasciutta e vino!

Un giorno che, sdraiato sulla paglia, guardavo i pali di sostegno e pensavo che parole nuove dovevo scrivere alla ragazza, venne Chizzarri a dirmi che il tenente Cenci aveva telefonato che andassi da lui a fare due chiacchiere. Infilai il camminamento che portava al suo caposaldo.

Mi pareva di essere al paese come quando si va da una contrada all'altra per trovare un amico e far due chiacchiere all'osteria. Ma dal tenente Cenci era differente. Aveva una tana tutta bianca scavata nel gesso, mentre le nostre erano nere. C'erano dentro un lettino ben rifatto, con le coperte pulite e senza una grinza, un tavolo con sopra una coperta da campo, alcuni libri, e il lume a petrolio che pareva un soprammobile. Vicino all'entrata, in una nicchia, una fila di bombe a mano rosse e nere parevano fiori. Presso il lettino, appoggiato alla parete, il moschetto lucido: accanto a questo l'elmetto sospeso ad un chiodo. Per terra non vi era un filo di paglia o una cicca. Prima di entrare battei e strisciai le scarpe per non portar dentro neve.

Il tenente Cenci, sorridente, mi aspettava in piedi nella sua divisa pulita e con il passamontagna bianco risvoltato intorno al capo come il turbante di un indiano. Mi chiese della ragazza, si parlava di cose belle e gentili, e poi chiamò l'attendente a fare il caffè.

Quando stavo per andarmene mi regalò un pacchetto di Africa e mi diede in prestito un libro che parlava di un aviatore che volava per l'oceano, le Ande, i deserti. Mi accompagnò per le postazioni del suo caposaldo; guardando il campo di tiro dei suoi mitragliatori gli feci osservare che doveva sparare un po' piú alto e a sinistra perché le pallottole passavano sopra la nostra trincea e noi non potevamo mettere fuori il naso, com'era successo una volta ch'era venuta una pattuglia russa e lui sparava.

Ritornando solo alla mia tana pensavo se avrei trovato posta e che parole nuove dovevo scrivere alla ragazza. Ma le parole nuove erano sempre quelle vecchie: baci, bene, amore, ritornerò. Pensavo che se avessi scritto: gatto per Natale, olio per le armi, turno di vedetta, Beppo, postazioni, tenente Moscioni, caporale Pintossi, reticolati, non avrebbe capito niente.

Tourn, il piemontese, era il piú allegro di tutti anche se aveva un po' di paura. L'avevano mandato al nostro battaglione per punizione perché era rientrato in ritardo dalla licenza. In principio non si era trovato bene con noi ma poi sí, e molto. Quando rientrava nella tana, dopo il suo turno di vedetta, gridava: – Madamin c'al porta 'na buta!

Bodei, che era bresciano come tutti gli altri, rispondeva:

– Bianco o negher?

– Basta c'al sia! – riprendeva Tourn e poi cantava nel suo dialetto: – All'ombretta di un cespuglio...

Un giorno gli chiesi: – Tourn, hai ricevuto posta da casa? – Sí, – disse lui, – l'ho già fumata tutta.

Tourn, infatti, raccoglieva tutte le cicche, ne levava il tabacco e con le lettere che riceveva da casa « per via aerea » faceva cartine. Lui cosí fumava sempre e faceva in modo che da casa gli scrivessero sempre « per via aerea » per aver carta sottile.

Giuanin invece, ogni volta che gli capitavo a tiro, mi chiamava in disparte, mi strizzava l'occhio e sottovoce mi chiedeva: – Sergentmagiú, ghe rivarem a baita?

Perché lui era certo che io sapessi come sarebbe andata a finire la guerra, chi sarebbe restato vivo, chi morto e quando. Cosí io rispondevo con sicurezza: – Sí, Giuanin, ghe rivarem a baita –. Secondo lui dovevo anche sapere se avrebbe sposato la sua ragazza. Qualche volta gli dicevo che doveva stare attento agli imboscati.

Si appollaiava nella sua nicchia vicino alla stufa e con gli occhi mi ripeteva: – Sergentmagiú, ghe rivarem a baita? – Pareva che fra noi due vi fosse un segreto.

Un bel tipo era anche Meschini. Era lui che faceva la polenta la sera. Mescolava con energia: le maniche della camicia rimboccate fino al gomito, una goccia di sudore per ogni pelo di barba. Si vedevano i muscoli delle braccia e del viso irrigidirsi, si piantava a gambe larghe. Cosí mescolava la polenta Meschini. Pareva Vulcano che batteva sull'incudine. Raccontava che quando era in Albania la tormenta faceva bianco il pelo dei muli neri e il fango cambiava in neri i muli bianchi. Quelli che avevano pochi mesi di naia lo stavano ad ascoltare increduli. Era un ex conducente e odorava ancora di mulo: la sua barba era pelo di mulo, la sua forza era di mulo, la guerra la faceva come un mulo, la polenta che mescolava era mangime di mulo. Aveva il colore della terra e noi eravamo come lui.

Anche il tenente Moscioni che comandava il caposaldo era come noi. Riposava lavorando come i muli, scavava camminamenti con noi durante il giorno e veniva con noi di notte a portare reticolati davanti alla trincea, a fare postazioni, a prendere pali tra le macerie delle case e mangiava polenta come mangime di muli.

Ma lui aveva una cosa che noi non avevamo: nello zaino nascondeva pacchetti di sigarette Popolari e Milit che fumava di nascosto nella sua tana; a noi invece passavano Macedonia ed era come fumare foglie di patata. Moreschi, il caporalmaggiore dei mortai da 45, voleva cambiare Macedonia contro Milit ma il tenente non ci stava nemmeno a due contro una. Però, a dire il vero, Moreschi qualche Milit se la fumava sempre.

La notte di capodanno vi furono i fuochi artificiali. Diavolo se era freddo! Cassiopea e le Pleiadi brillavano piú che mai sopra le nostre teste, il fiume era gelato completamente e ogni mezz'ora bisognava dare il cambio alle vedette.

Alla sera ero andato con il tenente sino alla postazione del sergente Garrone. Lí si giocavano alle carte i soldi della deca. Fuori la vedetta stava vicino alla mitragliatrice. La pesante sporgeva la canna verso un campo di granone indurito dal gelo: pareva una capra tanto sembrava magra, la pesante, e sotto la pancia aveva un elmetto di brace viva.

La vedetta si grattava; i muli avevano l'erpete e lui la scabbia. Ritornando verso il caposaldo pareva proprio di andare verso casa nostra. Il tenente volle tirare un colpo di pistola per vedere se le vedette stavano all'erta. La pistola fece: clic. Io allora provai a tirare un colpo di moschetto e il moschetto fece: clic. Mi disse infine di gettare una bomba a mano e la bomba a mano non fece nemmeno clic, sparí nella neve senza fare alcun rumore.

Diavolo se era freddo.

Dopo, verso mezzanotte, venne la sagra. D'un tratto pallottole traccianti mandavano a pezzi il cielo, pallottole di mitragliatrice passavano sopra il nostro caposaldo miagolando e davanti le nostre trincee scoppiavano i 152: subito dopo i 75/13 e i mortai da 81 di Baroni laceravano l'aria e i pesci nel fiume. Tremava la terra, e sabbia e neve colavano giú dai camminamenti. Nemmeno nel Bresciano nel giorno della sagra di san Faustino s'udiva un baccano simile. Cassiopea non si vedeva piú e i gatti chissà dov'erano andati. Le pallottole battevano sui reticolati mandando scintille. Improvvisamente tutto ritornò calmo, proprio come dopo la sagra tutto diventa silenzioso e nelle strade deserte rimangono i pezzi di carta che avvolgevano le caramelle e i fiocchi delle trombette. Solo ogni tanto si sentiva qualche fucilata solitaria e qualche breve raffica di mitra come le ultime risate di un ubriaco vagabondo in cerca di osteria. Tornarono a brillare le stelle sopra le nostre teste e i gatti a mettere il muso fuori dalle macerie delle case. Gli alpini rientravano nelle tane. Sul Don, nei buchi delle esplosioni, l'acqua riprendeva a gelare. Ero assieme al tenente e guardavamo le cose nell'oscurità e ascoltavamo il silenzio. Sentimmo che Chizzarri veniva in cerca di noi. – Signor tenente, vi vogliono al telefono, – disse. Rimasi solo e guardavo i reticolati a metà sepolti nella neve, le erbe secche sulla riva del fiume immobile e duro, e sull'altra riva indovinavo nel buio le postazioni dei russi. Sentii una nostra vedetta tossire e un passo lungo e felpato come quello del lupo: il tenente ritornava. – Cos'era? – dissi. – È morto Sarpi, – rispose. Guardai nuovamente il buio e ascoltai di nuovo il silenzio. Il tenente si curvò nella trincea, accese due sigarette e ne passò una a me. Mi sentivo allo stomaco come un calcio di fucile e la gola chiusa come se avessi da vomitare qualcosa e non potessi. Tenente Sarpi. Attorno a me non c'era nulla, nemmeno le cose, nemmeno Cassiopea, nemmeno il freddo. Solo quel dolore allo stomaco. – È stata una pattuglia, – disse il tenente; – entrò nel suo caposaldo dalle spalle e penetrò nella trincea. Uscendo di corsa dal suo ricovero alla curva di un camminamento si prese una raffica in petto. Hanno portato via anche un conducente della nostra compagnia che stava spalando la neve dai camminamenti. Andiamo a dormire ora. Buon anno, Rigoni –. Ci stringemmo la mano.

Come tutte le mattine, quando venne l'alba, andai a dormire; come sempre mi sdraiai sulla paglia che una volta era stata il tetto di un'isba, con le scarpe, le giberne, il passamontagna; mi tirai sopra il pastrano con il pelo e guardando i pali del bunker mi addormentai. Come al solito, verso le dieci, Giuanin mi svegliò per spartire il rancio. Era speciale quel giorno: patate in umido, carne, formaggio, vino, e, come sempre, nel percorso dalle cucine al caposaldo s'era gelato. Vedendo il rancio speciale mi ricordai che era capodanno e che nella notte era morto il tenente Sarpi. Uscii fuori dalla tana. Il sole mi fece vedere tutto bianco, poi andando piano per i camminamenti mi portai nella postazione piú avanzata sotto

23

i reticolati. Da lí guardai le peste del battaglione russo che aveva attraversato il fiume a cento metri da noi. Tutto era silenzio. Il sole batteva sulla neve, il tenente Sarpi era morto nella notte con una raffica al petto. Ora maturano gli aranci nel suo giardino, ma lui è morto nel camminamento buio. La sua vecchia riceverà una lettera con gli auguri. Stamattina i suoi alpini lo porteranno giú con la barella verso gli imboscati e lo poseranno nel cimitero, lui siciliano, assieme a bresciani e bergamaschi. Eravate contento, signor tenente, dei mitraglieri; anche se bestemmiavano quando ordinavate di pulire le armi mentre a voi non piaceva sentir bestemmiare. La sera venivate nella nostra tana: prima dicevamo il rosario, poi cantavamo, poi bestemmiavamo. Allora tenente Sarpi ridevate, poi dicevate parolacce in siciliano. Ora a cento metri da qui vi sono sulla neve le tracce della pattuglia. Parlava sovente del mio paese, mi guardava fisso con quegli occhi piccoli e neri. Giuanin chiedeva al tenente Sarpi: – Quando rivarem a baita sciur tenente? – Nel quarantotto, Giuanin, nel quarantotto –. Giuanin strizzava l'occhio, ritirava mesto la testa fra le spalle e si allontanava borbottando. Il tenente rideva, lo chiamava e gli dava una Popolare. Questa notte il pattuglione russo è passato di là e lui era già morto, con la neve che gli entrava nella bocca e il sangue che gli usciva sempre piú piano finché si gelò sulla neve.

Nella sua nicchia vicino alla stufa Giuanin mangerà il rancio e penserà: «Ghe rivarem a baita?»

Camminavo solo per i camminamenti. Mi fermai accanto a una vedetta e non dissi niente; guardai da una feritoia la neve sul fiume; non si vedevano piú le peste della pattuglia, ma io le avevo e le ho ancora dentro, come piccole ombre sulla neve di luce ghiacciata.

Andai verso la squadra del Baffo sull'estrema destra. Era il posto piú tranquillo e sicuro del caposaldo dove il villaggio si diradava tra orti e cespugli. Da quella parte, si preparava una postazione per la pesante e il tenente Moscioni e io avevamo passato parecchie ore lavorando di notte a disporre i sacchetti di terra. In una casetta quasi intatta, una sera, trovammo un'ancora, ordigno strano per noi alpini, e quella piccola isba a un unico ambiente divenne per noi l'isba del pescatore. Camminavo pensando al pescatore dell'isba: ove sarà adesso? Lo immaginavo vecchio, grande, con la barba bianca come lo zio Jeroska dei *Cosacchi* del Tolstoj. Da quanto tempo avevo letto quel libro? Ero ragazzo al mio paese. E il tenente Sarpi è morto, stanotte. – Cos'hai sergentmagiú? – Che bel sole oggi, vero? – Buon anno, sergentmagiú. – Buon anno, Marangoni. – Da che parte è l'Italia, sergentmagiú? – Laggiú, vedi? Laggiú laggiú laggiú. La terra è rotonda, Marangoni, e noi siamo fra le stelle. Tutti.

Marangoni mi guardava, capiva tutto e taceva. E ora anche Marangoni è morto, un alpino come tanti. Un ragazzo era, anzi un bambino. Rideva sempre, e quando riceveva posta mi mostrava la lettera agitandola in alto: – È la morosa, – diceva. E ora anche lui è morto. Una mattina, smontato all'alba, era salito sull'orlo della trincea a prendere la neve per fare il caffè e vi fu un solo colpo di fucile. Piombò giú nella trincea con un foro in una tempia. Morí poco dopo nella sua tana fra i compagni e non mi sentii il cuore di andarlo a vedere. Tante volte si era usciti all'alba, anch'io parecchie volte, e nessuno sparava. Anche i

25

russi uscivano e noi non sparavamo mai. Perché ci fu quel colpo quella mattina? E perché morí cosí Marangoni? Forse durante la notte, pensavo, i russi avranno avuto il cambio e questi saranno nuovi. – Bisogna stare attenti e uscire con l'elmetto, – dissi per le tane. Avrei avuto voglia di appostarmi con il fucile e aspettare i russi come si aspetta la lepre. Ma non feci nulla.

La tana della squadra del Baffo era la piú in disordine e puzzolente del caposaldo. Appena entrato non distinsi nulla. V'era una nebbia pesante, gravida di mille odori, sentii brusii di parole e le grida di due alpini che litigavano per avere la pentola dove far bollire i pidocchi. – Buon giorno a tutti e buon anno! – gridai dall'uscio. E con me entrò un soffio di aria fredda e bianca. Qualcuno mi rispose, qualcuno mi tese la mano, qualche altro brontolò fra i denti. Un po' alla volta incominciai a distinguere le figure che si muovevano. Misi d'accordo i due che litigavano per la pentola. Parlando nel loro dialetto raccontai della pattuglia e della morte del tenente Sarpi. Sapevo che il Baffo mi ascoltava anche se fingeva di dormire. Non mi vedeva volentieri nella sua tana. Parlava male di me ai suoi uomini; alcuni gli credevano, altri no. Mi spiaceva molto che succedesse questo nel nostro caposaldo dove tutti andavamo d'accordo e ci aiutavamo. Non mi sopportava perché lo chiamavo di notte per far dare il cambio alle vedette e perché gli ordinavo di tener pulite le armi e ordinata la tana. Si lamentava quando la posta non arrivava, quando il rancio era poco, quando era freddo, quando c'era fumo, quando c'era la dissenteria, sempre. Se poi gli arrivava la posta non era contento, e se la stufa non faceva fumo non era contento, se il rancio era sufficiente non era contento, se i pidocchi lo lasciavano tranquillo non era contento, se era caldo non era contento, e gli uomini della sua squadra facevano metà lavoro di quelli di Pintossi. Per fare una postazione impiegavano giornate e giornate, e bisognava star loro dietro ad incitarli di continuo e lavorare di piú per dar loro l'esempio. Per fare il collegamento col Morbegno avevano paura di attraversare la zona deserta. Gli uomini di Pintossi, invece, avevano fatto persino il tubo della stufa con scatolette vuote incastrate l'una nell'altra. Il Baffo era cosí perché stanco di naia. Aveva piú di trent'anni e forse otto di servizio militare: era stato in Africa, poi sorteggiato per la Spagna, poi in Albania e infine qui. Era venuto nella nostra compagnia con i complementi dopo il primo settembre. Ed era stanco di naia, non ne poteva piú.

Io parlavo nel loro dialetto, forte che mi sentisse anche il Baffo. Chiedevo dei figli a chi li aveva, che strada bisognava prendere per arrivare al loro paese, promettevo che da borghese sarei andato a trovarli. Parlavo delle sbornie che avremmo fatte, delle cantate e del vino nuovo. Dicevo a uno: – Guarda che ti esce una cordata di pidocchi dal collo –. Ridevano allora e un altro diceva a me: – Sergentmagiú, ti esce una pattuglia dalla manica, hanno la falce e il martello sulla schiena, guardali quei sovietici! – Ridevo io, allora, e ridevano tutti. Il Baffo fingeva di dormire. Prima di uscire andando verso di lui lo chiamai e gli tesi la mano. – Buon anno: vedrai che a baita ci arriveremo a fare la sbornia. – Non finisce mai, non finisce mai, – egli mi rispose. Cosí passavamo le giornate: nella tana a scrivere o a pensare guardando i pali di sostegno, oppure a buttar pidocchi sulla pia-

27

stra arroventata della stufa: diventavano allora tutti bianchi e poi scoppiavano. Di notte si era fuori ad ascoltare il silenzio e a guardare le stelle, a preparar postazioni, a piantare reticolati, a passare da una vedetta all'altra. Molte notti le abbiamo passate a tagliar cespugli e canne davanti alle postazioni di Pintossi. Com'era strano tagliar cespugli e piante con accette e baionette, di là dai reticolati, nelle notti fredde sulla neve! Si capiva che i russi stavano zitti ad ascoltare cosa facevamo. Riunivamo in un gran mucchio davanti a noi tutte le piante tagliate. Ne risultava un bel groviglio che sarebbe stato difficile da attraversare piú dei reticolati. E piú rumoroso.

Quando nevicava, bisognava stare molto attenti e guardinghi per il pericolo dei colpi di mano. Una notte mentre da solo giravo con il camice bianco sopra il pastrano, come un fantasma, mi accorsi di una pattuglia russa che tentava di aggirare il caposaldo. Non vedevo i russi ma sentivo la loro presenza a pochi passi da me. Stavo zitto e immobile. E loro stavano zitti e immobili. Sentivo che guardavano nel buio come facevo io, le armi pronte. Avevo paura e quasi tremavo. Se mi avessero preso e portato via? Cercavo di dominarmi ma le vene della gola mi battevano forte. Avevo veramente paura. Infine mi decisi: gridai, buttai le bombe che avevo in mano, e saltai nel camminamento. Per fortuna una bomba scoppiò. Sentii i russi che correvano e al bagliore vidi che si ritiravano nei cespugli piú vicini. Di là aprirono il fuoco con un'arma automatica. Nel frattempo erano giunti alcuni uomini di Pintossi. Dall'orlo della trincea incominciammo a sparare anche noi. Uno corse a prendere il mitragliatore. Si sparava e poi ci spostavamo di qualche metro. I russi della pattuglia rispon-

devano al nostro fuoco ma lentamente si allontanavano. Si fermarono poi alquanto lontani e spararono
insistentemente con una pesante. Ma alla fine era
freddo, loro ritornarono alle loro tane e noi tornammo alle nostre. Se avessero potuto prendere uno di
noi forse sarebbero andati in licenza al loro paese.
Alla mattina, con il sole, uscii a osservare le tracce
che avevano lasciato. In verità erano piú lontane di
quanto avessi supposto la notte, e fumando una sigaretta guardavo le loro postazioni al di là del fiume.
Ogni tanto vedevo uno di loro che si alzava a prendere la neve dall'orlo della trincea. Faranno il tè, pensavo. Mi venne il desiderio di berne una tazzina. E li
guardavo cosí come si guarda da un sentiero un contadino che sparge letame nel campo.

Qualche tempo dopo appresi che per il fatto di
quella notte mi avevano proposto per una medaglia.
Per che cosa l'avessi meritata non lo so proprio.

Ai primi di gennaio capitarono al nostro caposaldo,
assieme alla corvé del rancio, tre soldati di fanteria.
Erano meridionali della divisione Vicenza che i comandi superiori, chissà perché, avevano sciolta mandando gli uomini fra le compagnie alpine. Il tenente
li assegnò alla squadra del Baffo.

La sera andai a trovarli. Due non volevano uscire
di vedetta: non si fidavano, mi dicevano nel loro dialetto, e uno piangeva. Li feci accompagnare al posto
di vedetta da due alpini e per convincerli che non
c'era pericolo camminai in piedi fuori della trincea
e scesi fischiettando fino ai rottami sicuro che i russi
non avrebbero sparato. Pensavo di averli convinti,

ma non vollero restare soli sicché dovetti appaiarli con un alpino. Il terzo, invece, era in gamba. Da borghese faceva il saltimbanco in un circo equestre, conosceva mille giochetti e nella tana teneva allegri tutti con quello che sapeva fare e con delle uscite che facevano ridere anche il Baffo. Gli alpini gli volevano un bene dell'anima. Battendosi sui denti con due pezzi di legno componeva persino delle tarantelle. Imparò subito a suonare in quella maniera la marcia degli alpini.

Quando raccontai la cosa a Moreschi mi rispose: – Poshibel 'na cavra de het quintai! – Perché Moreschi non credeva mai a niente e quando uno diceva che la sua ragazza era la piú bella di tutte, o che teneva nello zaino un pacchetto di sigarette da cinquanta, o che a casa aveva in serbo una damigiana di vino per quando sarebbe ritornato, usciva fuori improvvisamente a dire: – Possibile una capra di sette quintali? – Ogni tanto raccontava la storia di quel tale che alla stazione di Brescia aveva fermato l'Orient-Express. Era in mezzo al binario e giocava alla morra con altri compagni e quando sentí spingere alle spalle, si girò seccato gridando: – Chi è qui che urta? – Ed era l'Orient-Express che veniva da Milano. – Ma, – soggiungeva Moreschi, – era un caporalmaggiore della pesante, con le spalle larghe cosí –. Poi guardava le reclute e ripeteva: – Poshibel 'na cavra de het quintai? – Schiudeva quindi le labbra e tra i baffi neri e la folta barba nera mostrava una fila di denti bianchi; i suoi occhi sotto le sopracciglia nere avevano un riso ingenuo e buono. Meschini, guardando anche lui le reclute e smettendo di mestolare la polenta, concludeva: – Non era caporalmaggiore dei mitraglieri, ma dei mortai –. E le reclute ridevano.

Verso il dieci di gennaio incominciarono ad arrivare, assieme al rancio, delle notizie poco buone. Tourn e Bodei, che erano andati alle cucine, ci dissero di aver sentito dai conducenti che eravamo accerchiati da diversi giorni. Ogni giorno arrivava qualche novità a mezzo radio-scarpa; gli alpini incominciavano a diventare nervosi. Mi chiedevano quale era la direzione che bisognava prendere per arrivare in Italia e quanti chilometri c'erano. Giuanin mi domandava sempre piú spesso: – Sergentmagiú ghe rivarem a baita? – Anch'io sentivo che qualcosa non andava. I russi al di là del fiume avevano avuto il cambio e di notte lavoravano a tagliare cespugli e piante per aprire il campo di tiro alle loro armi. Quando ero solo, guardavo laggiú, a sud, dove il fiume girava e vedevo dei bagliori come lampi estivi. Ma erano tenui e pareva che venissero di là dalle stelle. Qualche volta, quando tutto taceva e v'erano soltanto le cose, sentivo il rumore lontano come di ruote che rotolassero su un acciottolato coperto d'acqua. Era un rumore che prendeva tutta la notte e la riempiva. Ma non dicevo nulla alle vedette, forse lo avevano già notato anche loro. I russi erano diventati piú attivi, giravo con il moschetto senza sicura sotto il braccio e con una bomba della marca migliore in mano. La posta arrivava sempre e il rancio anche.

Una sera che ero nella tana del tenente a fumare una sigaretta ed eravamo soli, – Rigoni, – mi disse, – ho avuto disposizioni in caso di ripiegamento –. Non risposi nulla. Capivo che ormai era finita, veramente finita, ma non volevo ammetterlo. Sentivo il mio solito dolore allo stomaco. Capivo che cosa eravamo noi e che cosa volessero i russi. Tornando nella

31

mia tana dissi forte: – Qualunque cosa succeda, ricordatevi, e mettetevelo bene in testa, che dobbiamo restare sempre uniti.

Il tenente voleva che si provassero tutte le armi automatiche e la mia tana era diventata un'officina. Moreschi, che da borghese faceva l'armaiolo in una fabbrica della Valtrompia, puliva, oliava, smontava e persino stemprava e ritemprava i molloni per renderli piú adatti alla temperatura, limava e batteva. Quando un'arma era pronta la si portava in un camminamento verso la squadra del Baffo. Io sparavo e Moreschi e il tenente ascoltavano ed osservavano come funzionasse. Non tutte le volte Moreschi era contento, scrollava la testa e stringeva le labbra. Riportava allora l'arma nella tana e ricominciava da capo. Quando erano pronte mi raccomandava di dire ai capisquadra di tenerle bene avvolte in una coperta per il freddo e in un telo da tenda per la sabbia sottile che filtrava nelle tane e penetrava dovunque. Cosí dopo tanto lavorare e raccomandare, i quattro mitragliatori, la pesante e i quattro mortai da 45 erano in perfetta efficienza.

Una di quelle ultime sere, una pattuglia russa di pochi uomini era sfilata sotto i nostri reticolati e, passando inosservata sotto la scarpata, giunse al posto di vedetta dove, per fortuna, si trovava Lombardi. Questi gettò delle bombe a mano e la terza scoppiò, tirò qualche fucilata e i russi, vistisi scoperti, ritornarono indietro. Appena udii la bomba e le fucilate corsi da lui. Come se mi parlasse di vacche disse: – È stata qui una pattuglia russa: uno trascinava una specie di carriola e lasciava dietro di sé un filo. Saranno stati qui a due metri –. Io stavo zitto e non volevo crederci e dopo un po' passai dalle altre vedette. La mattina dopo, quando venne il sole, vidi le tracce sin dove mi aveva indicato Lombardi e mi vergognai di non avergli creduto. Era cosí tranquillo e impassibile!

Qualcosa non andava proprio: si viveva tutti come in un incubo e il tenente riposava poco: era sempre in giro da una postazione all'altra, di giorno e di notte. Quando una sera ci parve di sentire dei rumori sotto la nostra scarpata stette steso sulla neve con due bombe pronte, finché quasi si assiderò. E non c'era nulla: forse una lepre o un gatto.

Un alpino della mia vecchia squadra, A..., non ne poteva piú; era da poco ritornato dall'ospedale, aveva la scabbia e voleva a tutti i costi fare il cuciniere. Un mattino, ero entrato nella tana e mi ero appena sdraiato sulla paglia, egli fece girare lentamente la sicura del mio moschetto, che avevo appeso ad un chiodo su un palo di sostegno e, mentre parlava con i suoi compagni, fece partire il colpo: in direzione della canna teneva il piede. Però aveva calcolato male e si forò soltanto la sporgenza della suola. Non dissi nulla, solo lo guardai e gli feci capire che avevo intuito cosa intendesse fare. Il giorno dopo, mentre era solo e stava uscendo per andare nella postazione a fare il suo turno di vedetta, cosí raccontò, partí un colpo dal suo fucile che gli passò da parte a parte un piede. Il tenente lo fece trasportare all'ospedale, nessuno immaginò la verità. Due giorni dopo, durante l'attacco dei russi, parlai di questo al tenente. – Vedete, – gli dissi, – non poteva piú restare con noi;

aveva troppa paura –. Ora quest'alpino vivrà tranquillamente al suo paese e si prenderà la pensione.

Il caporale Pintossi era forse il migliore di tutti noi: che bravo cacciatore! E che passione! Sembrava piccolo perché era largo di spalle e aveva un po' di pancia. Sorrideva sempre ed aveva due occhi piccoli ed acuti. Trasandato nel vestire, portava il fucile con la disinvoltura e la familiarità del cacciatore. Calmo e flemmatico, non lo vidi mai irritato e non lo sentii mai bestemmiare. Ed era sempre presente, pacifico con il suo inseparabile fucile, nel momento del bisogno. E che bravo tiratore! Non dava quasi mai ordini ai suoi uomini ma faceva, e gli alpini della sua squadra facevano nel suo esempio. Con lui mi trovavo sovente a parlare di caccia. – Ai cotorni, – diceva, – è il piú bel tiro e la piú bella caccia. Quando ritorneremo in Italia ci andremo assieme. A casa ho un bracco che è un fenomeno –. Faceva schioccare le dita: – Dik si chiama. Che bella bestia –. Ecco, allora diventava triste, quando parlava del suo cane.

L'altro caporale della squadra era Gennaro. Chissà di che paese era. Meridionale certamente. Maestro o ragioniere o qualcosa di simile, frequentò un corso ufficiali. Ma non lo avevano fatto idoneo e cosí faceva il caporale. Parlava poco, era timido con gli alpini, e questi, se qualche volta lo canzonavano, provavano per lui rispetto ed affetto. Non aveva certamente un cuor di leone ma la sua personalità, senza farsi notare, si comunicava a chiunque gli vivesse vicino. Nel suo gruppo non succedevano mai storie, per la spartizione del rancio o per il turno di vedetta o per quello di lavoro. Il suo mitragliatore funzionava sempre. Quando c'erano allarmi o pattuglie russe che molestavano, era tra i primi che uscivano dalla tana per correre nel posto minacciato. Eppure, ne sono certo, dentro di sé tremava come una foglia di betulla.

Venne infine una mattina che i russi, prima dell'alba, incominciarono a sparare con i mortai e l'artiglieria sul caposaldo di Sarpi, poi spararono a Cenci, allungarono il tiro verso le cucine e poi su al comando di compagnia dietro il nostro caposaldo. Pensavo che addosso a noi non potevano sparare perché eravamo troppo vicini a loro. Gli alpini, nella tana, si guardavano muti, seduti attorno alle stufe, l'elmetto calcato sulle orecchie, il fucile tra le ginocchia, le tasche e la cacciatora piene di bombe a mano sotto il camice bianco. Tentavo di scherzare ma il sorriso si spegneva presto tra le barbe lunghe e sporche. Nessuno pensava: « se muoio »; ma tutti sentivano un'angoscia che opprimeva e tutti pensavamo: « quanti chilometri ci saranno per arrivare a casa? »

Le nostre artiglierie incominciarono a rispondere al fuoco dei russi e non ci sentivamo piú soli. I proiettili passavano sopra le nostre teste e pareva che alzando una mano si potessero toccare. Andavano a scoppiare sul fiume davanti a noi, sulle postazioni dei russi e nel bosco di roveri. Nei nostri ricoveri filtrava giú la sabbia fra i pali e dall'orlo delle trincee franava la neve. Un paio di colpi arrivarono corti sui nostri reticolati e vicino alle nostre tane. Lasciai fuori soltanto due vedette nelle postazioni coperte e il tenente mandò ad avvisare di allungare il tiro. Appena giorno l'artiglieria smise di sparare e i primi scaglioni di russi incominciarono a passare il fiume. Mi aspettavo un attacco davanti a noi, invece forzarono a sinistra, piú in giú del caposaldo di Cenci. Forse, penetrati di là, avrebbero voluto entrare nella valletta che ci divideva, e inoltrarsi poi verso le cucine e i comandi.

Laggiú, ove attraversavano, il fiume era piú largo; nel mezzo c'era un'isoletta coperta di vegetazione e la riva dalla nostra parte era paludosa, tutta a insenature, e coperta da alte erbe secche e da cespugli. Non vi era nessuna traccia di lavoro umano. I russi uscirono improvvisamente dal bosco di querce e trovandosi in mezzo a quel biancore si saranno stupiti battendo le palpebre. Non gridarono, spararono delle brevi raffiche correndo curvi verso l'isolotto nel mezzo del fiume. Qualcuno tirava una slitta. Era una mattina limpida alla luce nuova del sole e guardavo i russi che correvano curvi sul fiume gelato. I mitragliatori di Cenci e le pesanti, in postazione da quelle parti, incominciarono a sparare. Qualcuno nel mezzo del fiume cadeva sulla neve. Raggiunsero l'isolotto, si fermarono un poco a prendere fiato e ripresero a correre verso la nostra riva. Dei feriti ritornavano lentamente verso il bosco da dove erano usciti. Gli altri raggiunsero la nostra riva e si buttarono fra i cespugli e le insenature. Si defilarono cosí dal tiro dei mitragliatori di Cenci che avevano sparato fino allora ma non dalle nostre armi. Stavo con il tenente ad osservare i gruppetti immobili tra i cespugli. Il tenente mandò a prendere la pesante che era dalle parti del Baffo. Postammo l'arma sotto i reticolati. – Saranno ottocento metri, – disse il tenente. Puntai e sparai qualche caricatore. Ma il tiro non era efficace perché l'arma sulla neve era instabile; ogni tanto s'inceppava e in quel budello stretto non era agevole lavorarci attorno. Pure le pallottole laggiú arrivarono perché vedemmo i russi nascondersi tra i cespugli. Il tenente era serio, quasi triste.

Passava il tempo e i russi non riprendevano l'azione, ogni tanto qualcuno usciva e correva per pochi metri e tornava poi a nascondersi. Improvvisamente incominciarono a cadere laggiú delle bombe di mortaio. Scoppiavano cosí precise che parevano messe lí con le mani. Erano i mortai da 81 di Baroni, e Baroni non sciupava né bombe né vino. Cosí finí il primo attacco russo. Non fu un vero e proprio attacco; forse i russi credevano che fossimo molto piú giú di morale e pensavano che, sapendoci accerchiati, avremmo abbandonato i caposaldi al primo accenno di attacco. Quel senso di apprensione e di tensione che era in noi non ci aveva ancora lasciato. Era come se un gran peso ci gravasse sulle spalle. Lo leggevo anche negli occhi degli alpini e vedevo la loro incertezza e il dubbio di essere abbandonati nella steppa: non sentivamo piú i comandi, i collegamenti, i magazzini, le retrovie, ma soltanto l'immensa distanza che ci separava da casa, e la sola realtà, in quel deserto di neve, erano i russi che stavano lí davanti a noi, pronti ad attaccarci.

« Sergentmagiú ghe rivarem a baita? » Quelle parole erano dentro di me, facevano parte della mia responsabilità e cercavo di rincorarmi parlando di ragazze e di sbornie. Tra noi v'erano ancora di quelli che scrivevano a casa: « Sto bene, non preoccupatevi per me, sono il vostro... » ma mi guardavano con occhi mesti e indicando l'ovest mi chiedevano: – Da che parte dovremmo andare in caso di...? Che cosa prenderemmo con noi? – Pure nessuno aveva detto loro come stessero le cose, e nessuno immaginava, ne sono sicuro, quello che ci avrebbe aspettato. Ma sentivamo quello che sente un animale quando fiuta l'agguato.

Alla sera il tenente mi chiamò. – Abbiamo avuto l'ordine di ripiegare –. Cosí mi disse, *ripiegare*. – Siamo circondati: i carri armati russi sono arrivati al comando di corpo d'armata –. Il tenente mi porse la borsa del tabacco, ma non ero capace di arrotolarmi una sigaretta e me la fece lui.

Verso sera arrivò il rancio e il pane; come sempre era tutto gelato.

I russi ripresero a sparare con l'artiglieria e i mortai. Incominciava ad essere buio e tra poco sarebbe sorta la luna. Nelle nostre case, in quel momento, erano attorno alla tavola.

Rimanevo poco ora nella tana; ero sempre nelle trincee sulla scarpata del fiume con le bombe e il moschetto. Pensavo a tante cose, rivivevo infinite cose e mi è caro il ricordo di quelle ore. C'era la guerra, proprio la guerra piú vera dove ero io, ma io non vivevo la guerra, vivevo intensamente cose che sognavo, che ricordavo e che erano piú vere della guerra. Il fiume era gelato, le stelle erano fredde, la neve era vetro che si rompeva sotto le scarpe, la morte fredda e verde aspettava sul fiume, ma io avevo dentro di me un calore che scioglieva tutte queste cose.

Con il tenente notai davanti a noi rumori e movimenti insoliti. Facemmo portar fuori il mitragliatore e postar la pesante fra le macerie di una casa un po' arretrata, per aver maggior campo di tiro. Gli alpini, silenziosi, stavano nella trincea. Ora avrebbero attaccato proprio noi. Avrebbero funzionato le armi con quel freddo? Di là si sentiva rumore di motori. Poi ci fu un silenzio strano, quel silenzio che precede qualcosa di grave. Solo le cose e l'ansia del momento c'erano.

Si sentí la voce di uno che incitava e uscirono all'assalto. Salivano sulla scarpata del fiume, si sedevano sulla neve e poi scivolavano sulla riva. Le nostre armi aprirono il fuoco. Tirai un sospiro di sollievo: funzionavano. I mortai da 45 di Moreschi sparavano davanti ai nostri reticolati e le bombette scoppiavano con rumore strano e ridicolo. Quando sentii passare sopra le nostre teste le bombe dei mortai da 81 del sergente Baroni tirai un altro sospiro di sollievo. Sentivo che Baroni guardava giú verso di noi dando i dati di tiro con calma ai suoi uomini e mi pareva che dicesse: « Sta' tranquillo, sono qui anch'io ». E Baroni non sciupava nemmeno parole.

I russi correvano, si gettavano a terra, si rialzavano e riprendevano a correre verso di noi. Molti non si alzavano piú; i feriti chiamavano ed urlavano. Gli altri gridavano: Urrà! Urrà! e venivano avanti. Ma non riuscivano ad arrivare sotto i nostri reticolati. Mi sentii sicuro, allora; avrei potuto ancora vivere nella mia tana al caldo e leggere lettere azzurre. Non pensavo ai carri armati che già erano arrivati al comando di corpo d'armata, né quanti chilometri c'erano per arrivare a casa. Mi sentivo tranquillo e sparavo con il moschetto dall'orlo della trincea mirando calmo a quelli che si avvicinavano di piú. E allora incominciai a cantare in piemontese « All'ombretta di un cespuglio – bella pastora che dormiva ». Chizzarri, l'attendente del tenente che mi stava a fianco, mi guardò sorpreso smettendo di sparare; poi ricominciò e s'uní a cantare con me. Al chiarore della luna indovinai i visi degli alpini che si spianavano e sorridevano. Vedevo che sparavano calmi, e l'alpino dalla barba secca e rada cambiava, bestemmiando, la canna arroventata del fucile mitragliatore e riprendeva con foga a sparare. I russi si convinsero subito che da noi era impossibile passare e si spostarono piú a sinistra riuscendo ad infiltrarsi nella valletta tra noi e Cenci. Si nascondevano tra i cespugli e le ombre, era difficile scorgerli. Lí vi doveva essere un campo minato ma nessuna mina scoppiò. Baroni spostò il tiro. Qualche alpino ritornò nella tana a prendere cartucce e bombe a mano. Ma avevamo ormai esaurite le munizioni. Durante l'attacco, quando i russi erano giunti sotto i nostri reticolati, avevo gettato quasi una cassa di bombe a mano. Ma poche scoppiavano; sprofondavano nella neve senza rumore. Allora pensai che forse sarebbero scoppiate levando tutte e due le sicurezze prima di lanciarle e feci cosí sebbene fosse pericoloso.

Ritornò il silenzio. Tra noi e Cenci si sentiva qualche breve raffica di mitra.

Sul fiume gelato vi erano dei feriti che si trascinavano gemendo. Sentivamo uno che rantolava e chiamava: – Mama! Mama!

Dalla voce sembrava un ragazzo. Si moveva un poco sulla neve e piangeva. – Proprio come uno di noi, – disse un alpino: – chiama mamma.

La luna correva fra le nubi; non c'erano piú le cose, non c'erano piú gli uomini, ma solo il lamento degli uomini. – Mama! Mama! – chiamava il ragazzo sul fiume e si trascinava lentamente, sempre piú lentamente, sulla neve.

Ma i russi ricominciano a uscire dal bosco di roveri. Salgono sulla scarpata e ridiscendono giú sul fiume. Son piú guardinghi di prima; non gridano, sembrano timidi. Riprendiamo a sparare. Solo che questa volta non vengono per ammazzarci: vogliono solo raccogliere i feriti rimasti sul fiume. Non sparo piú, allora. Grido: – Non sparate! Raccolgono i feriti; non sparate!

Si stupirono i russi a non sentire piú le pallottole che li cercavano: si fermarono increduli, si alzarono in piedi, si guardarono attorno. Gridai: – Non sparate! – Raccolsero in fretta i loro compagni e li caricarono sulle slitte. Correvano curvi, ogni tanto si alzavano e guardavano verso di noi. Li portarono sino alla scarpata e li trascinarono su nelle loro trincee. Sul fiume gelato la neve era tutta calpestata. Portarono via anche i morti, tranne quelli ch'erano sotto i nostri reticolati.

Ora tutto era finalmente finito. Finito? Chizzarri venne di corsa verso di me. – Vieni, vieni presto dal mio tenente, – diceva. – Sta male, ti vuole, vieni –. Correva nella trincea davanti a me e lo sentivo singhiozzare. – Cos'è? Ferito? – gridavo. – No, corri, – diceva Chizzarri. Entrammo nella tana della squadra di Pintossi e il tenente Moscioni stava disteso su un pagliericcio. Al chiarore del lume ad olio lo vedevo pallido e rigido; stringeva i denti. Indossava il camice bianco sopra la divisa. Mi inginocchiai al suo fianco, gli presi una mano e strinsi forte. Aprí gli occhi: – Sto male, Rigoni, – disse. Parlava piano, in un soffio. Gli feci bere un po' di cognac che aveva Chizzarri. Nella tana tre alpini silenziosi guardavano stringendo tra le mani la canna del fucile. – Non sono capace di rimettermi in piedi, – riprese. – Prendi il comando del caposaldo, sta' attento che quando la luna va sotto le nubi i russi passano il fiume. Non farmi portar via, lasciami qui. Ho ancora la pistola?

– e cercava la fondina. Ero chino sopra di lui e non ero capace di parlare.

– Sta' attento: sei tu, Rigoni? I russi passano il fiume. In caso di ripiegamento lasciami qui. Ho ancora la pistola. Avrai ordini dal capitano; non andartene prima –. Era rigido e continuavo a stringergli la mano senza parlare. Ma poi riuscii a dirgli qualcosa. Mi alzai in piedi. – Prendete la barella e portatelo via, – dissi rivolgendomi agli alpini. Non voleva il tenente e faceva cenno di no con la testa. – Ho ancora la pistola, – diceva piano. Gli alpini non sapevano a chi obbedire. – Comando io, ora, qui: andate per piacere –. E poi a Chizzarri: – Dàgli tutto il cognac che c'è, accompagnalo e lasciagli le cose piú necessarie, e ritornate subito –. Piú nessuno parlò. Le ombre si allungarono sulle pareti della tana. Chizzarri, in un angolo, frugava in uno zaino e singhiozzava. Il lume ad olio rendeva la tana piú raccolta; sui pali di sostegno erano inchiodate cartoline con fidanzati, fiori e paesi fra le montagne.

Dietro una vecchia busta che avevo in tasca scrissi dell'accaduto al capitano e mandai un alpino al comando di compagnia: – Digli anche che abbiamo bisogno urgente di munizioni. – Vai, Rigoni, – mi sussurrò il tenente, – i russi passano il fiume.

Ritornai fuori. Appoggiata alla trincea c'era la barella ancora macchiata del sangue di Marangoni.

Si sparse la voce per il caposaldo che il tenente era andato via. Venivano da me i capisquadra a chiedere: – Che facciamo ora? – Quello che avete fatto sino adesso, – rispondevo. – State tranquilli, verrà qualche altro ufficiale –. Non mi passò nemmeno per la testa di dire: «Non s'allontani nessuno», tanto ero sicuro che nessuno se ne sarebbe andato senza un ordine. Minelli mi disse che Lombardi era morto di schianto nella trincea con una pallottola nella fronte mentre sparava in piedi con il mitragliatore imbracciato. Ordinai di farlo portare fino alle cucine, poi avrebbe pensato il cappellano. Moreschi mi fece presente che non aveva piú munizioni per i mortai. Il Baffo era tranquillo, da laggiú non vedevano nemmeno i russi venire all'attacco; non spararono nemmeno un colpo. Feci portare il suo mitragliatore nel settore della squadra di Pintossi che era il punto piú esposto e che doveva essere perciò il piú munito. La pesante non funzionava tanto bene e il Rosso, capo-arma, si era preso un calcio dal tenente perché non la curava. Ordinai di smontarla, pulirla, sparare qualche raffica ogni tanto e tenerle sotto un elmetto di brace. Ma anche la pesante era ormai senza munizioni.

– Che cosa aveva il tenente? – mi chiedevano i capisquadra. – È stato preso dal freddo, – rispondevo, – dal sonno e dalla fatica –. Da tanti giorni dormiva poco e non riposava, era impossibile che potesse resistere a lungo. – Vada a dormire, – gli dicevo. – Riposi; vede? è tutto tranquillo ora –. Ma non voleva. Ora le armi, ora le postazioni, ora gli uomini, ora la pattuglia russa. Non voleva. È caduto sfinito come un mulo. – Era come essere di ghiaccio, – mi disse poi in Italia, – non sentivo piú le gambe, le braccia, il corpo, non sentivo piú niente. Mi pareva di essere solo testa e poco anche di questa. Era terribile.

Il capitano mi mandò giú un biglietto. Scriveva che sarebbe venuto un altro ufficiale a prendere il comando del caposaldo e che mi avrebbe mandato le munizioni. Ricominciammo a sparare. I russi volevano passare il fiume a tutti i costi. Spararono addosso a noi anche con i mortai e me ne accorsi quando sentii sopra il mio capo uno schianto, qualcosa battermi sull'elmetto e sabbia e neve e fumo entrarmi negli occhi. Subito non mi resi conto che cosa fosse accaduto ma poi sentii chiamare aiuto vicino a me. Un alpino della squadra di Pintossi aveva il braccio spezzato e la parte inferiore penzolava giú come se non facesse piú parte del suo corpo. Con uno spago che avevo in tasca legai stretto sopra la ferita per arrestare il sangue che usciva a fiotto. – Il mio braccio! Il mio braccio! – diceva e urlando si teneva con la mano sana il braccio penzolante. – Sei fortunato, – gli dicevo mentre legavo, – è una cosa da poco e tra quindici giorni sarai a casa. – Sí? – chiedeva lui, – andrò a casa? – Sí, potevamo restare morti tutti e due. Ora vai giú alle cucine, non posso farti accompagnare; vai giú solo, c'è bisogno di gente qui. Fa' presto; dammi le tue cartucce, – e gli vuotai le giberne. Si allontanò lagnandosi per il camminamento: – Il mio braccio! il mio braccio! – e cercava di correre nel buio.

Allora mi resi conto che una bomba era scoppiata tra noi due sopra le nostre teste. Il fucile dell'alpino era rotto lí a terra. Avevo le mani rosse di sangue e il camiciotto sporco di terra e sangue.

Dopo un poco ritornò il silenzio. Ma non ero tranquillo perché un certo numero di russi erano riusciti ad infiltrarsi tra noi e Cenci. Ed erano pericolosi; potevano aggirarci e penetrare nel caposaldo dalle spalle. Con un mitragliatore e qualche uomo mi portai piú indietro e a sinistra verso Cenci. E provai paura e apprensione quando vidi che, da quella parte, i reticolati avevano dei varchi. Ma invece di venire da noi i russi cercavano di penetrare in profondità e sentimmo che sparavano verso il fosso anticarro all'imboccatura della valletta che portava alle retrovie. Questa volta, pensavo, vanno a svegliare gli imboscati. Ma gli imboscati rimasero tranquilli ancora un altro giorno perché la squadra esploratori della nostra compagnia, al comando del tenente Buogo, andò incontro ai russi.

Erano in gamba gli esploratori, tutti dello stesso paese, Collio Valtrompia, e tutti parenti fra di loro, o per lo meno uno faceva all'amore con la sorella dell'altro. Avevano una parlata tutta particolare e gridavano sempre. A quel modo scesero incontro ai russi. E allora, nella notte fredda, dopo una raffica di mitra russo sentimmo Buogo che chiamava: – Cenci! Cenci! Tenente Cenci! – E Cenci, dal suo caposaldo, gridare: – Buogo! Di', Buogo! come si chiama la tua fidanzata? – E ripeteva: – Come si chiama la tua fidanzata?

Buogo disse un nome. Mi misi a ridere assieme agli alpini che erano con me. Il nome di una donna, di una fidanzata, il nome italiano di una ragazza gridato così nella notte mentre sparavano i mitra russi e i moschetti italiani! – Di', Buogo, come si chiama la tua fidanzata? Buogo! Buogo! come si chiama? – E gli alpini ridevano. Diavolo! Chissà che bella ragazza era, e morbida, ed elegante. Altro non poteva essere la fidanzata di un tenente, e così pareva anche dal nome. Immaginavo i due tenenti a farsi le confidenze nella tana guardando le fotografie. Ma un nome gridato così nella notte! Avevo capito perché Cenci voleva sapere il nome della ragazza. E tutti quelli che avevano sentito ridevano. Anche i russi di certo do-

45

vevano averlo capito. Diavolo! Piantiamo qui tutto, ci sono tante belle ragazze e vino buono, no, Baroni? Loro hanno le Katiusce e le Maruske e la vodka e campi di girasole; e noi le Marie e le Terese, vino e boschi d'abeti. Ridevo, ma gli angoli della bocca mi facevano male e impugnavo il mitragliatore.

Sparavano laggiú tra i cespugli e sentivo chiaramente le voci degli esploratori gridare che il tenente Buogo era stato ferito ad una gamba e che lo portavano via.

Gridavano nel loro gergo: – Sono qui! Venite! Ci sono anche donne –. Parevano una compagnia di cento ed erano forse tredici. Gettavano bombe a mano e poi urlavano: – Li abbiamo presi, vi sono due donne, venite! – Bestemmiavano e battevano i cespugli fra noi e Cenci.

D'un tratto mi accorsi che incominciava l'alba. Una lepre mi passò davanti correndo e andò a nascondersi tra l'erbe secche della riva. Un portaordini venne ad avvisarmi che il plotone arditi del Morbegno sarebbe venuto in nostro aiuto per eliminare quei russi che ancora erano rimasti fra noi e Cenci. Mi raccontò che i nostri esploratori avevano preso poco prima due donne russe che erano venute all'assalto in pantaloni e mitra. Poco dopo sentii gli arditi del battaglione Morbegno. Che lingere questi contrabbandieri comaschi! Si chiamavano tra loro, facevano chiasso, sparavano, bestemmiavano. Quasi come i nostri esploratori. – L'è qua! l'è qua! – gridavano e gettavano bombe a mano. Incominciò a venir su il sole dietro il bosco di roveri. Tante mattine l'avevo visto sorgere e allora le nostre tane e le loro fumavano tranquille come i camini di un villaggio tra le alpi o tra la steppa; e tutto era tranquillo e la neve sul fiume intatta, senza macchie di sangue o tracce di uomini.

Sentivo gli occhi che non volevano stare aperti. Da qualche giorno non mi lavavo e avevo una crosta sul viso. Le mani, sporche di sangue e terra, odoravano di fumo e desideravo una mattina come le altre per poter lavarmi il viso e andare a dormire nella tana. Erano due notti e due giorni che non dormivo: e ora non c'erano munizioni, gli alpini erano stanchi, la posta non arrivava, il tenente non c'era. Avevo sonno, fame, e restavano tante cose da fare. Ma avevo sigarette.

Mandai un portaordini dal capitano a dire che avevo bisogno assoluto di munizioni per tutte le armi, e bombe a mano, tante. Feci raccogliere le cartucce inesplose che saltavano via dai mitragliatori quando s'inceppavano per spararle con i fucili.

Gli alpini stanchi, si buttavano sulla paglia delle tane e russavano con il fucile in mano e le bombe nelle tasche; dormendo qualcuno saltava in piedi gridando e subito ripiombava giú a russare. Lasciai fuori solo tre vedette, ma non potevo dormire. Arrivarono le munizioni. Le portarono a spalla i conducenti e appena messe giú le casse si allontanarono in fretta.

Stavo con una vedetta a guardare i cadaveri dei russi che erano rimasti sul fiume e osservando cosí, nel sole del mattino, mi accorsi di due russi che stavano nascosti poco lontano da noi dietro un rialzo del terreno sulla riva del fiume. Dopo un po' che li osservavo si mossero; uno sorse in piedi e di corsa tentò di passare di là. Mirai. Mi pareva di vederlo davanti alla canna del moschetto e tirai. Lo vidi cadere di schianto sulla neve. L'altro suo compagno, che si era alzato in piedi per seguirlo, tornò a nascondersi. Osservavo con un binocolo il russo caduto sul fiume.

47

Lo vedevo immobile. Ma perché non aveva aspettato la notte per passare di là? Anche la vedetta osservava. D'un tratto esclamò: – Si muove! – E lo vidi scattare come un babau e correre verso l'altra riva. – Me l'ha fatta, – dissi forte, e risi. Ma la vedetta prese il mitragliatore della postazione e mezzo ritto sulla trincea sparò. Vidi il russo cadere nuovamente, ma non come prima. Si contorceva e si trascinò per qualche metro, infine si fermò con un braccio teso verso la sponda ormai vicina. L'altro suo compagno che era rimasto dalla nostra parte ritentò il passaggio ma una raffica di mitragliatore lo costrinse a nascondersi nuovamente. Pensavo: « Aspetterà la notte, ora; gli converrebbe ». Avrei voluto gridarglielo.

Vi era un bel sole: tutto era chiaro e trasparente, solo nel cuore degli uomini era buio. Buio come una notte di tempesta su un oceano di pece. Allora sentii un gran boato e tremare la terra sotto i piedi. La neve franava dalla trincea, aratri di fuoco solcavano il cielo sopra di noi e una colonna alta di fumo saliva dall'altra riva e oscurava il sole: vicino alla terra era gialla e piú su nera. Negli occhi della vedetta vidi il mio terrore, mi agitavo nello spazio di pochi metri dentro la trincea. Ma la mia paura non sapeva dove andare né cosa fare. Mi guardavo attorno e non ero capace di ragionare. La vedetta era il mio specchio. Poi sentii e vidi gli scoppi levarsi dietro il caposaldo di Cenci; tanti, uno vicino all'altro e nel medesimo istante. Questa, riuscii a pensare, è la Katiuscia a settantadue colpi. Diavolo che accidente d'ordigno! Sparò altre due volte e ogni volta trattenevo il fiato. Finalmente la nostra artiglieria incominciò a rispondere. Poi ritornò il silenzio.

Aspettavo il nuovo ufficiale che sarebbe venuto a

prendere il comando del caposaldo. Avrei voluto dormire un po', almeno un'ora. Intanto passava il tempo. Potevano essere le nove, mezzogiorno, le due, non sapevo; il quindici o il sedici o il diciassette di gennaio.

Udii la voce di uno che incitava parlando forte in russo. Capii qualche parola: patria, Russia, Stalin, lavoratori. Mandai subito una vedetta per le tane a far uscire gli uomini con tutte le armi. Uscivano in fretta imprecando; con gli occhi pieni di sonno, socchiusi alla luce del sole. Odoravano di fumo. Dissi: – Non sparate se prima non vi do l'ordine; tenetevi pronti –. Era ritornato il silenzio; di là la voce s'era taciuta; di qua tutti erano pronti con le armi puntate. Erano cessati i brontolii, le bestemmie, i passi affrettati, i rumori degli otturatori. I russi sorsero in piedi sull'orlo del bosco, vennero sulla scarpata e tutto era ancora tranquillo. Non un colpo di fucile, non un grido. Erano stupiti di quel silenzio. Forse ci credevano già partiti? Si sedettero sulla neve e scivolarono sulla riva del fiume. Ma quando i primi furono ai piedi della scarpata: – Spara! – gridai all'alpino che vicino a me imbracciava il mitragliatore. Una breve raffica, poi improvvisamente tutte le armi spararono: i quattro mitragliatori, la pesante, i trenta fucili, i quattro mortai di Moreschi, i due di Baroni. Tutte le pallottole battevano dove la scarpata si raccordava al fiume e appena i russi mettevano i piedi sulla riva, dopo la scivolata con il sedere, vi rimanevano cuciti contro. Quelli che erano rimasti sull'orlo del bosco e in piedi sulla scarpata rimanevano indecisi e infine ritornavano al riparo nelle loro trincee. Le armi smisero di sparare, ma sulla riva del Don i gemiti e le implorazioni d'aiuto continuavano. I piú tenaci tentavano risalire la riva per ritornare al sicuro e qualcuno vi riusciva. Si sentí nuovamente la voce di prima. Che diceva? Forse di vendicare i compagni caduti sulla neve o forse dei villaggi distrutti. Riapparvero con piú decisione. Ricominciammo a sparare. Non si fermarono questa volta, né ritornarono indietro. Molti ne caddero sotto la scarpata, molti. Gli altri venivano avanti gridando: – Urrà! Urrà! – ma pochi riuscivano ad avvicinarsi ai nostri reticolati. Sparavo con il moschetto a quelli che mi sembravano piú impetuosi e che correvano davanti a tutti. Vi erano di quelli che fingevano di essere morti: restavano immobili sul fiume e poi quando non erano piú osservati sorgevano in piedi e riprendevano a correre verso di noi. Uno si serví di questa astuzia per tre o quattro volte finché, giunto sotto la nostra trincea, fu veramente colpito. Cadde con la testa e le spalle sprofondate nella neve. Una gamba in aria continuava a fare il movimento dell'arrotino sempre piú lentamente sino a fermarsi.

Doveva essere terribile passare il fiume, camminare cosí sulla neve alla luce del sole, senza il minimo riparo tra pallottole e bombe come tempesta. Solamente i russi potevano osare questo; ma non era possibile arrivare sino a noi. Smisero e ritornò la quiete. Sul fiume la neve era piú rossa e calpestata di prima e piú numerosi erano quelli rimasti sulla neve con le scarpe al sole. Ritornai nella tana. Stavo attorno alla stufa e guardavo il fuoco tenendo il moschetto fra le ginocchia. Gli alpini parlavano dell'attacco che avevano appena finito di respingere.

– Che hai lí, sergentmagiú? – mi chiese Pintossi. E indicò sul mio moschetto il punto dove era attaccata la baionetta ripieghevole. Vidi incastrata una pallottola di mitragliatrice. – L'hai scampata bella, – mi disse Pintossi. Ricordai allora che durante l'attacco avevo sentito un colpo secco mentre, inginocchiato sulla trincea, osservavo e tenevo il moschetto davanti alla fronte. Gli alpini attorno al fuoco si passavano il moschetto ed osservavano: – L'hai scampata bella, quando sarai a casa dovrai mettere un quadretto alla Madonna. – Anche due ne puoi mettere. – Se non è la tua ora non parti. – Già è destino...

Levai la pallottola e me la misi nel taschino della giubba dicendo: – Quando sarò a casa ne farò un anello per la morosa.

Finalmente venne il tenente Cenci. Fui contento di vederlo e come si avvicinò gli chiesi: – Come si chiama la tua fidanzata? – Rise e poi guardandomi e vedendomi sporco di sangue disse: – Ma Rigoni, sei ferito? – No, – dissi, – non è mio –. Poi riprese: – Poteva anche essere un russo che mi chiamava stanotte e per questo chiesi a Buogo come si chiamasse la sua fidanzata. Un russo non poteva sapere il nome della ragazza di Buogo. È stato ferito a una gamba da una pallottola che gli ha spezzato l'osso. Hai sigarette, Rigoni? – E me ne porse una. Girammo un po' per le trincee ma poi entrammo nella tana della squadra di Pintossi. – Non è rimasto nessun russo di qua, Rigoni, – disse Cenci (ma io sapevo che ce n'era ancora uno), – ed abbiamo preso anche due donne. Erano sui quarant'anni e portavano i pantaloni e il parabellum. I conducenti, pur brontolando, le hanno caricate sulle slitte e hanno offerto loro sigarette. Andate a cucinare, borbottavano, e non alla guerra. Al mio caposaldo è venuto il tenente Pendoli. Cerca di riposare e di dormire ora: ne hai bisogno.

Mi buttai sul tavolato: ma non ero capace di addormentarmi. Le bombe nella cacciatora mi premevano sulle reni, le giberne piene di caricatori mi pesavano sullo stomaco. Ma nemmeno in un letto di piuma sarei riuscito a dormire. In una tasca interna della giubba, entro una borsa fatta con un pezzo di tela, tenevo le mie cose piú care; erano lettere e sentivo quelle parole entro di me. Ove sarà ora? Forse in un'aula a leggere poesie in latino o nella sua stanza, e guardando tra vecchi libri e cose morte avrà trovato una stella alpina. Ma sono sciocco a pensare queste cose. Perché non viene il sonno? Perché non dormo? Cenci mi guardava sorridendo. – Perché non dormi? – disse. – Come si chiama la tua fidanzata? – Per fortuna venne Tourn a dirmi che era arrivato il rancio e mi recai nella tana di Moreschi a prendere la mia razione. Lí vi era una confusione insolita: coperte in disordine, sporco per terra, la paglia sparsa assieme a calze e fazzoletti e mutande. Parlavano sottovoce. Giuanin non mi disse niente. Mi guardò e nei suoi occhi c'erano tutte le cose che voleva chiedermi. Tourn non rideva piú e i suoi baffi neri sempre ben curati erano sporchi di muco. Meschini era indaffarato intorno allo zaino. Tutti gli altri facevano qualcosa. Due erano fuori nelle postazioni dei mortai. Solo Giuanin non faceva nulla, stava nella nicchia vicino alla stufa fredda. – Meschini, – domandai, – perché non fai la polenta? Ho fame; è meglio farla ancora una volta.

Mangiai la mia razione di rancio, ma senza alcun gusto. Arrivò qualche colpo di mortaio attorno alla nostra tana e uno sopra. Ma il nostro bunker era solido e ben fatto: filtrò soltanto un po' di terra e si ruppero i vetri.

Il rumore del cucchiaio nelle gavette era piú strano dei colpi di mortaio.

Prima di uscir fuori dissi: – Ricordatevi che dobbiamo restare sempre uniti.

Ritornai dal tenente Cenci e assieme ci avviammo verso una postazione. Eravamo soli. – Stasera dobbiamo ripiegare –. Cosí disse. – Sono venuto qui apposta per dirtelo. Stasera dobbiamo ripiegare. Prendi, fuma. Io ritornerò al mio caposaldo; forse verrà qui il tenente Pendoli, forse dovrai arrangiarti da solo. Le squadre lasceranno il caposaldo una alla volta. La prima si fermerà a metà strada con le armi pronte fra te e me, e aspetterà la seconda per ripartire. Cosí di seguito fino all'ultimo uomo. L'appuntamento è alle cucine per le ore... – e disse un numero che non ricordo. – Ci sarà tutta la compagnia che ti aspetterà. Pensa tu a stabilire il turno per le squadre –. Non risposi nulla e solo quando fu terminata la sigaretta dissi: – Va bene.

Ritornai nella mia tana a preparare lo zaino; mi cambiai con biancheria pulita e lasciai sulla paglia quella sporca e impidocchiata. Cercai di mettermi addosso quanta piú roba potevo senza averne i movimenti impacciati. Mi rimasero due paia di calze e una maglia che cacciai nello zaino assieme al pacchetto di medicazione, ai viveri di riserva, a una scatola di grasso anticongelante e a una coperta da campo. Completai lo zaino con munizioni, in maggior parte bombe a mano. Aiutato da Tourn provai a mettermelo sulla schiena, ma forse era ancora troppo pesante. Bruciai, poi, tutte le lettere e le cartoline che avevo, tranne un piccolo fascio. I libri li lasciai nella tana. « Saranno curiosi i russi di sapere che cosa c'è scritto », pensavo. Ma che male nel compiere queste cose. Dissi forte: – Vestitevi piú che potete ma senza restar stretti. Mettete nello zaino le cose che credete piú necessarie e piú munizioni che potete. Bombe a mano tante e del tipo piú buono: le O.T.O. o le Breda. Le S.R.C.M. buttatele sotto la neve. Nessuno pensi di andarsene per conto proprio. Dobbiamo restare sempre uniti. Ricordatevi questo, sempre uniti.

– Quando dobbiamo muoverci? – mi chiedevano. – Stasera, forse –. E chiamai Moreschi da parte e gli dissi: – Non preoccuparti molto dei mortai, prendili con te, ma non con tante munizioni. Bombe a mano e cartucce. Tutto andrà bene.

– Allora sergentmagiú, – disse forte Meschini, – è meglio fare la polenta ancora una volta. – È meglio farla ancora una volta, – risposi.

Uscii fuori a ripetere nelle altre tane quello che avevo detto nella mia. Gli alpini chiedevano mille cose e gli occhi domandavano piú che le parole. Attorno a me era un gran punto interrogativo.

Prima di sera il tenente Cenci se ne tornò al suo caposaldo. – Credo non verrà nessuno, – mi disse. – Vecio, sta' in gamba, non farti sorprendere e buona fortuna. Arrivederci.

Sentivo tutta la responsabilità che mi gravava addosso. Se un rumore o una cosa qualsiasi avesse fatto notare che noi stavamo per abbandonare il caposaldo, chi sarebbe ritornato a baita? Gli alpini mi guardavano con gli occhi stanchi e pieni di sonno aspettando una mia parola. Cercavo di star sereno e pensavo a quello che avrei dovuto fare nel caso che fosse andata male. Quando venne la notte mandai a chiamare tutti i capisquadra: Minelli, Moreschi, il Baffo, il Rosso della pesante e Pintossi. Chiesi: – Come va? Avete tutto pronto? – Novità N.N., – risposero, – tutto pronto. – La prima a partire, – ordinai, – sarà la squadra di Moreschi. Oltre alle munizioni individuali dovete portare le munizioni per le armi della squadra. Fate caricare gli uomini il piú possibile; le munizioni che rimarranno nascondetele nella neve. Bisogna caricarsi come muli; non sappiamo quello che ci aspetterà. In caso le lasceremo poi lungo la strada quando non ne potremo piú. Appena Moreschi raggiungerà la casa diroccata che c'è fra noi e Cenci, aspetterà con le armi pronte che sia giunta la seconda squadra. Allora ripartirà. La seconda aspetterà la terza e cosí via. Nell'attesa dovete stare con le armi pronte e in silenzio. La seconda a partire sarà quella del Baffo; poi la pesante; poi Minelli; per ultima quella di Pintossi. Io verrò con quella di Pintossi –. Feci ripetere a tutti quello che avrebbero dovuto fare. E ripresi: – Se sentite sparare non preoccupatevi; la squadra che è in movimento raggiunga le cucine; lí ci sarà tutta la compagnia ad aspettare. Il caposquadra dovrà essere l'ultimo a partire. Tenetevi sempre gli uomini vicini e assicuratevi del funzionamento delle armi. Non lasciate i cucchiai nelle gavette, fanno rumore e bisognerà fare tutto nel massimo silenzio. Tutto andrà bene, tenetevi pronti, vi manderò io ad avvisare quando dovrete andarvene. Andate e arrivederci.

Per fortuna la notte era buia. La piú nera di tutte. La luna stava dietro le nubi ed era molto freddo. Il silenzio era pesante come la notte. Lontano, al di là delle nubi, dietro di noi, si vedevano i bagliori della battaglia e ne veniva un rumore come di ruote sull'acciottolato.

Stavo fuori della trincea con un mitragliatore imbracciato e scrutavo il buio verso le postazioni dei russi. Anche da loro era silenzio: pareva non esistessero piú. « Se attaccassero adesso? » pensavo. E fremevo.

Un alpino che avevo messo all'imbocco del camminamento che portava alla valletta venne a dirmi: – È passata la squadra di Moreschi, tutto bene. – Vai ad avvisare il Baffo, – dissi. Scrutavo il buio stringendo il mitragliatore e tremavo. – Sergentmagiú, è passato il Baffo, tutto bene. – Vai ad avvisare la pesante. – È passata la pesante, tutto bene. – Parla piano, vai ad avvisare Minelli –. Era silenzio. Sentii Minelli che partiva, i passi che si allontanavano nei camminamenti, qualche bestemmia sottovoce. – Sergentmagiú, è passato anche Minelli –. Guardavo davanti il fiume nero. Non tremavo piú. – Preparatevi anche voi –. Sentivo il rumore degli uomini di Pintossi che si preparavano: parole mormorate sottovoce in un soffio, rumore di zaini che venivano caricati in spalla. – Sergentmagiú, possiamo andare? – Vai, Pintossi, vai e non far baccano. – E tu non vieni? – Vai, Pintossi, io verrò –. Mi si avvicinò l'alpino dalla barba secca e rada. – Non vieni? – disse. – Vai –. Ero solo. Dalla trincea sentivo i passi degli alpini che si allontanavano. Erano vuote le tane. Sulla paglia che una volta era il tetto di un'isba giacevano calze sporche, pacchetti vuoti di sigarette, cucchiai, lettere gualcite: sui pali di sostegno erano inchiodate cartoline con fiori, fidanzati, paesi di montagna e bambini. Ed erano vuote le tane, vuote, vuote di tutto e io ero come le tane. Ero solo sulla trincea e guardavo nella notte buia. Non pensavo a nulla. Stringevo forte il mitragliatore. Premetti il grilletto, sparai tutto un caricatore; ne sparai un altro e piangevo mentre sparavo. Saltai nella trincea, entrai nella tana di Pintossi a prendere lo zaino. Vi erano delle bombe a mano e le gettai nella stufa. Levai ad altre bombe le due sicurezze e le posai piano sul fondo della trincea. Mi incamminai verso la valletta. Incominciava a nevicare. Piangevo senza sapere che piangevo e nella notte nera sentivo solo i miei passi nel camminamento buio. Nella mia tana, inchiodato ad un palo, rimaneva il presepio in rilievo che mi aveva mandato la ragazza per il giorno di Natale.

Parte seconda

La sacca

Prima di arrivare al fosso anticarro raggiunsi la squadra di Pintossi. Camminavano curvi, silenziosi. Ogni tanto qualcuno imprecava ma era uno sfogo per la disperazione che gravava dentro. Dove si andrà ora? Si accorgeranno i russi che abbiamo abbandonato il caposaldo? E ci inseguiranno subito? Resteremo prigionieri? Mi fermavo ad ascoltare e guardavo indietro. Era tutto nero, era tutto silenzio.

Al fosso anticarro alcuni alpini della centotredici armi d'accompagnamento mettevano le mine. – Presto, – ci dissero, – siete gli ultimi. Dobbiamo distruggere la passerella.

Quando passai la passerella e fui di là mi pareva di essere in un altro mondo. Capivo che non sarei piú ritornato in quel villaggio sul Don; che stavo per staccarmi dalla Russia e dalla terra di «quel villaggio». Ora sarà ricostruito, i girasoli saranno ritornati a fiorire negli orti attorno alle isbe e il vecchio con la barba bianca come lo zio Jeroska, avrà ripreso a pescare nel suo fiume. Noi, scavando i camminamenti, trovavamo tra la neve e la terra patate e verze; ora avranno tutto livellato e vangando a primavera avranno trovato i bossoli vuoti delle armi italiane. I ragazzi giocheranno con quei bossoli, e io vorrei dir loro: «Vedete, anch'io fui qui, dormivo là sotto di giorno e di notte andavo per i vostri orti che non c'erano piú. Avete trovato l'àncora? »

Ad un certo punto dovevo incontrare la compagnia che mi aspettava; la trovai piú avanti; alle cucine. Quando il capitano sentí che arrivavo, venne verso di me imprecando e calpestando con ira la neve. Mi mise l'orologio sotto il naso dicendomi: – Guarda, cretino, abbiamo piú di un'ora di ritardo. Siamo gli ultimi. Non potevi sbrigarti prima? – Tentai di dire qualcosa per spiegarmi, ma mi impose di tacere. – Vai col tuo plotone, – disse.

Ritrovai il mio plotone mitraglieri. Eravamo contenti di ritrovarci, ma non c'eravamo tutti. Il tenente Sarpi non era piú con noi; qualche altro, ferito, era all'ospedale. Antonelli mi si avvicinò: – È finita questa volta, – disse, – è finita –. Ci incamminammo per la strada che avevamo percorso quando ai primi di dicembre eravamo venuti a dare il cambio al Valcismon della Julia. Un pezzo da 75/13 sparò qualche colpo. Si andava con la testa bassa, uno dietro l'altro, muti come ombre. Era freddo, molto freddo, ma, sotto il peso dello zaino pieno di munizioni, si sudava. Ogni tanto qualcuno cadeva sulla neve e si rialzava a fatica. Si levò il vento. Dapprima quasi insensibile, poi forte sino a diventare tormenta. Veniva libero, immenso, dalla steppa senza limiti. Nel buio freddo trovava noi, povere piccole cose sperdute nella guerra, ci scuoteva, ci faceva barcollare. Bisognava tenere forte la coperta che ci riparava la testa e le spalle. Ma la neve entrava da sotto e pungeva il viso, il collo, i polsi come aghi di pino. Si camminava uno dietro l'altro con la testa bassa. Sotto la coperta e sotto il camice bianco si sudava ma bastava fermarsi un attimo per tremare dal freddo. Ed era molto freddo. Lo zaino pieno di munizioni a ogni passo aumentava di peso; pareva, da un momento all'altro, di dover schiantare come un abete giovane carico di neve. « Ora mi butto sulla neve e non mi alzo piú, è finita. Ancora cento passi e poi butto via le munizioni. Ma non finisce mai questa notte e questa tormenta? » Ma si camminava. Un passo dietro l'altro, un passo dietro l'altro, un passo dietro l'altro. Pareva di dover sprofondare con la faccia dentro la neve e soffocare con due coltelli piantati sotto le ascelle. Ma quando finisce? Alpi, Albania, Russia. Quanti chilometri? Quanta neve? Quanto sonno? Quanta sete? È stato sempre cosí? Sarà sempre cosí? Chiudevo gli occhi ma camminavo. Un passo. Ancora un passo. Il capitano in testa alla compagnia perse il collegamento con gli altri reparti. Eravamo fuori dalla strada giusta. Ogni tanto accendeva la pila sotto la coperta e consultava la bussola. Qualche alpino si staccava lentamente dalla squadra, si sedeva sulla neve e alleggeriva lo zaino. Non potevo dire nulla, tranne che: – Nascondetele sotto la neve, tenetevi le bombe a mano –. Antonelli portava l'arma della pesante, non bestemmiava piú, non perché non volesse ma perché non poteva. Nel buio posai casualmente i piedi su cose oscure e solide: cassette portabombe per mortaio da 45. Erano della squadra di Moreschi, lo cercai e gli dissi: – Con la tua squadra devi aiutare le altre del plotone a portare le pesanti e le munizioni per le pesanti. Abbandona anche i mortai, – aggiunsi piú piano, – e le altre casse; cerca di fare in modo che non s'accorga il capitano –. In testa si fermarono, ci fermammo tutti. Nessuno parlava, sembravamo una colonna di ombre. Mi buttai sulla neve con la coperta sulla testa; aprii lo zaino e seppellii nella neve due pacchi di cartucce per mitragliatore. Si riprese a camminare, dopo un po' mi feci dare da Antonelli la pesante e passai a lui le due canne di ricambio che avevo portato fino allora. Antonelli aprí la bocca, sospirò forte e bestemmiò tutto quello che poteva bestemmiare. Sembrava, tanto era divenuto leggero, che il vento lo dovesse portar via. E a me di sprofondare. – Sotto, – dissi, – dobbiamo restare uniti –. Dove abbiamo camminato quella notte? Su una cometa o sull'oceano? Niente finiva piú.

Abbandonato sulla neve, a ridosso d'una scarpata al lato della pista, stava un portaordini del comando di compagnia. Si era lasciato andare sulla neve e ci guardava passare. Non ci disse nulla. Era desolato, e noi come lui. Molto tempo dopo, in Italia (e c'era il sole, il lago, alberi verdi, vino, ragazze che passeggia-vano), venne il padre di questo alpino a chiedere no-tizie di suo figlio a noi pochi che eravamo rimasti. Nessuno sapeva dire niente o non voleva dire niente. Ci guardava duramente: – Ditemi qualche cosa, an-che se è morto, tutto quello che potete ricordarvi, qualsiasi cosa –. Parlava a scatti, gesticolando, e per essere il padre di un alpino era vestito bene. – È dura la verità, – dissi io allora, – ma giacché lo volete vi dirò quello che so.

Mi ascoltò senza parlare, senza chiedermi nulla. – Ecco, – finii, – è cosí –. Mi prese sotto il braccio e mi portò in un'osteria. – Un litro e due bicchieri. – Un altro litro.

Guardò il ritratto di Mussolini appeso alla parete e strinse i denti e i pugni. Non parlò e non pianse... Poi mi tese la mano e ritornò al suo paese.

Non finiva mai quella notte. Dovevamo arrivare in un paese delle retrovie dove c'erano magazzini e co-mandi. Ma noi non sapevamo nessun nome di paese delle retrovie. I telefonisti, gli scritturali e gli altri imboscati sapevano tutti i nomi. Noi non sapevamo nemmeno il nome del paese dove era il nostro caposaldo; ed è per questo che qui trovate soltanto nomi di alpini e di cose. Sapevamo solo che il fiume davanti al nostro caposaldo era il Don e che per arrivare a casa c'erano tanti e tanti chilometri e potevano essere mille o diecimila. E, quando era sereno, dove l'est e dove l'ovest. Di piú niente.

Dovevamo arrivare in uno di questi paesi dove, ci dicevano gli ufficiali, avremmo potuto riposare e mangiare. Ma dove era? In un altro mondo? Finalmente, lontano, si vide una luce tenue; s'ingrandiva sempre piú sino a diventare rossigna ed illuminare il cielo. Ma questa luce rossa era nel cielo o sulla terra? Poi avvicinandosi si poté distinguere che era un villaggio che bruciava. Ma la tormenta non smetteva e c'erano sempre i coltelli piantati sotto le ascelle e si era schiacciati dal peso dello zaino e delle armi. E altre luci rosse si videro in quel buio. La neve pungeva gli occhi ma si camminava. Arrivammo in un paese, intravvedemmo le isbe scure nella tormenta e sentimmo abbaiare i cani; si sentiva che sotto la neve c'era una strada. Ma non potevamo fermarci, bisognava camminare ancora. Altra gente camminava lí attorno. Forse russi. Ma è meglio morire. Uno mi si avvicina, mi tira per la coperta, mi guarda fisso: – Che reparto siete? – mi chiede. – 55 del Vestone, 6° Alpini, – rispondo. – Conosci il sergente maggiore Rigoni Mario? – dice l'ombra. – Sí, – rispondo. – È vivo? – chiede. – Sí, – dico, – è vivo. Ma chi sei? – Sono un suo cugino, – dice. – Ma dov'è? – Sono io Rigoni, – dico, – ma tu chi sei? – Adriano –. E mi prende per le spalle e mi chiama per nome e mi scuote. – Come va parente? – dice Adriano. Ma io non riesco a dirgli niente. Adriano avvicina i suoi occhi al mio viso e ripete: – Come va parente? – Male, – dico, – va male. Ho sonno, ho fame, non ne posso piú. Ho tutto quello che si può avere di peggio –. Adriano, me lo raccontò poi al paese, si stupí quella notte a sentirmi parlare cosí. – Io, – diceva al paese, – quando lo incontravo lo vedevo sempre sereno e allegro. Ma quella notte. Quella notte!

Adriano levò dallo zaino una scatola di marmellata e un pezzo di parmigiano di un paio di chili. – L'ho presa in un magazzino questa roba, – disse, – mangia –. Con la baionetta cercai di rompere il formaggio per staccarne un pezzo e restituirgli l'altro. Ma dopo essermi levato i guanti sentii un dolore impensabile straziarmi le mani e non fui capace di tagliarlo. Le mani non seguivano il cervello e le guardavo come cose non mie e mi venne da piangere per queste povere mani che non volevano piú essere mie. Mi misi a sbatterle forte una contro l'altra, sulle ginocchia, sulla neve; e non sentivo la carne e non le ossa; erano come pezzi di corteccia d'un albero, come suole di scarpe; finché me le sentii come se tanti aghi le perforassero, e me le sentii a poco a poco tornare mie queste mani che adesso scrivono. Quante cose può ricordarmi il mio corpo.

Riprendemmo a camminare nella notte. – E i paesani, Adriano? – chiesi. – Sono tutti sani, – rispose. – Ma io ora devo ritornare al mio reparto, ci rivedremo ancora. Stai in gamba parente. – Arrivederci, – dico, – in gamba sempre.

Sotto, sotto, dobbiamo restare uniti. Non ho il coraggio di parlare ai miei compagni di case di vino di primavera. A che gioverebbe? A buttarsi sulla neve e dormire e sognare queste cose e poi svanire nel nulla, nel niente, e sperdersi, sciogliersi con la neve a primavera nell'umore della terra. Era tutto buio ed in lontananza, nel cielo, riflessi rossi dei villaggi che bruciavano. Ancora un passo, ancora un altro; la neve passava la coperta e pungeva il viso, il collo, i polsi. Il vento ci toglieva il respiro e voleva strapparci la coperta. Mangiai un po' del formaggio che mi aveva dato Adriano. Era duro a spezzarsi con i denti, a masticarlo era come sabbia, e sentivo che assieme al boccone mandavo giú sangue che mi usciva dalle gengive e dalle labbra. Il fiato mi si gelava sulla barba e sui baffi e con la neve portata dal vento vi formava dei ghiaccioli. Con la lingua mi tiravo quei ghiaccioli in bocca e succhiavo. E venne l'alba. E la tormenta aumentò. E il freddo aumentò. Ma ora mi domando: se non vi fosse stata la tormenta saremmo sfuggiti ai russi?

In quella notte il tenente Cenci era di retroguardia con il suo plotone. A un certo punto si erano fermati in un'isba isolata per riposare ma se due donne non li avessero svegliati in tempo per riprendere in fretta il cammino sarebbero stati sorpresi dai russi che già erano in vista dell'isba. E l'alba era grigia e il sole non veniva mai e c'era solo la neve e il vento e noi nella neve e nel vento. Nessuno voleva piú portare le pesanti e le casse di munizioni; e quando uno si prendeva sopra lo zaino una di queste cose non c'era piú nessuno che voleva dargli il cambio. Cercavo di convincerli che bisognava tenerle con noi. Le Breda della mia squadra erano le armi migliori della compagnia e sapevo che cosa significasse per i fucilieri sentire le pesanti in caso di attacco. Bisognava portarcele con noi a costo di qualsiasi sacrificio. Ma quando, in quella mattina, dopo una tale notte, bisognava prendere sopra lo zaino il treppiede o una cassa di munizioni i coltelli sotto le ascelle pareva raggiungessero il cuore e i polmoni rimanevano senz'aria. Alleggerendo un compagno di una di queste cose, pareva che costui si alzasse in volo: sospirava, bestemmiava e poi diceva mentalmente un'avemaria.

Si camminava su una strada e la neve era ammucchiata ai lati; ma quella vecchia, non quella portata dalla tormenta. A destra c'era una rada fila di isbe. Si camminava a gruppetti e con lunghe code, era difficile tenere unito il plotone. Tra uno spazio e l'altro passava libero il vento e sibilava la tormenta. Eravamo tutti grigi e si vedeva poco.

Qui, una volta, vi dovevano essere magazzini o conducenti, perché tra la neve, si vedevano dei fili di paglia. Pensate: paglia che una volta era un campo di grano. Vi erano anche delle casse di galletta. Come vedono le casse gli alpini vi si gettano sopra, sono vuote, ma pure qualche cosa ci deve essere nel fondo perché a spintoni e a pugni cercano di farsi largo e di affondarvi le mani. Quelli che sono presi sotto gridano; poi lentamente si allontanano tutti. Uno rimane, gira ancora attorno alle casse, poi le rovescia e fruga nella neve.

Il capitano in testa a tutti si ferma e guarda la bussola. Ma dove siamo? A un lato della strada vedo una massa oscura e immobile. Un camion? o una carretta? o un carro armato? È una macchina rotta e abbandonata.

Un senso di apprensione m'invade e mi pare che carri armati russi debbano uscire dalla tormenta. – Andiamo, – dice il capitano, – state sotto, dobbiamo camminare in fretta. Avanti –. Finalmente arriviamo in un grosso paese dove erano comandi e magazzini. La tormenta è cessata, però tutto è grigio: la neve, le isbe, noi, i muli, il cielo, il fumo che esce dai camini, gli occhi dei muli e i nostri. Tutto di uno stesso colore. E gli occhi non vogliono piú stare aperti, la gola è piena di sassi che vi ballano dentro. Siamo senza gambe, senza braccia, senza testa, siamo solo stanchezza e sonno, e gola piena di sassi.

Vediamo il maggiore comandante il battaglione uscire da un'isba. – Andate nelle isbe al caldo e riposatevi, – ci dice. – Sono già diverse ore che sono qui le altre compagnie. Dove siete andati? Chissà dove siete andati voi questa notte. Entrate nelle isbe, – dice il maggiore. Forse pensa di parlare con delle ombre perché stiamo lí come i muli che fumano dalla pelle. – Andate al caldo e riposate, – dice il capitano, – tra poche ore si riparte. Sistemate i plotoni nelle isbe, – dice agli ufficiali e a me, – e fate pulire le armi.

Quando siamo partiti dal caposaldo, eravamo con le squadre al completo; ora, guardando cosí, mi accorgo che mancano parecchi uomini: forse spersi nella tormenta, forse fermatisi in qualche isba, forse entrati nelle case appena arrivati qui. Ma nessuno s'interessa a controllare chi manca. Quelli che sono rimasti si allontanano a gruppetti in cerca di un'isba libera dove entrare. Io solo rimango fuori e giro da una strada all'altra senza sapere dove andare. Perché non sono andato con i miei compagni di plotone? anzi con i miei uomini? Non lo so perché. Rimango solo, fuori sulla neve; e non so dove andare. Infine vado a bussare a qualche porta. Ma, o mi rispondono male o non mi aprono. La maggior parte delle case è occupata da gente dell'auto-reparto, della sussistenza, dei magazzini, della sanità. Voglio dormire un po' al caldo, perché non mi lasciano entrare? Non sono an- ch'io un uomo come voi? E no, non sono come loro, io. Sono solo in mezzo alla strada e mi guardo attorno. Mi si avvicina un vecchio e mi indica, dietro una fila di isbe, in un orto, un cumulo di terra. Dalla terra sporge un comignolo, e dal comignolo esce del fumo. Mi fa cenno di andare là e scendere giú. È un rifugio antiaereo. All'altezza del terreno vi sono due piccole finestre con vetri, scendo per una scaletta, scavata nel terreno e busso alla porta. Provo a spingere ma è chiusa dall'interno. Qualcuno viene ad aprire, è un soldato italiano. – Siamo già in tre qui, – dice, – e una famiglia russa –. E richiude la porta. Batto: – La- sciatemi entrare, – dico, – mi fermerò poco, voglio solo dormire un po', non mi fermerò tanto –. Ma la porta resta chiusa. Busso, la porta torna ad aprirsi, si affaccia una donna russa e mi fa cenno di entrare. È caldo qui dentro, è come nella mia tana al caposaldo, o nelle stalle, con la differenza che qui vi è questa donna russa con tre bambini e tre imboscati italiani. Ma ora ve n'è uno solo perché gli altri due sono fuori. Quello che è rimasto mi guarda male. La donna mi aiuta a levarmi il cappotto. Devo avere una faccia pro- prio conciata male se mi guarda con quegli occhi pieni di compassione che quasi piangono. Ma io non so piú commuovermi, ora. L'imboscato che da un angolo mi guarda, come vede che sulla manica ho due straccetti di gradi e sopra il taschino qualche nastrino, vuole attaccare discorso. Porca naia! E se fossi un condu- cente qualsiasi? un fuciliere? un mulo? una formica? Non rispondo alle sue domande e mi levo anche l'el- metto e il passamontagna. Mi pare di essere nudo. E svuoto le tasche dalle bombe e le metto nell'elmetto e mi levo le giberne che mi pesano sul ventre. Cavo da una tasca della giubba una manciata di caffè misto a neve e nel coperchio della gavetta lo pesto con il manico della baionetta. La donna ride, l'imboscato sta zitto e mi guarda. La donna mette a bollire l'acqua e fa alzare i ragazzini che mi guardano sdraiati su dei cuscini. Prende i cuscini e li mette su una specie di palco, vi butta sopra anche una coperta; la mia la mette ad asciugare vicino al fuoco. Mi fa cenno di salire sul palco a dormire. Mi siedo con le gambe ciondoloni e finalmente dico: – Spaziba –. La donna mi sorride e anche i bambini. L'imboscato mi guarda sempre zitto. Levo dallo zaino la marmellata che mi aveva dato Adriano, non ho altro, e mangio. Voglio offrirne anche ai bambini ma la donna non vuole: – Cusciai, – mi dice, – cusciai, – mi dice sottovoce sorridendo. Quando l'acqua bolle mi fa il caffè e, finalmente, dopo tanti giorni, mando dentro qualche cosa di caldo. Mi aggiusto il posto per dormire, mi metto vicino il moschetto e l'elmetto con le bombe a mano. – Stamattina c'erano qui i carri armati russi, – mi dice l'imboscato. – Ma tu cosa fai qui? – domando. – Che cosa aspetti? Non vai con il tuo reparto? – Non risponde. Fuori fa freddo, c'è la steppa, il vento, la neve, tanto vuoto attorno, i carri armati russi e lui sta qui al caldo con i suoi due compagni e la donna russa. – Se senti sparare, svegliami, – dico. Su di un'asse, contro la parete di terra gialla, c'è una vecchia sveglia e faccio cenno alla donna di svegliarmi quando la lancetta piccola sarà arrivata al numero due. A quell'ora devo trovarmi con la compagnia. Sono le undici, ora, dormirò tre ore. E mi butto giú sui cuscini, vestito e con le scarpe addosso. Ma perché non sono capace di dormire? Perché penso ai miei uomini che sono nelle isbe al caldo? Perché sto con le orecchie tese a sentire se sparano? Perché non viene il sonno? Da tanti giorni non dormo. Ritornano i due imboscati che erano fuori e sento che parlano fra di loro; sento un bambino che piange e sto con gli occhi aperti a guardare la parete di terra gialla. Il caposaldo, i chilometri, i miei compagni, i russi morti nel fiume, la Katiuscia, i miei paesani, il tenente Moscioni, le bombe a mano, la donna russa, i muli, i pidocchi, il moschetto. Ma esiste ancora l'erba verde? Esiste il verde? E poi dormo; dormo, dormo. Senza sognare nulla. Come una pietra sotto l'acqua.

Quando la donna russa mi sveglia è tardi, mi ha lasciato dormire mezz'ora di piú. In fretta lego la coperta allo zaino, rimetto in tasca le bombe a mano e in testa l'elmetto. Quando sono pronto per uscire la donna mi porge una tazza di latte caldo. Latte come quello che si beve nelle malghe all'estate; o che si mangia con la polenta nelle sere di gennaio. Non gallette e scatolette, non brodo gelato, non pagnotte ghiacciate, non vino vetroso per il freddo. Latte. E questa non è piú naia in Russia, ma vacche odorose di latte, pascoli in fiore tra boschi d'abete, cucine calde nelle sere di gennaio quando le donne fanno la calza e i vecchi fumano la pipa e raccontano. La tazza di latte fuma nelle mie mani, il vapore sale per il naso e va nel sangue. Bevo. Restituisco la tazza vuota alla donna dicendo: – Spaziba.

Mi rivolgo, poi, ai tre imboscati: – Non venite? – Ma dove vuoi andare? – mi risponde uno: – Siamo circondati dai russi e qui siamo al caldo. – Lo vedo, – dico; – io vado. Vi saluto e auguri –. E ritorno fuori.

Il paese era tutto un brulicare, come quando nel bosco si introduce un bastone in un formicaio. Ragazzi, donne, bambini, vecchi entravano nelle isbe con fagotti e sacchi mezzi pieni e subito ritornavano fuori con i sacchi vuoti sotto il braccio. Andavano nei magazzini che bruciavano e prendevano tutto quello che riuscivano a salvare dalle fiamme. Slitte, muli, camion, automobili andavano e venivano senza scopo per le strade; un gruppo di carri armati tedeschi fece presto ad aprirsi un passaggio tra quel groviglio. Un fumo giallo e acre si fermava sopra il villaggio e fasciava le case. Il cielo era grigio, le isbe grige, la neve calpestata in tutti i sensi era grigia. Avevo ancora in bocca il sapore del latte, ma ormai ero fuori. Ora camminavo verso casa. Sia quel che sia.

Le mani in tasca, guardavo quello che succedeva intorno a me; mi sentivo solo. Passando davanti a un edificio, forse le scuole, vidi pendere verso la strada due bandiere; una italiana e l'altra della Croce Rossa e quest'ultima era cosí grande che quasi toccava terra. Divenni improvvisamente triste. Immaginavo il paese vuoto con i magazzini che finivano di bruciare, gli abitanti chiusi nelle isbe, qualche mulo abbandonato che rosicchiava i torsi dei cavoli che spuntavano dalla neve. Immaginavo i soldati russi che arrivavano. I muli, allo sferragliare dei carri armati, muovevano appena le orecchie. I nostri feriti guardavano dalle finestre dell'ospedale. Tutto era grigio e le due bandiere pendevano verso la strada deserta.

Dall'ospedale ora stavano uscendo i feriti che potevano camminare e tentavano di aggrapparsi alle slitte e ai camion di passaggio.

Non riuscivo a vedere un soldato della mia compagnia o del battaglione. Forse erano già partiti tutti. Vidi uno del Cervino che camminava cosí come camminavo io. Lo chiamai e andammo assieme. Chiesi notizie di conoscenti. Il Cervino era il battaglione con il quale avevo partecipato a un'azione dell'inverno precedente. – E il sergente Chienale? – chiesi. – È morto. – E il tenente Sacchi? – Morto –. Tanti e tanti altri erano morti. Pochi, appena dieci, forse, erano rimasti di quel Cervino che era piú spavaldo di un battaglione di bersaglieri.

Attraversai il paese passando accanto ai magazzini che stavano bruciando. Piú tardi seppi che alpini arrivati qui dalla linea erano entrati nei magazzini abbandonati; e i soldati della sussistenza avevano detto: – Prendete quel che volete –. Trovarono cioccolata, cognac, vino, marmellata, formaggio. Sparavano nelle botti di cognac e mettevano sotto la gavetta. Dopo tanto tribolare, finalmente, bevevano e mangiavano e dormivano. Molti non si svegliarono piú: bruciati o assiderati. Altri svegliandosi si saranno trovati davanti al viso le canne dei mitra russi. Ma qualcuno è riuscito a raggiungerci e a raccontare.

Poco prima di uscire dal paese, tra tutta quella confusione, riuscii a vedere degli uomini della mia compagnia. Li raggiunsi. Al passaggio d'una balca, prima di entrare nella steppa libera, v'era tutto un ammasso di camion, di slitte, di auto. Camion erano rovesciati nel fondo della balca e là chi bestemmiava, chi gridava, chi chiamava aiuto per spingere o cercare di liberare la pista. Provai piacere quando vidi i camion rovesciati che non si potevano muovere e ricordai come, nell'estate precedente, durante le interminabili marce notturne di avvicinamento, ci sorpassavano le lunghe autocolonne e la polvere color cioccolata delle piste si appiccicava al sudore di noi che si camminava sotto lo zaino, penetrava nella gola e ci faceva sputar giallo per delle settimane.

E quelli della sussistenza, dei magazzini e del genio di retrovia ai lati della pista ci guardavano passare e ridevano. Sí! porca naia, ridevano. « Ma questa volta si muoveranno anche loro. Diavolo se si muoveranno. Se vogliono arrivare a baita si muoveranno! » Questo pensavo mentre li guardavo affaccendarsi attorno alle loro macchine che portavano le scartoffie o i bagagli dei loro ufficiali o chissà che diavolo. Alle spalle si levavano le fiamme e il fumo degli incendi e si udiva sempre piú vicino il rumore delle cannonate. « Disin- cantatevi, imboscati, è giunta l'ora anche per voi di lasciare le ragazze delle isbe, le macchine da scrivere e tutti gli altri accidenti che il diavolo se li pigli. Im- parerete a sparare con il fucile, venite con noi se vo- lete; per noi, ne abbiamo abbastanza ».

Pensavo a questo, e questo pensiero mi metteva energia e calpestavo con forza la neve fuori dalla pi- sta. Camminavo piú spedito e andavo avanti. Risa- limmo la balca. Attraverso la steppa si snodava la colonna che poi spariva dietro una collina, lontano. Era una striscia come una S nera sulla neve bianca. Mi sembrava impossibile che ci fossero tanti uomini in Russia, una colonna cosí lunga. Quanti caposaldi come il nostro eravamo? Una colonna lunga che per tanti giorni doveva restarmi negli occhi e sempre nella memoria.

Ma si avanzava lentamente, troppo lentamente, e cosí, con il gruppo che mi seguiva, ritornai fuori dalla pista per cercar di portarmi piú avanti. Avevamo due Breda con qualche migliaio di colpi e ancora i viveri di riserva. Il peso ci faceva sprofondare nella neve ma pure si andava molto piú lesti della colonna. Gli spallacci dello zaino ci segavano le ascelle. Antonelli, come sempre, bestemmiava e Tourn ogni tanto mi guardava come a dirmi: « La finirà, no? » C'era con noi qualcuno della squadra di Moreschi che cercava di rimanere qualche passo indietro per evitare il turno di portare l'arma. Antonelli inveiva contro costoro con le piú belle parole dei bassifondi veronesi. Si incontrava ogni tanto qualche uomo supino nella neve che, trasognato, ci guardava passare senza farci alcun cenno. Un ufficiale italiano con stivali e speroni, a un lato della pista, gesticolava e gridava insulsamente. Era ubriaco e ciondolava. Cadeva nella neve, si rialzava gridando chissà che cosa e poi ritornava giú. Stava assieme a un carabiniere che cercava di sostenerlo e di tirarlo avanti. Infine si fermarono dietro a un pagliaio isolato nella steppa. Piú avanti incontrai altri soldati della mia compagnia, poi quattro uomini del mio plotone tra i quali Turrini e Bosio. Si erano arrangiata una piccola slitta e vi avevano caricato sopra la pesante e tre casse spalleggiabili di munizioni. Un po' qua e un po' là, lungo la colonna, ero riuscito a radunare quasi tutto il mio plotone. Ogni qualvolta un gruppetto si univa al mio già grosso era un piacere; ci si chiamava per nome e si rideva scherzando sulle nostre condizioni. Quelli che camminavano nella colonna alzavano gli occhi dalla neve, ci davano uno sguardo e ritornavano ad abbassare la testa. – Stiamo uniti, – dicevo, – e camminiamo in fretta.

Venne la notte e arrivammo in un piccolo paese nella steppa. Non so che giorno o che notte fosse, so che faceva molto freddo, e avevamo anche fame. Ci trovammo riuniti con gli altri plotoni della compagnia e con il battaglione. Ormai eravamo nel nostro ambiente: si sentiva parlar bresciano. Anche il maggiore Bracchi parlava bresciano: – Corai s'cet, forza s'cet –. Il maggiore Bracchi: cappello in testa, scarpe

Vibram, sigaretta in bocca, gradi di banda sulle maniche del pastrano, il passo sicuro, occhi azzurri e voce che infondevano serenità. – Coraggio, ragazzi, – diceva in bresciano, – per Pasqua saremo a casa a mangiare il capretto –. Chiamava per nome or l'uno or l'altro di noi e sorrideva.

– Barba di Becco, – disse (cosí mi chiamava lui, Barba di Becco o Vecio), – mi sembri diventato un po' magro e trasandato. Una pastasciutta ci vorrebbe o un liter de negher. – Naia potente se ci vorrebbe! – dissi, – anche due. E lei non ci starebbe? – Sciur magiur, – gli disse Bodei, – deve restare consegnato, le manca un bottone sul pastrano e ha la penna storta. – Enculet ciavad, – gli rispose il maggiore. Il maggiore sorrideva e scherzava quando parlava con noi, ma poi diventava serio e gli occhi si spegnevano. E io pensavo: «Pasqua è ancora lontana, abbiamo appena passato Natale; e tanti chilometri ci sono da camminare».

Era notte e molto freddo, e si era con le scarpe nella neve in attesa di ordini. Vedevo che il capitano era stanco da non poterne piú. Il tenente Cenci, avvolto in una coperta come in uno scialle, fumava una sigaretta dietro l'altra e ogni tanto bestemmiava. Quando succhiava il fumo vedevo la bracia accendersi come un occhio di gatto. Parlava un poco con un alpino del suo plotone e bestemmiava in modo gentile con voce armoniosa e da salotto. Mi si avvicinò: – Come va, Vecio? – disse. – Va bene, – risposi, – va bene; ma fa un po' freddo –. Naia potente se faceva freddo!

Attorno a noi c'era una gran confusione; si sentiva parlare tedesco, ungherese, e italiano in tutti i dialetti. Poco lontano bruciavano delle isbe e dei magaz-

75

zini e la neve attorno riverberava la luce rossastra sino ai limiti del villaggio, dove poi incominciava la steppa. E laggiú bruciava anche il paese che avevamo lasciato nel pomeriggio. Ogni tanto si sentivano scoppi e rumore di motori ma pareva che di là dal chiarore rossastro degli incendi non vi fosse piú nulla. Il mondo finiva là. Diavolo! e noi dovevamo andare piú avanti di quel buio. Ma le scarpe erano come legno, la neve secca come sabbia e le stelle pareva che strappassero la pelle come speroni. Nel paese non era rimasto nessuno; non c'erano nemmeno vacche, pecore, oche. Lontano, nel buio, si sentivano abbaiare i cani. I nostri muli erano con noi; e con le orecchie abbassate sognavano le mulattiere delle Alpi e l'erba tenera. Mandavano vapore dalle narici come le balene; avevano il pelo coperto di brina e mai erano stati cosí lustri. E i pidocchi anche c'erano; i nostri pidocchi che se ne fregavano di tutto e stavano al caldo nei posti piú reconditi. Ecco, pensavo, se dovessi morire i pidocchi che ho addosso che fine farebbero? Creperanno piú tardi di me quando il sangue nelle vene sarà come vetro rosso oppure resisteranno sino a primavera? Quando, al caposaldo, mettevamo fuori le maglie con quaranta gradi di freddo per due giorni e due notti e le indossavamo dopo averle asciugate vicino alla stufa subito i pidocchi si facevano vivi. Erano rubusti e forti.

– Rigoni, vuoi una sigaretta? – dice Cenci. Fumo, almeno il fumo è caldo. Antonelli impreca: – Ci muoviamo o no? Che facciamo qui? – E bestemmia.

Ascoltando quelli che erano qui prima di noi veniamo a sapere che i carri armati russi, arrivati fin qui, hanno portato il terrore. Ma ora siamo in tanti: una divisione ungherese, un corpo corazzato tedesco, la divisione Vicenza, quello che è rimasto della Julia, la Cuneense e noi della Tridentina. E poi tutti i servizi: autoreparti, sussistenza, genio, sanità, ecc. Buona parte di questi ultimi hanno già abbandonato le armi nella neve e sono convinti di essere già prigionieri. Prigionieri si è, penso e dico, quando un soldato russo ti fa camminare dove vuole puntandoti un fucile, ma non come ora.

– Sergentmagiú, ghe rivarem a baita? – È Giuanin che si è avvicinato. – Ghe rivarem sí, Giuanin, – gli dico, – ma non pensarci ora alla baita, salta tra la neve per non gelarti i piedi –. Finalmente il maggiore Bracchi che si era allontanato in cerca di ordini, ritorna. Ci muoviamo finalmente, ma torniamo indietro. – Andiamo di retroguardia, – dice il tenente Pendoli. – Sempre a noi tocca, – brontoliamo. (E quelli del Tirano diranno altrettanto). – Vestú! Avanti da questa parte, – grida Bracchi.

Si cammina nella neve alta; ogni tanto si batte la testa sull'elmetto del compagno che sta avanti e ogni tanto bisogna correre per star sotto. I magazzini e le isbe bruciano e qua e là si sente gridare in tedesco. Passiamo vicino a dei grossi panzer col motore acceso (per non gelare, penso). Camminando cosí nella neve do dentro col piede in un barattolo e lo raccolgo. È mezzo pieno e al chiarore di un incendio vedo che contiene roba da mangiare. Introduco la mano senza levarmi il guanto: questa è la manna di Mosè: marmellata e burro mescolati assieme. Mi lecco il guanto e i baffi; mangio camminando e mangiano quelli che mi sono vicino.

Non so quanto abbiamo camminato; ogni passo pareva un chilometro e ogni attimo un'ora; non si arrivava mai e non finiva mai. Finalmente ci fermiamo a delle isbe isolate. Sistemo il mio plotone in un edificio in muratura: saranno state le scuole o la casa dello starosta. Vi troviamo anche dei soldati dell'autocentro. Questi sono come i pidocchi: s'annidano dappertutto. E c'è un fuoco, e c'è caldo e persino paglia sul pavimento. Ah! com'è bello buttarsi giú e cavarsi l'elmetto e mettere lo zaino sotto la testa stretti al caldo uno vicino all'altro. Finalmente possiamo chiudere gli occhi e dormire.

Ma chi è che mi chiama lí fuori? Andate al diavolo, lasciatemi dormire. Uno apre la porta e fa il mio nome: – Va' dal capitano, ti vuole –. Ho dentro un fuoco che mi brucia. Mi alzo, i miei compagni sono già addormentati e russano. Per uscire devo pestare i loro piedi: bestemmiano, aprono gli occhi, si girano dall'altra parte e ritornano a dormire. Fuori è freddo; è tutto silenzio, il portaordini non c'è piú, tante stelle ci sono invece come in un cielo di settembre. Ma erano belle allora le notti di settembre nei campi di grano e papaveri; tiepide e amorose come la terra queste stelle. Ora non so se è un incubo o se uno spirito maligno si diverte alle mie spalle. Non c'è nessuno fuori e vado a cercare il capitano che mi vuole. Che avrà da dirmi? Cerco in un'isba e non lo trovo, busso alle altre. Mi rispondono in tedesco: – Raus! – o in bresciano: – Inculet! – Trovo i fucilieri della mia compagnia e mi chiedono se voglio entrare a dormire da loro. – Cerco il capitano, – dico. – È qui? – No, – mi rispondono. Giro tra i cavalli degli ungheresi e cerco il capitano; lo chiamo per le piste che portano nella steppa. Nessuno mi risponde. Le stelle mi straziano la carne, mi viene da piangere e da maledire. Vorrei istintivamente uccidere qualcuno. Pesto con ira la neve; agito le braccia; faccio crocchiare i denti;

i sassi mi ballano nella gola. Calmati! Non impazzire! Calma! Ritorna nell'isba del tuo plotone, ritorna a dormire. Chissà cosa ti attenderà domani. Domani! Ma è già l'alba, laggiú incomincia il crepuscolo. Le mattine al caposaldo quando rientravo nella tana calda ed era pronto il caffè; le mattine prima di venir soldato quando andavo per legna e sentivo il canto degli urogalli, le mattine che salivo alle malghe con il mulo grigio. E lei starà dormendo tra lenzuola di bucato, nella sua città di mare, e dal mare entrerà nella stanza il primo chiarore dell'alba. Ma sarebbe meglio buttarsi su quel mucchio di neve e dormire, chissà come sarà morbida. All'erta, sta' all'erta, cerca l'isba del tuo plotone. Stringo i denti e i pugni e do calci nella neve. Ritrovo l'isba, entro e mi lascio cadere fra i corpi caldi dei miei compagni. Ma non dormo forse nemmeno un'ora perché Cenci batte alla porta e dice forte: – Plotone mitraglieri sveglia! Fate presto, si parte. Rigoni sveglia! – E sento i miei compagni che si alzano in silenzio e arrotolano le coperte e poi le bestemmie di Antonelli. Come desidererei dormire, dormire ancora un poco, un poco solo; non ne posso piú; o impazzisco o mi sparo. Ma pure mi alzo, esco, raduno il plotone, controllo per vedere chi manca; vado in cerca dei ritardatari e facendo questo ritorno quello di sempre. Non penso piú né al sonno né al freddo. Mi assicuro se non abbiamo lasciato nulla nell'isba, munizioni o armi. Controllo i presenti, guardo se le armi sono pulite, tiro il carrello di armamento e premo il bottone a vuoto. Questo mio fisico è davvero meraviglioso: muscoli, nervi, ossa; non credevo prima d'ora che potesse sopportare tanto. Ci avviamo verso l'altra estremità del villaggio. Gli altri plotoni della compagnia sono già partiti e noi siamo gli ultimi. Sorpassiamo le slitte degli ungheresi e un gruppo di artiglieria alpina. Nel fondo di una balca non tanto profonda ci riuniamo alla compagnia. Ma il capitano manca. Il maggiore Bracchi, impaziente, cammina avanti e indietro sulla neve. Mi chiama e mi manda a cercare il capitano e una compagnia che manca. – Fai presto, – mi dice Bracchi, – dobbiamo andare all'assalto e cercare di aprire la sacca –. Torno a rifare la strada. E lo trovo il capitano. Sta su una slitta; mi chiama mentre sono ancora lontano. – Rigoni, paesano, – dice, – ho la febbre. Volevo fermarmi in un'isba; no, non sto bene. Dov'è la compagnia? – Capitano, – dico, – la compagnia è laggiú, – e indico con la mano. – Vi aspetta, mi ha mandato in cerca di voi il maggiore.

Sono con il capitano, l'attendente e il conducente della slitta. Il suo aspetto non è piú quello di una volta, gioviale e furbesco; ma con la coperta tirata sulla testa come uno scialle e il passamontagna infilato sino al collo, non sembra piú il contrabbandiere di Valstagna.

– Portatemi dov'è la compagnia, – dice il capitano, – non lasciatemi solo. Sono il vostro capitano, no? Non vorrete mica lasciarmi solo, sono il vostro capitano! Ho la febbre, – ripete. – Andiamo, – rispondo.

Trovo un tenente della compagnia che manca, con il suo plotone. – La compagnia sta venendo, – mi dice. Ma intanto abbiamo fatto tardi e al nostro posto sono andati il Verona e un battaglione del 5°. Si sente già sparare. Sparano forte. Si odono le raffiche secche dei mitra russi, le nostre pesanti, i colpi acuti dei fucili, qualche scoppio di mortaio e anche di bombe a mano. Dev'essere dura lassú. Sento brividi per la carne, mi pare sentire le pallottole cucire la mia anima, ogni tanto trattengo il respiro. Mi viene una grande malinconia e un gran desiderio di piangere. Lassú dove sparano: una fila di isbe sul dorso di una mugila. E bisogna passare, dicono, perché al di là c'è una strada da dove ci possono venire incontro le motorizzate tedesche.

Ma i russi non vogliono lasciarci passare. Sparano, sparano, sparano e io ho paura e se fossi con loro no. Mi pare che qualcosa si stacchi da me a ogni raffica, a ogni esplosione. Noi siamo qui pronti ad intervenire e vorrei finirla di stare ad aspettare in questa balca fredda a ridosso del villaggio e con questa angoscia. Passeranno o è davvero finita? I miei compagni sono stanchi, ogni tanto un uomo del mio plotone se ne va, gira per il villaggio tra le slitte degli ungheresi. Questi sono i piú passivi e i piú neutri di tutti. Hanno le slitte stracariche di lardo, salumi, zucchero, tavolette di vitamine, ma niente armi e munizioni. Gli alpini girano attorno alle slitte, sornioni, con le mani in tasca e l'aria da fessi. Quando ritornano tra noi tirano fuori pezzi di lardo e salami di sotto i pastrani. Abbiamo acceso un gran fuoco, ci stiamo attorno a cerchio e ogni tanto ci voltiamo per scaldarci da tutte e due le parti. Si chiacchiera e il vino è l'argomento principale. – Quando sarò a casa voglio fare un bagno in una botte di vino, – dice Antonelli. – E io mangiare tre gavette di pastasciutta, – aggiunge Bodei (si è dimenticato oramai che a casa si mangia nel piatto), – e fumare un sigaro lungo come un alpenstock –. Serio e convinto, guardando il fuoco, Meschini dice: – Fare una sbornia di grappa e liquefare con il fiato tutta la neve della Russia –. Ma ogni tanto si sta zitti e lassú continuano a sparare. – Sparano, – dice Antonelli, e bestemmia. – Tourn! – grida, battendogli una mano sulla spalla: – e bute e meze bute, Barbera e Grignolin! – E Tourn alza la testa, gli occhietti da scoiattolo sotto il passamontagna si accendono: – Basta ch'el sia da beive, – dice. Ma qui porca naia non c'è niente. Un fuoco che ti affumica davanti e neve che ti agghiaccia dietro. I tenenti Cenci e Pendoli chiamano adunata vicino alle slitte della compagnia: c'è qualcosa da distribuire. Sono gli ultimi viveri che ci vengono dati come razione e che i cucinieri sono riusciti a portare sin qua. Io ero convinto che non ci fosse piú nulla. I sacchi delle pagnotte sono incrostati di neve e odorano di cipolla, di carne, di conserva, di fumo di caffè; dell'odore dei cucinieri insomma. Ci sono due pagnotte per ciascuno, dure, gelate, e vecchie; e dalle slitte esce anche una forma di reggiano e anche quello è gelato. Per spaccarlo il tenente Cenci deve prendere un'accetta e poi l'aiuto io con la baionetta a fare le razioni per i plotoni. C'è anche cognac. Quando il cuciniere tira fuori i bidoni ne sentiamo l'odore e annusiamo l'aria come i cani da caccia e quelli che sono lontani si fanno sotto. Capisquadra fuori le gavette! Quante volte ho fatto le razioni in quattro anni di naia: una gavetta sino ai chiodi del manico otto razioni di vino, un gavettino di cognac una squadra. Ma di cognac ora ce n'è di piú e le parti le fa Cenci. Ritiro con i capisquadra la roba per il mio plotone. Attorno al fuoco beviamo il cognac; attorno al fuoco. Antonelli bestemmia, Tourn si liscia i baffi, Meschini mugola. Cenci viene da noi. – In gamba, pesante, – dice e ci dà da fumare. Naia potente!

So che vicino a noi del Vestone ci dovrebbe essere il battaglione del genio alpino della nostra divisione ove ho i paesani e vado in cerca di loro. Trovo il Vecio e Renzo. Vengono dalla battaglia dove erano di collegamento presso il colonnello Signorini. Appena li vedo camminare stanchi sulla neve mi ritorna alla memoria che in settembre erano venuti a trovarmi in linea e tanto bene era nascosta la mia tana nel campo di grano che quasi ci cascavano dentro con la motocicletta che montavano. Strano il rumore della motocicletta nel campo di grano. Solo quello si sentiva e io, sdraiato nella tana, pensavo: « Chi sarà? » Ed erano loro, i miei paesani che mi portavano un sacchetto di frumento per fare il pane. Quel giorno avevo un bidoncino di vino: un mese di razioni arretrate. Mi sembrava di vedere il mio paese nell'incontrarli. – Ciao Renzo, ciao Vecio. – Mario! – Mario! – Vengono dal combattimento e sono stanchi. – Questa volta non arriveremo a casa, Mario; ci lasceremo la pelle. I russi non ci lasciano passare, – dice il Vecio. Ed è triste. Chissà quanti ne avrà visti morire; chissà cosa sarà passato per la sua radio. Renzo, invece, è sempre uguale. Se avesse un fiasco di vino o sentisse una quaglia cantare nell'avena, alla sacca non ci penserebbe piú. Ma forse non ci pensa nemmeno adesso. – Su, coraggio paesani, – dico, – vedrete che festa faremo quando saremo ritornati, che pastasciutte e che sbornie! Ci sarà anche lo Scelli con l'armonica e le ragazze e grappa –. Ma il Vecio sorride sfinito e gli occhi gli luccicano. Chiedo a loro di Rino. Non sanno dirmi dove sia e cosí vado a cercarlo. Trovo il tenente medico del suo battaglione e mi dice d'averlo visto un attimo prima. Mi rallegro: almeno è vivo. Chiedo di lui ai suoi compagni: – Era qui adesso, – mi dicono. Lo chiamo ma non riesco a trovarlo. Incontro Adriano e Zanardini: – Coraggio, – dico, – ce la faremo –. Ritorno dov'è il mio

plotone. Mi metto dietro un'isba e accendo il fuoco.
Non so come, mi trovo assieme a Marco Dalle Nogare. Marco che non si risparmia mai con nessuno,
amico di tutti. Con lui mi sento meglio anch'io. Nella
tasca del pastrano, ho trovato un pacchetto di verdura essiccata; facciamo sciogliere la neve nella gavetta e la mettiamo a bollire. Mangiamo assieme. –
Che naia, Marco! – Ma siamo abbastanza allegri noi
due; e parliamo di quando in Albania abbiamo vuo-
tato una bottiglia di doppio Kummel. Dopo mangiato
Marco ritorna con i portaordini del comando di reggimento.

Come passano lente le ore; il freddo aumenta con
l'avvicinarsi della sera. Lassú non si è deciso ancora
niente e gli spari si fanno sempre piú radi, anche le
raffiche sembrano stanche. Il cielo è tutto verde-ce-
leste, immobile come il ghiaccio, gli alpini parlano
poco e sottovoce fra di loro. Giuanin mi si avvicina,
mi guarda da sotto la coperta che si è tirato sulla testa, non dice niente e torna via. Vorrei chiamarlo e
gridargli: «Perché non mi chiedi se arriveremo a
baita?» È freddo e si fa sera, la neve e il cielo sono
uguali. A quest'ora nel mio paese le vacche escono
dalle stalle e vanno a bere nel buco fatto nel ghiaccio
delle pozze. Dalle stalle escono il vapore e l'odore di
letame e latte; i dorsi delle vacche fumano e i camini
fumano. Il sole fa tutto rosso: la neve, le nubi, le
montagne e i volti dei bambini che giocano con le
slitte sui mucchi di neve: mi vedo anch'io tra quei
bambini. E le case sono calde e le vecchie vicino alle
stufe aggiustano le calze dei ragazzi. Ma anche laggiú in quell'estremo lembo della steppa c'era un angolo di caldo. La neve era intatta, l'orizzonte viola, e
gli alberi si alzavano verso il cielo: betulle bianche

84

e tenere e sotto queste un gruppetto di isbe. Pareva che non ci fosse la guerra laggiú; erano fuori del tempo e fuori del mondo, tutto era come mille anni fa e come forse tra mille anni ancora. Lí aggiustavano gli aratri e le cinghie dei cavalli; i vecchi fumavano, le donne filavano la canapa. Non ci poteva essere la guerra sotto quel cielo viola e quelle betulle bianche, in quelle isbe lontane nella steppa. Pensavo: «Voglio anch'io andare in quel caldo, e poi si scioglierà la neve, le betulle si faranno verdi e ascolterò la terra germogliare. Andrò nella steppa con le vacche, e alla sera, fumando macorka, ascolterò cantare le quaglie nel campo di grano. D'autunno taglierò a fette le mele e le pere per fare gli sciroppi e aggiusterò le cinghie dei cavalli e gli aratri e diventerò vecchio senza che mai ci sia stata la guerra. Dimenticherò tutto e crederò di essere sempre stato là». Guardavo in quel caldo e si faceva sempre piú sera.

Ma poi sentii un ufficiale che chiamava adunata e sorrisi. – Adunata Vestone. – Cinquantacinque adunata! – Si radunarono le compagnie, i plotoni, le squadre. Si ritornava a fare la retroguardia. Era sera e non capivo dove si andava. Vedevo attorno a me gente che camminava e io andavo con loro. Dopo (quanto dopo?) ci fermammo vicino a delle costruzioni basse e lunghe, isolate nella steppa. Lí trovammo tre o quattro carri armati tedeschi e un gruppo di artiglieria alpina. Le costruzioni dovevano essere state o magazzini di qualche colcos o stalle. Dentro faceva freddo e c'era odore di muli, e per terra paglia mista a letame. Tra le fessure si vedevano le stelle. Non so dove andarono le altre compagnie; noi ci fermammo. Stabilii il turno di vedetta e misi fuori le sentinelle del mio plotone. In una buca accesi il fuoco con degli sterpi e nella neve liquefatta feci bollire una pagnotta gelata. In tasca avevo anche un cartoccio di sale.

Era tanto freddo, freddo; il fuoco faceva piú fumo che fiamma e gli occhi mi bruciavano per il fumo, il freddo, il sonno. Mi sentivo triste, infinitamente solo senza capire la causa della mia tristezza. Forse era il gran silenzio attorno, la neve, il cielo pieno di stelle che si perdeva con la neve. Ma pure, anche in simili condizioni, il corpo faceva il suo dovere: le gambe mi portavano in cerca di sterpi, le mani mettevano gli sterpi sul fuoco e frugavano nelle tasche per cercare il sale da mettere nella gavetta. Anche il cervello faceva il suo dovere perché, dopo, andai a fare un giro dalle vedette (– Come va, sergentmagiú? – Va bene, va bene; muoviti per non gelare) e andai a chiamare quelli che dovevano dare il cambio. Era come se io fossi due e non uno e uno di questi due stava a guardare cosa faceva l'altro e gli diceva cosa dovesse fare e non fare. Lo strano era che uno esisteva come esisteva l'altro, proprio fisicamente, come uno che l'altro potesse toccare.

Andai a dormire in un capannone. Ma i posti migliori erano occupati e cosí mi allungai dietro i muli, in prossimità delle loro parti posteriori. Era tutto zeppo di artiglieri e di alpini e bisognava camminare sopra le loro membra. Cercavo di fare piano, di camminare leggero ma pure qualche volta mi capitava di mettere i piedi su un arto assiderato e allora erano urli e bestemmie. Ogni tanto dovevo uscire per dare il cambio e accertarmi delle vedette. Ero appena rientrato da uno di questi controlli, quando un artigliere, camminando nel buio, mi mise gli scarponi sul viso lasciandomi i segni dei chiodi sulla pelle. Cosí gridai anch'io con tutta la mia voce.

Prima dell'alba vi fu adunata ancora una volta; ordine di abbandonare tutto tranne le armi e le munizioni. I miei compagni mi guardano e mostrandomi un fascio di lettere mi chiedono: – Questo lo possiamo tenere? – Sono tristi e pensierosi; nessuno butta via le munizioni. – Forse si va, finalmente, – dico loro, – dovremo camminare molto e bisognerà essere leggeri –. Gli ufficiali dicono: – Fate presto, si parte.

Camminiamo spediti. Le stelle fanno presto a sparire e il cielo ritorna come ieri. Una compagnia del nostro battaglione manca all'adunata e non si sa dove sia. Piú tardi venni a sapere che questa compagnia restò tutta prigioniera. Era sola di retroguardia e quella mattina s'era attardata sulle posizioni. Dalla steppa avanzavano colonne di uomini in cachi e gli ufficiali dicevano: – Sono gli ungheresi che vengono a darci il cambio –. Ma quando li ebbero addosso si accorsero che erano russi. Cosí ci rimasero. Si salvò un ufficiale, qualche alpino, e il capitano che ci raggiunse piú tardi. Era ubriaco di cognac e gridava: – La mia compagnia è tutta prigioniera, siamo tutti circondati, è inutile combattere –. Ma era ubriaco e nessuno gli badava.

Ora tocca a noi andare su a tentare di rompere l'accerchiamento. Dicono che stanotte gli ufficiali superiori della nostra divisione abbiano tenuto consiglio decidendo di tentare la sorte sino all'ultima speranza.

Diventiamo tutti fiduciosi, allegri quasi, siamo convinti che questa volta ce la faremo. Con Antonelli e Tourn canto: « Maria Giuana l'era su l'us... » Qualcuno, passando, ci guarda con compassione: ci credono pazzi. Ma noi cantiamo piú allegramente. Il tenente Cenci ride.

– Avanti il Vestone, – si sente gridare. Ecco, ora

toccherà a noi. Passiamo in testa a tutti. Gli artiglieri aprono le loro giberne e ci dànno i loro caricatori e le loro bombe a mano. Ci guardano come noi guardavamo quelli che andavano su ieri e cercano di farci coraggio. Rido con Antonelli e diciamo: – Sparate giusto con il 75/13, a fil di penna. – State tranquilli paesani, – ci dicono, – state tranquilli.

Ecco, ora si dovrebbe essere sotto il tiro. Ma perché non sparano i russi? Di tratto in tratto si vede sulla neve un alpino disteso: sono i nostri compagni del Verona rimasti ieri con le scarpe al sole. Alle prime case sentiamo qualche raffica di arma automatica, poi piú nulla. Giriamo a destra e ci addentriamo in un bosco di querce. Si sprofonda nella neve con tutta la gamba; nel bosco accendiamo un fuoco con delle cassette vuote di munizioni. Hanno detto di aspettare qui. Ora i russi si sono attestati a quell'altro villaggio laggiú che è come un'appendice di questo primo; e di là bisogna passare perché, ci ripetono, dopo c'è una bella strada da dove ci verranno incontro le motorizzate tedesche. Qui a comandare il mio plotone viene un tenente di Genova. Ma comandare non sa, almeno in queste situazioni, e mette lo scompiglio tra i miei uomini. Tiene sempre una mano sulla fondina della pistola e con l'altra gesticola; grida: – Dovete venire con me, io vi porterò in Italia, a chi si allontana sparo –. E intanto non si assicura che le armi funzionino e quante munizioni abbiamo. Noi non diamo importanza né ai suoi gesti né alle sue parole e io vado a far due chiacchiere con i fucilieri. Attorno al fuoco stanno pulendo i mitragliatori. Faccio portar là le due Breda che sono in grado di funzionare.

– Avanti il Vestone, – si sente ancora. In testa alla compagnia vediamo il capitano; non so dov'è stato finora, lo ritroviamo davanti a noi come una volta.

Intanto, da dove siamo partiti stamattina, è salita una lunga colonna di gente. All'orlo del bosco sono appostate delle piccole Katiusce tedesche; guardo con curiosità quelle strane armi e penso con raccapriccio al rumore che faranno sparando. Gli ufficiali stanno studiando la manovra. Noi della cinquantacinque dovremo fare un lungo giro e prendere il villaggio quasi alle spalle. Il Valchiese e i battaglioni del 5° manovreranno con noi; all'ultimo momento entreranno in azione le Katiusce e i carri armati dei tedeschi. Le autocarrette e i camion vengono abbandonati sulla pista che sale quassú. Passando vicino vediamo gli autisti che rendono inservibili i motori e levano la benzina per darla ai carri armati. Sulla neve sono sparsi pacchi di marchi nuovi e dalle casse sfondate escono circolari, ruolini, registri, ecc., e sono contento di vedere la fine di queste cose.

Da una autocarretta vedo scendere il tenente Moscioni. Cammina zoppicando sulla neve, è pallido, stringe i denti e viene avanti rigido e lungo. Lo chiamo e vado verso di lui. Mi chiede subito del suo plotone e della compagnia: – Ecco lí il suo plotone, signor tenente, andiamo –. Tante cose avrei da chiedergli e lui a me. Ma ci guardiamo felici di esserci ritrovati.

Camminiamo nella neve alta, si avanza a fatica. Portando le armi si sprofonda ed è una pena tirar su la gamba dalla neve e mandarla avanti per fare il passo. Siamo tutti stanchi e mi diventa sempre piú difficile far dare il cambio ai portatori. Il tenente X... vuole imporsi, ha sempre la pistola in mano, ma mi accorgo che non l'ascoltano e non hanno fiducia in lui: grida troppo.

Anch'io porto il treppiede per il mio tratto. C'è tanto sole, ora, e si suda. Siamo allo scoperto, e cosí sulla neve si è proprio un bel bersaglio. Cammino con l'animo sospeso pensando: « Se sparassero con i mortai? Per le loro armi automatiche siamo ancora troppo lontani ». Mi accorgo che non tutti gli uomini del plotone mi seguono, anche i miei amici se ne accorgono e mi chiedono: – Perché non vengono con noi? – Stiamo uniti, animo, ce la faremo, – dico, – siamo del peso noi –. Antonelli inveisce sempre piú, sprofondando sotto il peso dell'arma. È in gamba veramente; bestemmia e impreca ma va sempre avanti e l'arma della sua squadra se la porta quasi sempre lui. Il tenente, che non vuole sentire bestemmiare, rimprovera Antonelli. Antonelli bestemmia piú forte e lo manda al diavolo. Come ho vivo questo ricordo!

Gli altri plotoni continuano a camminare in ordine sparso alla nostra destra; noi dobbiamo proteggere la sinistra della compagnia, i russi potrebbero capitare da qui. Il capitano è in testa a tutti e ci grida di camminare piú in fretta. Sento le voci di Pendoli, di Cenci, di Moscioni che incitano i loro plotoni. D'un tratto, sotto la crosta di terra che mi copre il viso, sento d'impallidire; ho sentito alcuni colpi di partenza. Ecco il sibilo: mortai. Le bombe passano sopra di noi e vanno a scoppiare cinquanta metri piú giú dove non c'è nessuno. – Avanti, presto, avanti, – dico. Ma come si fa? – Avanti, laggiú c'è una balca dove ci si può defilare. Avanti presto –. Tutti vogliono stringersi intorno a me. – Sparpagliatevi, – grido. – A sinistra –. Ecco un rombo lungo, ossessionante; lo conosco bene ma non sembra cosí furioso come allora. Alzo la testa e come vedo che le scie delle bombe a razzo vanno in direzione dei russi mi rallegro. – Sono per loro! – grido, – sono i tedeschi che sparano –. Dove cadono i colpi vediamo delle isbe che si incendiano e subito i mortai russi cessano di sparare su noi. Alle prime case del villaggio si ode una nutrita sparatoria; lí c'è il Valchiese, noi siamo piú avanti di loro e dobbiamo fare un lungo giro. Il tenente, intanto, continua a gridare impugnando la pistola. Vede russi dappertutto, scambia per russi anche i plotoni della nostra compagnia e vuole piazzare le armi ogni cento metri puntandole in direzioni fantastiche. Era pazzo, credo, o sulla via di diventarlo.

Nel frattempo, a causa della confusione creata dal tenente, e del tempo che si perdeva a cambiare i portatori, i rimanenti plotoni della nostra compagnia ci avevano distaccati di un bel po'. Il capitano ci urlava da lontano: – Fate presto –. E se la prendeva con me. Ed era giusto che bisognava fare presto, perché in caso di attacco noi si restava tagliati fuori né potevamo appoggiare i fucilieri con le pesanti. Accelero. Sudiamo e imprechiamo ma giungiamo in una balca ove si può tirare il fiato. Risaliamo; ora siamo vicini al paese e si sta per completare la manovra. Vedo una massa scura sulla neve e mi avvicino: è un alpino dell'Edolo, ha la nappina verde. Sembra placidamente addormentato, all'ultimo momento avrà visto i pascoli verdi della Val Camonica e sentiti i campanacci delle vacche.

Nel paese, tra isba e isba, passano delle slitte veloci e sento esplosioni di bombe a mano. – Guardate, grido, – scappano –. Ancora un poco, avanti. Il giro è compiuto, siamo arrivati alle ultime isbe del paese. Bisogna stare attenti perché sparano anche da pochi metri. Ma invece no; per non restare accerchiati, all'ultimo momento se ne sono andati e hanno fatto pochissima resistenza. Sopra il paese grava una nube di fumo nero e puzzolente, delle isbe bruciano, vicino a queste vi sono dei cadaveri: donne, bambini, uomini. Si sentono lamenti e pianti. Un senso di raccapriccio mi invade e cerco di guardare altrove. Ma lí è come una calamita e il mio sguardo vi ritorna.

Ci fermiamo a bere vicino ad un pozzo e caliamo giú le gavette con il lungo palo a bilanciere. Qui sostiamo un po'.

Il colonnello Signorini ci passa accanto, sul volto onesto ha un sorriso di soddisfazione; la manovra è riuscita come in piazza d'armi e ci dice: – Bravi ragazzi –. Simultaneamente tutti sono presi da un sollievo, da un'allegria grande. È finita ora! Ancora pochi chilometri e saremo fuori dalla sacca. Davanti a noi si apre una strada larga e battuta. Il tenente del mio plotone dice: – Avete visto cosa ci voleva? Siamo in Italia ormai. Ve l'avevo detto di venire con me.

Ci raggiungono anche gli uomini del mio plotone che si erano allontanati al principio dell'azione. Li rimprovero; Antonelli non li guarda nemmeno. A ogni modo li carico ora delle armi. Il maggiore Bracchi è giulivo e fiero, si dà attorno per riorganizzare le compagnie del suo Vestone: – Sotto s'cet, forza s'cet! A Pasqua saremo a casa per mangiare il capretto.

Intanto la testa della colonna ci raggiunge, la fine si perde nella steppa. Veniamo a sapere che dove eravamo stamattina sono arrivati i carri russi. – Hanno fatto strage, – ci dicono. La divisione ungherese è rimasta quasi tutta prigioniera assieme a quelli che non avevano abbastanza coraggio o forza per venire con noi. Ma ora tutti corrono avanti creando confusione. In testa, però, ci vuole della gente armata e si sente gridare: – Avanti la Tridentina –. Bracchi grida: – Vestú! Avanti.

Il sole è basso, le nostre ombre si allungano sulla neve. Attorno vi è una distesa immensa, senza case, senza alberi, senza il segno di un uomo, solo noi e la colonna dietro di noi che si sperde in lontananza dove il cielo si unisce alla steppa.

Camminiamo. Guardando in giro mi accorgo che sulla nostra via, un poco fuori mano, vi sono dei cavalli sbandati. Riesco a prenderli. Sul piú forte proviamo a caricare le due Breda e le munizioni. Ma il capitano non vuole. Dice che le armi bisogna averle sempre pronte. E cosí ci tiriamo dietro i cavalli e le armi in spalla. Dopo un po' un cavallo se lo prende il capitano e vi monta sopra. È molto stanco e ha la febbre. Un cavallo se lo prende Cenci per il suo plotone. Su quello che mi resta carico gli zaini dei portatori.

Ora non c'è piú il sole e si cammina ancora. Muti, con le teste basse, camminiamo barcolloni, cercando di mettere i piedi sulle peste del compagno che sta davanti. Perché camminiamo cosí? Per cadere sulla neve un po' piú avanti e non alzarci piú.

Alt. Il compagno davanti si è fermato e tutti ci fermiamo. Ci buttiamo sulla neve. Ufficiali superiori italiani e tedeschi su un automezzo cingolato, vicino a noi, consultano carte e bussole. Le ore passano, viene la notte e non ci si muove ancora. Forse aspettano una comunicazione radio. Stando fermi si sente il freddo piú che sempre, e tutto attorno è buio: la steppa e il cielo. Erbe secche e dure escono dalla neve. Fanno nel vento uno strano rumore ch'è il solo che si senta. Nessuno di noi parla. Sediamo sulla neve con la coperta sulle spalle uno vicino all'altro. Siamo ghiaccio dentro e fuori, eppure siamo ancora vivi. Levo dallo zaino la scatoletta di carne di riserva. L'apro, ma mi sembra di masticare ghiaccio, non ha nessun gusto e non vuole andarmi giú; riesco a mangiarne metà e il resto lo ripongo nello zaino. Mi alzo, batto i piedi, mi avvicino al tenente Moscioni. Viene anche Cenci e assieme fumiamo una sigaretta. Non ci diciamo che poche parole, sembra che ci si siano gelate anche le corde vocali. Ma restare in piedi cosí, fumando, ci dà un po' di conforto. Non pensiamo a nulla, fumiamo e tutto è silenzio. Non si sente nemmeno Antonelli bestemmiare.

– In piedi! In piedi! – si sente infine gridare da qualcuno. Si riparte. È difficile, molto difficile muovere i primi passi; le gambe dolgono, le spalle dolgono, le membra intorpidite dal freddo sembrano non obbedire. Qualcuno torna a cadere nella neve appena s'è alzato. Ma un po' alla volta, piano, piano, le gambe tornano a portare avanti il corpo.

Di nuovo, dunque, si camminava; squadra per squadra, plotone per plotone. Il sonno, la fame, il freddo, la stanchezza, il peso delle armi erano niente e tutto. L'importante era solo camminare. Ed era sempre notte, era neve e solo neve, erano stelle e solo stelle. Guardando le stelle mi accorsi che si cambiava direzione. Ma dove andiamo ora? E sentii che si ritornava a sprofondar nella neve. Dalla sommità di una mugila vediamo in lontananza dei lumi; si vedono anche delle case: un villaggio! Antonelli ritorna a bestemmiare e il tenente a rimproverarlo e lui a rimandarlo nei bassifondi di Verona. E Bodei mi chiede: – Sergentmagiú, ci fermeremo là? – Sí, ci fermeremo, – rispondo forte. Ma che ne posso io sapere, penso, se lí ci fermeremo; o se ci passeremo o se ci sono i russi? – Ci fermeremo, – dico forte per loro e per me. Il maggiore Bracchi passa vicino a noi: – Rigoni, – mi dice, ma in maniera da farsi sentire da tutti. – Là troveremo un'isba calda, Rigoni.

Nel paese però potrebbero esserci i russi e cosí ci prepariamo per l'attacco. La mia compagnia è di punta e il capitano dà le disposizioni. A plotoni aperti scendiamo lentamente la mugila, ogni tanto mi guardo attorno per vedere se gli uomini mi seguono. Tre panzer tedeschi vengono con noi. Accovacciati sopra vi sono i soldati tedeschi vestiti di bianco. Immobili impugnano le pistole mitragliatrici, fumano in silenzio e ci guardano. La colonna si è fermata in alto a vedere che cosa succede.

Improvvisamente, dalla nostra destra, entra velocissima un'autoblinda nera. Passa davanti a noi come un fantasma, sfiora un panzer tedesco e allora gli uomini del panzer si accorgono che è russa. Ma come è apparsa, cosí scompare, e nel cielo si vedono i segni luminosi delle pallottole traccianti che la inseguono invano. Tutto è successo in un tempo cosí breve da rimanere stupiti e increduli. Ma riprendiamo a camminare in direzione del paese. Al suo ingresso vi sono due pagliai che bruciano e due camion che pure bruciano. Questi sono carichi di munizioni che scoppiano e mandano attorno fiamme, scintille e schegge come un fuoco d'artificio. Passando vicino sentiamo il calore e ci si vorrebbe fermare lí a godere quel caldo di paglia, di camion e di munizioni che bruciano nella notte.

Attraversiamo un fiume gelato profondamente incassato tra due rive ripide. Dall'altra parte ci fermiamo ad aspettare i panzer tedeschi. Da un buco fatto nel ghiaccio, forse dalle donne per prender ac-

95

qua o dai vecchi per pescare, tiriamo su, con le gavette, acqua per bere. Beviamo quell'acqua fredda e aspettiamo che passino i carri armati battendo i piedi sul ghiaccio.

Ma come faranno a passare di qua i panzer? Risaliamo la scarpata e qualcuno entra nelle prime isbe del villaggio. Ma c'è nervosismo in noi; l'autoblinda di poco prima, i camion incendiati, un silenzio strano. Parliamo sottovoce pensando che i russi non dovrebbero essere lontani. Faccio postare le armi sull'orlo superiore della scarpata. Intanto la colonna si è mossa, scendono lentamente verso di noi come un delta di fiume. Vediamo le strisce nere che si muovono sulla neve piú chiara. Un po' piú a monte di noi c'è un ponte di legno e i carri armati provano a passare uno alla volta. Ma sono pesanti i panzer e il ponte di legno è piccolo. Ce la farà a sostenerli? Tutta la nostra attenzione è lí sulle assi del ponte. Il primo passa lentamente. Il ponte traballa tutto e scricchiola. Ora anche gli altri tentano di passare. Due soldati tedeschi sotto il ponte, uno da una parte e uno dall'altra, osservano le travature e ogni tanto gridano qualcosa. Uno alla volta i panzer passano tutti.

I primi della colonna sono già arrivati alle isbe del paese. I camini fumano. Staranno bollendo le patate, qualcuno dormirà già e noi siamo sempre qui con le armi piazzate. Penso che sarebbe meglio andarcene anche noi al caldo con loro. Chi è che ci fa stare qui al freddo con le armi piazzate? Perché lo facciamo? Il maggiore Bracchi è andato via con un ufficiale tedesco, e i nostri ufficiali ci hanno detto di restare qui. Finalmente qualcuno viene a dirci che possiamo anche noi entrare in paese. Ma poi ci faranno ancora aspettare sulla strada davanti a un grande edificio in mattoni rossi. Poi entriamo. Ci stipiamo nelle stanze. Alcuni hanno trovato anche della paglia, si sono sdraiati e dormono. Tardivel e Artico, i caporalmaggiori del secondo plotone fucilieri, hanno acceso il fuoco in un angolo della stanza e fanno bollire galletta e scatoletta. Il locale è pieno di fumo, ma è vasto e freddo; siamo dentro in due plotoni. Nella tasca del pastrano ho ancora del caffè in chicchi e lo pesto nell'elmetto con il manico della baionetta. Non ho niente da mangiare. Nella cacciatora trovo alcune tavolette di meta, le accendo e con l'acqua della borraccia riempita al fiume tento di farmi un po' di caffè. Ma l'acqua non vuol saperne di bollire, il meta fa poco calore. Ho sonno, molto sonno, sento che i miei compagni già russano e io sono intestardito a voler fare il caffè e l'acqua non bolle. I fuochi sono spenti e tutti dormono, dalle finestre senza vetri entra il gelo della notte, gli alpini sono uno addosso all'altro per riscaldarsi. Fucili ed elmetti sono allineati attorno alle pareti. Qualcuno nel sonno si lamenta e uno in un angolo, solo e triste, si osserva un piede; poi lentamente se lo sfrega e lo fascia con un pezzo di coperta; si è acceso vicino un mozzicone di candela, l'ha incollato al coperchio della gavetta. L'acqua non bolle ancora e allora butto dentro il caffè pestato e bevo tutto. Mi sdraio, i piedi sono come due pezzi di sasso bianco ma non voglio levarmi le scarpe. Mi rannicchio, vorrei farmi entrare le gambe nel ventre e le braccia nel petto. Ma con questo freddo non si può dormire.

– Allarmi! Allarmi! – Sento il capitano che mi chiama: – Rigoni! Scendi immediatamente con le armi. Adunata, – grida e bestemmia. Io salto in piedi, non ho ancora dormito un minuto, e grido: – Sveglia!

Sveglia, fate presto e calma –. Succede un trambusto generale, chi si era levate le scarpe non è piú capace di rimetterle perché i piedi si sono gonfiati e le scarpe sono dure come il legno. Chi cerca il fucile e chi l'elmetto, qualche altro ha un sonno pesantissimo e lo sveglio a scossoni.

Per le scale e i corridoi vi è una confusione peggiore. Vi sono gli artiglieri del Valcamonica; si passa a fatica non senza inciampare in qualcuno che non si può alzare e si lamenta. Fuori, davanti all'edificio, ci raduniamo. Molti uomini mancano né si capisce dove siano; mi manca anche un'arma, ma è quella che non funziona. Il capitano entra nell'edificio e nello stanzone trova l'arma che manca. Quando scende se la prende con me. – Capitano, – dico, – l'ho lasciata lí io perché non funziona. È tutta scassata e portarla è un peso inutile. Guardate in che condizioni siamo. Abbiamo anche poche munizioni –. Ma queste ragioni il capitano non le intende e risalgo io stesso a prenderla.

I plotoni di Moscioni, Cenci, Pendoli sono già spariti, inghiottiti nel buio, in direzioni diverse. Con il tenente che fa il bravaccio andiamo con le tre pesanti verso le ultime isbe a sinistra del paese. Faccio star sotto gli alpini del mio plotone e come un cane da pastore vado avanti e indietro: – Sotto Bodei, forza Tourn, cammina Bosio; venite avanti con le cassette di munizioni –. E cosí arriviamo nel luogo assegnatoci dal capitano. Chissà che cosa è successo, forse ci stanno venendo addosso i russi. Non riesco a rendermi conto della situazione. Ogni tanto sentiamo degli spari alla nostra destra. Postiamo le armi, pronte per far fuoco; una all'angolo di un'isba e l'altra davanti a un piccolo cocuzzolo. Faccio puntare in due direzioni differenti, cosí a istinto, verso la steppa. È notte fonda, forse le due del mattino, il cielo si copre lentamente e la luna che sta tramontando alle nostre spalle, tra uno squarcio e l'altro delle nubi, illumina la steppa davanti a noi. Quando esce dico ai miei compagni di mettersi nell'ombra.

Il tenente entra nell'isba piú vicina. Sono povere isbe, piú povere delle solite, piccole e fredde anche a guardarle. Ma il tenente esce subito impugnando la pistola. Mi grida di correre da lui. Vado ed entro con una bomba in mano. Vi sono due donne e dei bambini e vuole che li leghi. Penso che il tenente stia proprio perdendo la ragione. Le donne e i bambini hanno capito e mi guardano con occhi terrorizzati. Piangendo si rivolgono a me parlando in russo. Che voce avevano le donne e i bambini! Sembrava il dolore di tutta l'umanità e la speranza. E la rivolta contro tutto il male. Prendo per un braccio il tenente ed usciamo. Il tenente, sempre impugnando la pistola, entra in un'altra isba. Lo seguo.

Qui trovo dei soldati sbandati della divisione Vicenza. Stanno rannicchiati sotto il tavolo, disarmati, semiassiderati, e pieni di paura. Su un letto di ferro c'è un vecchio. Il tenente mi grida: – È un partigiano, ammazzalo! – Il povero vecchio mi guarda sospirando e tremando tutto da far ballare il letto. – Legalo, se non vuoi ammazzarlo, – mi grida ancora il tenente. Antonelli è entrato nell'isba e ha visto tutto. Il tenente mi indica in un angolo un pezzo di corda. È proprio pazzo. Mi chino lentamente a prendere la corda; Antonelli leva le coperte al vecchio e mi avvicino. Il vecchio! Il vecchio è un povero paralitico e getto via la corda e dico al tenente: – Che partigiano, e partigiano. È un paralitico! – Il tenente esce dall'isba, si vede che ha ancora un briciolo di ragione. Sotto il tavolo vi sono sempre quei poveri diavoli della Vicenza pieni di paura e io li invito a venire con noi. – Non m'affido; non m'affido, – dicono. E rimangono. Esco con Antonelli e lasciamo in pace quella povera gente.

Sotto, dove è appostata un'arma, proprio sotto terra sento dei bisbigli. C'è una botola. È uno di quei buchi in cui i russi ripongono le provviste per l'inverno: una specie di cantina vicino all'isba. Tiro su la botola. Vediamo giú un lume acceso e donne e bambini stretti lí sotto. Salgono la scaletta ed escono fuori uno alla volta con le mani alzate. Mi viene da sorridere ma i bambini piangono. Ma quanti sono? Non finiscono mai. Antonelli ride e dice: – C'è un formicaio là sotto –. Mando tutta quella gente nelle isbe e ci vanno contenti e di corsa. Fortuna per loro che il tenente non si è accorto di niente. Dopo un po' un ragazzino ci porta delle patate calde bollite.

Due bombe di artiglieria passano sibilando sopra di noi e scoppiano all'altra estremità del paese. Mi accorgo che due colonne nella steppa stanno venendo verso di noi. Russi o nostri sbandati? Sono ancora lontani ed è notte. Ogni tanto la luna esce ad illuminare la steppa ma ora s'è fatto quasi completamente buio. Il tenente è ritornato. Si è accorto anche lui della gente che sta venendo verso di noi. Forse è ritornato per questo. – Sparate! – dice. – Sparate! Avanti, sparate. – No, – dico io, – non sparate; state calmi, non fate rumore.

Le armi erano piazzate, il tenente diceva: – Sparate, sparate vi dico –. E io: – No. Bisogna aspettare che siano piú vicini, abbiamo poche munizioni e poi potrebbero anche essere italiani o tedeschi –.

I pochi uomini che mi sono rimasti dei cinquanta del plotone hanno ancora fiducia in me, e non sparano. – È matto il tenente, – dice Antonelli. – È matto, – dice qualcun altro. – Perché sparare? non c'è nessuna necessità.

Sparano per il paese. Che succede ora? Pallottole sperdute passano miagolando fra gli orti e le isbe; ma il nostro angolo è tranquillo.

Ramazzini, un portaordini in gamba di Collio Valtrompia, viene di corsa e mi dice trafelato: – Presto Rigoni, fa' presto, bisogna che tu ti riunisca con la compagnia.

Come ombre smontiamo le armi e ce le carichiamo in spalla con le munizioni e, in fila, senza dire una parola, ritorniamo presso l'edificio in mattoni. Non troviamo nessuno dei nostri. La compagnia è partita senza aspettarci.

Il paese è tutto in trambusto. Slitte che si incrociano, ufficiali che gridano, gente che va in ogni direzione. Infine la colonna si forma. Camminiamo in fretta ai lati della pista per portarci avanti e raggiungere la compagnia. Ma è piú faticoso perché dobbiamo batterci la strada nella neve fresca. Bombe scoppiano davanti e dietro a noi, qualche volta colpiscono in pieno la colonna. Ma è tutto cosí apatico e freddo. Si bada ai colpi di artiglieria come ai morsi dei pidocchi.

Viene l'alba livida e grigia, incomincia a nevicare. Guardo indietro, siamo rimasti in pochi, forse dieci; ma le armi le abbiamo sempre con noi, manca qualche cassetta di munizioni. Nemmeno il tenente c'è, chissà dove sarà rimasto. Camminiamo ancora ai lati della colonna fiancheggiando un bosco di abeti; siamo tutti bianchi di neve come gli abeti. Un tedesco, aviatore dalla divisa, cammina lentamente davanti a noi, ha i piedi fasciati di stracci, lo sorpassiamo. Sorpassiamo qualche slitta di tedeschi e ungheresi.

Ora si sono fermati tutti perché in testa alla colonna sparano. Noi continuiamo a camminare. Troviamo gli artiglieri alpini, qui siamo tra i nostri, avanti ancora. Finalmente raggiungiamo la nostra compagnia. Il capitano ci vede arrivare e non dice niente. Stiamo fermi; in testa c'è il Valchiese. Si sentono sparare le nostre pesanti e il gruppo Bergamo mette in batteria i pezzi. Bisogna conquistare un altro paese per passare. Ma sparano poco. Si riprende a camminare lentamente e cosí, ora, ci sembra di riposare. Veniamo raggiunti anche da qualche altro alpino del nostro plotone. Qua e là sulla neve si vedono dei bossoli vuoti, macchie nere di scoppi, solchi di cingoli dei panzer.

Il paese è rivolto a levante, dietro una mugila. Scende verso il fondo di una balca ed è circondato da alberi da frutto. Si sentono abbaiare i cani nell'aria chiusa dalla neve. Il maggiore passa tra noi e dice: – Qui riposeremo; andate nelle isbe, mangiate e dormite; forse si ripartirà domattina –. A noi non sembra vero poter riposare tutta una notte. Al caldo tutta la notte!

Scelgo una bella isba verso il centro del paese. Entriamo e mettiamo vicino al fuoco le armi incrostate di neve e ghiaccio. Andiamo in un'altra isba a prendere tre galline (penso che non è giusto prenderle dove siamo ospitati, altri poi verranno a prenderle qui). Siccome il paese è in pendenza e noi siamo in un punto dominante vediamo dall'alto l'affaccendarsi della gente che sta arrivando. Alpini della mia compagnia inseguono un maiale che corre a zig zag sulla neve come un pipistrello; gli sparano anche col fucile.

Infine lo prendono e lo finiscono. Corrono, gridano e ridono; pare un giorno di sagra per loro.

Rientriamo nell'isba a spennare le galline tra le grida di gioia della padrona di casa. Mettiamo l'acqua a bollire; chi porta paglia per il giaciglio, e chi legna.

Infine ci sediamo sulle panche attorno al fuoco. È bello vedere il fuoco; stiamo bene, siamo contenti e non pensiamo a nulla. Ma nemmeno qui si può stare tranquilli. È entrato il capitano. – Rigoni, che cosa fai qui? – mi dice, e si è rotto l'incanto. Guarda le galline, il fuoco, la paglia, la legna. – Che cosa fate qui? – ripete. Entrano anche attendenti, furieri e portaordini. – Rigoni, vai con gli uomini e le armi laggiú in quell'isba –. E il capitano me la indica, attraverso la porta aperta e la neve che cade, giú in fondo alla balca. – Devi andare laggiú e piazzare le armi in quella direzione, – e me la segna con la mano. Dice: – Vi può essere un attacco da un momento all'altro; di partigiani o di soldati. Piazzate le armi e datevi il turno per riposare e riscaldarvi –. Si tiene per sé l'isba calda con il focolare e la paglia e non ci lascia prendere nemmeno le galline. Antonelli bestemmia e anche gli altri imprecano ma come sempre mi seguono. Questo è peggio che andare all'attacco. Scendiamo verso il fondo del paese. L'isba è vuota e fredda. Postiamo le armi e cerchiamo di sistemarci alla meno peggio. Accendiamo il fuoco. Ma nevica e le armi s'incrostano subito di ghiaccio. Cosí finirà che non potranno sparare e una la porto dentro, e l'altra la piazzo nel vano tra la porta interna e la porta esterna dell'isba, con la canna rivolta verso la steppa.

Poi il capitano ci manda giú due galline, e le cuciniamo nelle gavette. Ci lasceranno tranquilli, adesso. Mi fermo sulla porta a guardar nevicare e sento rumore di motori nell'aria. Sono aeroplani. Volano bassi ma nella neve non si distingue se sono nostri o russi. Il rumore giunge ovattato. Vedo bene però che se ne staccano delle cose oscure e poi che si aprono dei paracadute. Corro ad avvertire il capitano. Penso che siano dei paracadutisti russi. Sono in molti e scendono lentamente sulla mugila di fronte a noi, al di là dei frutteti. Il capitano guarda e non sa cosa dire. Subito, però, veniamo a sapere che non si tratta di paracadutisti russi ma di munizioni, medicinali, benzina lanciati dai tedeschi.

Ritorno al mio plotone, le due galline sono cotte e le dividiamo in quindici. Ma nemmeno adesso possiamo stare in pace: si è fermata qui davanti una slitta carica di feriti del gruppo Bergamo. Un capitano mi chiede ospitalità. – Le altre isbe sono tutte occupate, – dice, – lasciateci entrare. Siamo feriti –. Intanto è giunta un'altra slitta di feriti e cosí lasciamo a loro il posto e il brodo delle galline.

Proviamo a sistemarci in una piccola stalla lí vicino, ma è aperta ai quattro venti. Il capitano ci manda a dire che poco lontano da noi, a protezione del paese, si è appostato un altro plotone di un'altra compagnia e che noi possiamo ritirarci. Ma dove possiamo andare ora a passare la notte? È già quasi buio. Bussiamo a delle isbe: sono tutte occupate. Finalmente riusciamo a trovare i nostri fucilieri. Ci dànno ospitalità. Ma non ci stiamo tutti: sul tavolo, sotto il tavolo, sulle panche, sotto le panche, sopra il forno, per terra. Mi devo accontentare di restare in piedi vicino al forno. Ma fuori c'è la tormenta ora, e qui fa caldo. Anche troppo caldo. L'isba è satura di vapore, di fumo, di odori. Tardivel mi chiede se ho mangiato. Hanno ammazzato una pecora, e mi dà fegato cucinato con la cipolla nel grasso della pecora. È incredibile quanto sia buono il fegato e che buon compagno sia Tardivel che ha fatto tre anni di Africa e otto di naia alpina.

Cenci, che è con il suo plotone in un'isba di fronte a questa, mi manda a dire che se qui siamo troppo stretti qualcuno può andare da lui. Andiamo in quattro.

Mi allungo sotto il tavolo, distendo le gambe e mi sembra che in nessun altro posto del mondo si possa star bene come qui. Il lume a olio si affievolisce sempre piú; Cenci parla sottovoce con un alpino, si sente frusciar la paglia, il fuoco nel forno e il russare calmo dei primi addormentati. E io penso a una luna grande che illumina il lago, a una strada tutta fiancheggiata da giardini odorosi, a una voce calda, a un riso tintinnante e al rumore delle onde sulla riva. È meglio che allora, fuori c'è la tormenta e mi addormento.

Battono. Battono alla porta. Non in modo brusco, in maniera civile, da città; ma insistentemente. Qualcuno si sveglia e brontola. Il tenente Cenci dice: – Chi sarà? – Battono e si sente la tormenta. Mi alzo al buio e vado ad aprire. Un soldato italiano, a testa scoperta e senza pastrano, mi guarda tranquillamente. Calmo mi dice: – Buona sera, ingegnere. È in casa suo padre? – Lo guardo fisso. – Buona sera, – dico. – Volete entrare? – E lui: – È in casa suo padre, ingegnere? – Sí, – dico; – ma dorme. Che volete? – Sono venuto per gli articoli, – risponde, – raccomando a lei la pubblicazione. Ma ritornerò piú tardi quando suo padre sarà alzato. Arrivederci. Ritornerò piú tardi –. E cosí si allontana tranquillamente a capo chino, le mani dietro la schiena, e sparisce nella tormenta e nella notte. Quando rientro Cenci dice: – Chi era? – Uno che cercava mio padre, aveva degli articoli da pubblicare, ritornerò piú tardi, ingegnere, buona sera –. Cenci mi guarda in silenzio e mi osserva finché io ritorno a sdraiarmi sotto la tavola.

Ci svegliamo di soprassalto: una pallottola è entrata schiantando i vetri della finestra piantandosi nella parete di fronte sopra la mia testa. – Allarmi! Allarmi! – si sente gridare. – I partigiani! – Usciamo con precauzione. Ombre corrono di qua e di là; le pallottole passano per l'aria come vespe. Mi metto sotto una siepe vicino all'isba e aspetto di vedere cosa succede. Da breve distanza una vampata nella mia direzione. Sento la pallottola passarmi sopra. Balzo da un lato, sparo in direzione della vampata e faccio un salto. Silenzio. Poi sento parlare: sono italiani. Per fortuna non ho colpito nessuno. Li chiamo, mi rispondono e vanno via. Non si capisce cosa stia succedendo, sto lí fermo e solo. Dall'altra parte della balca scendono persone gridando: – Taliani non sparare. Deutschen Soldaten! Non sparare. Camarad! – Sono tedeschi ch'erano stati presi per partigiani. Ma può anche darsi che ci siano stati realmente dei partigiani. Rientriamo nelle isbe, dormiamo ancora un'ora e viene l'alba.

Da quell'alba non ricordo piú in che ordine i fatti si siano susseguiti. Ricordo solo i singoli episodi, il viso dei miei compagni, il freddo che faceva. Certe cose chiare e limpide. Altre come un incubo. Cadenzate dalla voce di Bracchi che ci rincuorava: – Forza s'cet! – O che ci dava gli ordini: – Avanti il Vestone! Avanti il gruppo Bergamo! Avanti il Morbegno!

È mattina, la colonna si divide in due. Il Vestone è di punta nella colonna di sinistra. In testa la mia compagnia. C'è un bel sole e non fa freddo. Da una pista vediamo venire verso di noi degli automezzi, a una certa distanza si fermano. Gli ufficiali guardano con i binocoli: sono russi. Arrivano subito dei cannoni anticarro tedeschi, in fretta li mettono in posizione e sparano qualche colpo. Gli automezzi spariscono nella steppa come sono venuti. Poco dopo, forse mezz'ora, nell'affiorare all'estremità di una mugila, siamo accolti da una nutrita sparatoria di armi automatiche. Stando laggiú in quel paese i russi vedranno spuntare solo le nostre teste e sparano. Le pallottole passano alte. Ritorniamo indietro di qualche decina di metri e aspettiamo. Arrivano le altre compagnie del Valchiese e l'automezzo cingolato tedesco con su gli ufficiali superiori. Ora bisognerà conquistare questo paese per poter passare.

Risaliamo la mugila e scendiamo per l'altro versante verso il paese. Alla nostra destra il Valchiese. Alla sinistra le altre compagnie del Vestone.

I russi riprendono a sparare. Tourn, che cammina qualche passo dietro a me, viene ferito a una mano. Mi grida: – Sono ferito! – E agitando la mano che cola sangue sulla neve, ritorna indietro. Grido di sparpagliarci. Sparano forte i russi. Ci stendiamo sulla neve cosí allo scoperto e poi riprendiamo a scendere. Dietro a un pagliaio, un po' piú a destra di noi, si è fermato il capitano con gli esploratori. Li raggiungo con quelli che mi seguono. Sparano tremendamente forte in direzione del pagliaio e quando riusciamo a raggiungerlo tiriamo un sospiro di sollievo. Riparati là dietro proviamo il funzionamento della pesante. Smontiamo, puliamo, facciamo azionare energicamente la massa battente col carrello di armamento e controlliamo la valvola di recupero gas. Le pallot-

tole continuano a passare ai lati del pagliaio e un portaordini, Ramazzini, che viene mandato da Moscioni
con un biglietto del capitano, si accascia gemendo su
se stesso appena è allo scoperto. Due suoi compagni
di squadra e compaesani escono a prenderlo. Lo riportano al sicuro sempre fra le pallottole che sibilano.
È stato colpito all'addome e ora geme sulla neve vicino a noi.

Sentiamo dei colpi di partenza e poi vediamo gli
scoppi tra le isbe del paese: sono i nostri 75/13 e
non ci sembra piú d'essere soli. Ora la pesante funziona e mi porto con Antonelli davanti al pagliaio.
C'è una specie di bassa trincea di neve, mettiamo
l'arma in postazione e ritorniamo dietro il pagliaio
a prendere le munizioni. Tutto il paese è lí davanti a
noi, ora. Siamo l'arma, Antonelli e io. Gli altri sono
dietro il pagliaio, o piú su, immobili nella neve. Spariamo a delle slitte che passano veloci tra uno steccato
e l'altro e a un gruppo di soldati russi che stanno entrando in un'isba. Vediamo la loro sorpresa. Ma ora
ci hanno visto e sparano anche loro. I nostri compagni riprendono ad avanzare. Quelli del Valchiese,
lassú a destra, sono alla nostra altezza, camminano a
fatica nella neve alta e i russi sparano. Sentiamo le
raffiche. Alpini si trascinano lentamente indietro e
altri si sostengono a vicenda. Mi porto con l'arma piú
avanti e piú a sinistra per dominare meglio il paese.
Riprendiamo a sparare. L'arma non inceppa un colpo,
tutto sembra regolare. Io introduco caricatori e osservo il tiro, Antonelli spara. Da dietro il pagliaio il
capitano grida: – Spara! Spara! Spara! – Ma finiamo
le munizioni e grido: – Portateci munizioni –. Bodei,
Giuanin e Menegolo camminano curvi verso di noi
con tre cassette da trecento colpi. Dietro il pagliaio

è arrivata una cassa grande, da basto, che avevano i conducenti della cinquantaquattro. Camminano curvi perché i russi sparano sul serio e vado loro incontro per aiutarli.

Il tenente Cenci osserva con il binocolo il paese e da una trentina di metri mi grida: – Rigoni attento! Vi sono dei russi che passano a gruppi sotto quel ponte in principio del paese. Io vedo quando partono. Tu puoi vederli appena sbucano di sotto al ponte. Ti avviserò delle partenze e tu allora tieniti pronto a sparare. Eccoli che partono –. Io vedo che i russi escono correndo di sotto il ponte, li vedo per pochi metri, e poi saltano in un fosso. Puntiamo l'arma in quel passaggio obbligato, saranno duecento metri da noi. Cenci grida: – Pronto Rigoni! – e Antonelli che ha gli occhi fissi laggiú spara. Cenci grida: – Pronto! – Antonelli spara e io introduco caricatori. I russi corrono. Ma sparano anche su di noi. Proprio su Antonelli e me. E le pallottole passano vicinissime. Due colpiscono l'arma: a una gamba del treppiede e sotto lo zoccolo dell'alzo: e pallottole entrano nella neve sollevando piccoli spruzzi davanti, di fianco e dietro a noi. Antonelli bestemmia: la nostra pesante si è inceppata. Mi alzo in piedi e apro il coperchio dell'arma. Una cosa da poco. Antonelli bestemmia e mi dice: – Abbassati che ti ammazzano –. Riprendiamo a sparare e mi posto davanti una sull'altra le cassette di munizioni. « Qualcosa ripareranno », penso.

Una ventina di metri dietro a noi c'è il tenente scomparso. Quello che avrebbe dovuto comandare il mio plotone. Sento che si lamenta e chiama. È ferito a una gamba. Gli grido che si ritiri da lí. Ma non si muove. Allora lo vengono a prendere due soldati della nostra compagnia, e io non l'ho piú rivisto. So che la gamba ferita gli andò in cancrena e che morí su una slitta, sicché ora mi sembra che fosse un buon diavolo anche lui.

I plotoni fucilieri che si sono distesi sulla neve un po' dietro a noi si alzano e inastano la baionetta. Quelli del Valchiese scendono e anche gli altri che sono piú in là. Il nostro capitano è tra i primi e grida ordini imbracciando un parabellum russo. Andiamo anche noi ma l'arma è arroventata e cosí Antonelli, che vuole prenderla per la canna, si scotta le mani. Ora ci raggiungono anche gli altri compagni di plotone. I russi non aspettano di venire alle corte e se ne vanno. Piazziamo ancora la pesante e spariamo a quelli che ritardano. Siamo alle prime isbe e qualcuno lancia delle bombe a mano. Intanto scendono sferragliando i carri armati tedeschi. Ho trovato per terra un disco rosso, di quelli che usano le autocolonne per le segnalazioni, e con questo mi metto a sbracciare in direzione dei panzer segnando via libera. I tedeschi passano ridendo. Appena entrano nel paese, quelli che sono sui carri saltano agilmente a terra, e io osservo il modo che hanno di occupare le isbe. Dànno un calcio alla porta, balzano da un lato, spianano la pistola mitragliatrice e poi pian piano guardano dentro. Dove vedono mucchi di paglia sparano dentro qualche colpo. E scrutano con le pile negli angoli bui e nei sotterranei.

Mi metto a girare da solo il paese. I borghesi sono quasi tutti scomparsi. I soldati nostri che entrano nelle isbe non fanno come i tedeschi. Aprono le porte e varcano le soglie senza sospetto. Mi imbatto in una pattuglia del genio alpino. Rimango meravigliato a vederli in quel luogo e chiedo loro di Rino. – È qui con noi, – mi dicono, – o almeno lo era sino a un momento fa –. E mentre parlo con loro vedo Rino attraversare di corsa la strada. Anche lui mi vede; ci chiamiamo e siamo uno nelle braccia dell'altro. Ha l'elmetto calcato in testa, stringe nella mano il moschetto e con l'altra mano mi afferra il collo. Rino! Tutta la mia giovinezza mi vedo davanti, il mio paese, i miei cari. Siamo stati a scuola insieme. Lo ricordo com'era da ragazzo e mi vien voglia di chiedergli perché sia cresciuto. Ma non so dirgli nulla. Vedo il suo ardore, il suo desiderio di rendersi utile, di fare qualcosa per chi non sa fare o anche per chi non vuol fare, poi mi accade di trovarmi nuovamente solo. Non so come sia stato, ed entro in un'isba per tornare subito fuori. Un cavaliere tedesco passa a galoppo per il paese gridando: – Ruski panzer! Ruski panzer! – Il rumore dei motori gli è dietro. Sento anche lo sferragliare dei cingoli. Impallidisco, vorrei farmi piccolo in modo da potermi cacciare in un buco da topo. Mi metto dietro a uno steccato e attraverso le fessure vedo i carri armati che passano a meno di un metro di distanza. Trattengo il fiato. Su ogni carro vi sono dei soldati russi con armi automatiche in pugno. È la prima volta che ne vedo in combattimento cosí da vicino. Sono giovani e non hanno la faccia cattiva, ma solo seria e pallida, e compunta, guardinga. Indossano pantaloni e giubboni imbottiti. In testa hanno il solito berrettone a punta con la stella rossa. Avrei dovuto sparare? I carri erano tre, passarono l'uno dopo l'altro rasente allo steccato, spararono qualche raffica cosí a caso e scomparvero. Io mi precipitai verso un'isba. Dentro c'erano tre ragazze. Erano giovani e mi sorridevano tentando cosí di indurmi a non cercare quello per cui ero entrato. Trovai del latte e ne bevetti un poco; e, in un cassetto, tre scatole di marmellata, alcune gallette, del burro. Tutta roba italiana presa forse in qualche magazzino militare abbandonato. Le tre ragazze, ora, quasi piangevano e mi si facevano attorno con preghiere. Mi sforzai di spiegar loro che quella era roba italiana e non russa, e che quindi potevo prendermela, e che avevo fame e che i miei compagni avevano fame. Ma le ragazze quasi piangevano, mi guardavano supplichevoli, e cosí lasciai loro una scatola di marmellata e un pacchetto di burro. Uscii con il resto della roba rosicchiando una galletta. Le tre ragazze guardavano per terra e dicevano: – Spaziba.

Fuori feci in tempo a vedere le ultime cannonate che si scambiavano i carri russi e tedeschi. Mentre ero nell'isba non avevo sentito niente. Le ragazze mi avevano fatto dimenticare la guerra per un attimo. Seppi piú tardi che il cavaliere passato poc'anzi gridando aveva avvisato i carri tedeschi che si erano appostati fuori dal paese. E i carri russi, ora, bruciavano tutti, e sulla neve si vedevano i segni del breve combattimento: solchi di improvvise virate, di giri viziosi, di fermate brusche, e chiazze nere di olio e d'altro. Un carro era stato colpito nei cingoli e i cingoli segnavano la neve come due strisce nere tracciate su un foglio bianco: tristi come moncherini di una cosa già viva. Cadaveri bruciavano vicino ai carri. Dei soldati russi che scesero da un carro caddero subito sulla neve. Un tedesco si avvicinò cauto, strisciando quasi, e da pochi centimetri sparò nella nuca ai russi. Gli altri tedeschi, da poco piú lontano, facevano fotografie e ridevano, agitavano le braccia e parlavano, mostrando sulla neve i segni del combattimento. Ma da un carro russo che bruciava partí una raffica di arma automatica in direzione dei tedeschi e questi si sparpagliarono subito come uno stormo di uccelli. Due salirono sul loro carro e tirarono un colpo di cannone al carro russo e questo, colpito nella riserva delle munizioni, saltò in aria come si vede qualche volta al cinematografo. Io assistevo all'accaduto da non molto lontano, e tutti i russi che avevo visto passare di dietro a un semplice steccato, ora erano lí, morti, nella neve.

Gli alpini del mio e degli altri plotoni si erano radunati nelle vicinanze e io vado da loro. Distribuisco quel po' di roba che avevo trovato nell'isba e per me spalmo su una galletta un po' di burro e marmellata. Il capitano ha visto; mi chiama e mi rimprovera davanti a tutti, perché, dice, questo non è il momento di mangiare o di pensare a mangiare e mi fa mettere via ogni cosa. Forse ha la febbre il capitano; non rispondo e mi ritiro in disparte. Poi il capitano mi chiama e mi dice: – Dài qualcosa anche a me da mangiare.

Lasciamo il paese. Incontro Rino un'altra volta. – Ho bevuto un secchio di latte, – mi dice, e sorride.

Attraversiamo una palude gelata. Vi sono erbe alte e dure che potrebbero nascondere qualche sorpresa e procediamo cauti. La mia compagnia è in testa; le pattuglie di Cenci e Pendoli braccano il terreno davanti a noi, subito dopo vengo io; dietro vi sono le altre compagnie del Vestone, gli altri due battaglioni del sesto, le batterie del secondo da montagna, gli altri battaglioni del quinto, e poi l'interminabile fila degli sbandati. Italiani, ungheresi, tedeschi. Feriti, congelati, affamati, disarmati.

Sulla sommità di una mugila è apparso un carro russo e spara qualche colpo sulla colonna, ma un 75/13 della diciannove è pronto a rispondere e il carro russo scomparire. Il maggiore Bracchi, il nostro capitano, un ufficiale tedesco, un maggiore di artiglieria sono dietro a noi e di tanto in tanto ci gridano degli ordini. Ci avviciniamo a un gruppo di costruzioni, magazzini per il grano forse. Da uno di questi vediamo uscire gente che agita le braccia, grida verso di noi e ci viene incontro. – Sono dei nostri, sono dei nostri! – gridiamo. Pensiamo a mille cose ma la piú forte è: sono italiani, soldati italiani che ci vengono incontro dall'altra parte. « Siamo fuori dalla sacca », pensiamo. Diventiamo tutti allegri. Viene il desiderio di fare capriole sulla neve. Antonelli grida e canta. Camminiamo piú lesti e leggeri verso di loro, sembra di volare e di non arrivare mai. Ma l'illusione dura solo pochi minuti. Quando siamo vicini ci accorgiamo che sono senza armi. Vorrebbero abbracciarci. Sono qualche centinaio. Nella confusione, apprendiamo, in poche parole, che sono stati prigionieri dei russi, che dalle fessure delle baracche dov'erano custoditi hanno visto il combattimento volgere in nostro favore, e che le sentinelle russe sono scappate al nostro avvicinarsi. Noi vorremmo saper dell'altro, ma Bracchi taglia corto e li manda in coda alla colonna.

Cala la sera e camminiamo sempre nella steppa. Vediamo dei soldati italiani stesi rigidi nella neve uno di fianco all'altro. Dal colore delle fiamme e dal numero noto che sono del genio alpino della divisione Cuneense. La pista è dura, lucida di ghiaccio levigato dal vento. Porto in spalla l'arma della Breda 37, e scivolo, e cado. Mi rialzo, cammino e di nuovo cado. Quante volte cosí? La compagnia ha serrato le file e si cammina in fretta. Il maggiore Bracchi mi cammina al fianco, mi guarda e tace. È notte: si cammina e ancora cado. Poi rimango indietro e Bracchi mi dice: – Forza, ci arriveremo –. Ma quanto è lontano ancora? Ora è qui anche il nostro generale. Ci sorpassa su un automezzo tedesco. Si ferma e ci guarda: – Bravi ragazzi, bravi ragazzi, – ci dice. Ci guardava passare uno per uno dall'automezzo. Dopo ci raggiunge ancora, cammina un poco con noi e dice forte: – Ancora poche ore e poi saremo fuori, a pochi chilometri c'è un caposaldo tedesco.

Un mio compagno, finalmente, mi dà il cambio a portare l'arma. Si cambia direzione. Gli ufficiali si sono fatti seri; tra loro dicono che una colonna di russi si è infiltrata fra noi e il caposaldo tedesco. Quando ci fermiamo a pernottare in un villaggio è notte. Non ne possiamo piú, siamo disperati di fatica, di freddo, di fame, di sonno. Le scarpe le abbiamo di vetro sulla neve. Ci sentiamo nelle tasche le lettere che non possiamo spedire. «Avanti s'cet, forza s'cet». Polenta e latte in una cucina al caldo. «Ghe rivarem a baita?» Avanti, forza. E si cade per terra. Ma ora c'è un villaggio a cui siamo arrivati.

I panzer tedeschi si fermano alle prime isbe, noi andiamo alle ultime. Le isbe sono vuote e il villaggio è deserto. Le porte sono chiuse a chiave. Dobbiamo scardinarle per entrare. Il forno dell'isba dove siamo entrati è ancora caldo, ma non c'è nessuno. È un'isba pulita e tiepida; davanti alle icone arde ancora il lumino e vi sono tende alle finestre e drappi e fotografie alle pareti.

Chi porta legna e chi paglia. Nella stalla vicina vi sono due pecore e un maiale. Le pecore le diamo agli altri plotoni e noi ci ammazziamo il maiale.

A comandare il mio plotone mandano un ufficiale che ha la fama di iettatore. Entra nell'isba, si pianta in mezzo con le mani in tasca e comanda. Vuole che la paglia sia ben sparpagliata, le coperte tese e allineate, il pavimento pulito, e che il maiale venga cucinato cosí e cosí. Ha due occhi cattivi e duri, ed è alto e rigido. Comanda. Ma i miei compagni hanno piú buon senso di lui, non rispondono nulla, non dicono nulla, e continuano a fare come hanno sempre fatto da quando mi trovo con loro. «Domattina, – penso, – vado dal capitano e, se non basta, dal maggiore e dal colonnello. Non voglio questo ufficiale nel mio plotone. Sono piú che sufficiente io. Se no mi mandino uno come Moscioni o Cenci ».

Vengo a sapere che in un'isba vicina c'è Rino e vado a chiamarlo. Ho voglia di averlo con me, stanotte. Poi arrostisco sulla brace un pezzo di maiale e seduti sulla paglia mangiamo assieme. Infine ci sdraiamo, coprendoci con le coperte e i pastrani. Il tepore di un corpo riscalda l'altro, l'alito di uno riscalda il viso dell'altro, ogni tanto socchiudiamo gli occhi e ci guardiamo. Quanti ricordi fanno groppo alla gola. Vorrei parlare di casa nostra, dei nostri cari, delle nostre ragazze, dei nostri monti; degli amici. Ti ricordi, Rino, quella volta che l'insegnante di francese ci disse: – Una mela guasta può far marcire una mela sana, ma una mela sana non può sanare una mela guasta? – E la mela guasta ero io e la sana tu. Ricordi, Rino? E prendevo sempre quattro e tre. Tante cose vorrei dirti e non sono capace di augurarti la buona notte. I nostri compagni già dormono e noi ancora no. Fuori c'è la steppa desolata e le stelle che splendono di sopra a quest'isba sono le stesse che splendono di sopra alle nostre case. Ci addormentiamo.

Al mattino vado dal capitano a chiarire la situazione del mio plotone. Il capitano ne parla al maggiore. L'ufficiale nuovo viene mandato via e non lo vedrò piú. Sarà andato a far l'eroe fra gli sbandati. Cosí, da ora, rimarrò solo a comandare il plotone. Quei venti uomini che sono rimasti sono contenti e io pure. Antonelli piú di tutti.

Il sole nel cielo limpido ci riscalda le membra indolenzite e si continua a camminare. Che giorno è oggi? E dove siamo? Non esistono né date né nomi. Solo noi che si cammina.

Passando per un villaggio vediamo dei cadaveri davanti agli usci delle isbe. Sono donne e ragazzi. Forse sorpresi cosí nel sonno perché sono in camicia. Le gambe e le braccia nude sono piú bianche della neve, sembrano gigli su un altare. Una donna è nuda sulla neve, piú bianca della neve e vicino la neve è rossa. Non voglio guardare, ma loro ci sono anche se io non guardo. Una giovane è con le braccia aperte, e ha sul viso un lino bianco. Ma perché questo? Chi è stato? E si continua a camminare.

Passiamo per una valletta stretta e deserta. Cammino con angoscia, vorrei che se ne fosse già fuori; mi sembra di soffocare. Guardo da tutte le parti con apprensione. Ascolto e trattengo il fiato. Vorrei correre. Mi aspetto di veder comparire da un momento all'altro le torrette dei carri armati e di sentire le raffiche delle mitragliatrici. Ma passiamo.

Ho fame. Quando ho mangiato l'ultima volta? Non ricordo. La colonna passa tra due villaggi distanti tra loro pochi chilometri. Lí ci sarà certamente qualcosa da mangiare. Dalla colonna si staccano dei gruppetti che vanno verso i villaggi in cerca di cibo. Gli ufficiali gridano, dicono che potrebbero esservi dei partigiani o delle pattuglie russe. Soldati del mio plotone vanno anch'essi in cerca di cibo. Durante una breve sosta ci fermiamo a bere ad un pozzo e poi vado in un'isba che mi sembra la piú vicina. Ma è una delle piú vistose ed è già stata visitata da molti. Non vi trovo che un pugno di fettine di mele essiccate che i russi usano per fare i decotti.

Si cammina e viene ancora notte. È freddo: piú freddo di sempre, forse quaranta gradi. Il fiato si gela sulla barba e sui baffi; con la coperta tirata sulla testa si cammina in silenzio. Ci si ferma, non c'è niente. Non alberi, non case, neve e stelle e noi. Mi butto sulla neve; e sembra che non ci sia neanche la neve. Chiudo gli occhi sul niente. Forse sarà cosí la morte, o forse dormo. Sono in una nuvola bianca. Ma chi mi chiama? Chi mi dà questi scossoni? Lasciatemi stare. – Rigoni. Rigoni. Rigoni! In piedi. La colonna è partita. Svegliati, Rigoni –. È il tenente Moscioni che mi chiama quasi con angoscia e aprendo gli occhi lo vedo curvo su di me. Mi dà un paio di scossoni e vedo bene il suo viso ora, e i due occhi scuri che mi fissano, la barba dura e lucente di brina, la coperta sopra la testa. – Rigoni, prendi, – dice. E mi dà due piccole pastiglie. – Inghiotti, fatti forza, avanti –. Mi alzo, cammino con lui e a poco a poco raggiungiamo la compagnia e capisco tutto... Ma quanti che si sono buttati sulla neve non si alzeranno piú? Cenci e Moscioni mi fanno salire su un cavallo. Ma è peggio che camminare; temo di congelarmi, ridiscendo e cammino. Cenci mi dà una sigaretta e fumiamo. – Di' Rigoni, che desidereresti adesso? – Sorrido, sorridono anche loro. La sanno la risposta perché altre volte l'ho detta camminando nella notte. – Entrare in una casa, in una casa come le nostre, spogliarmi nudo, senza scarpe, senza giberne, senza coperte sulla testa; fare un bagno e poi mettermi una camicia di lino, bere una tazza di caffè-latte e poi buttarmi in un letto, ma un letto vero con materassi e lenzuola, e grande il letto e la stanza tiepida con un fuoco vivo e dormire, dormire e dormire ancora. Svegliarmi, poi, e sentire il suono delle campane e trovare una tavola imbandita: vino, pastasciutta, frutta: uva, ciliege, fichi, e poi tornare a dormire e sentire una bella musica –. Cenci ride, Antonelli ride e anche i miei compagni ridono. – Eppure lo voglio fare, se ci ritorno, – dice Cenci, – e poi, – aggiunge, – un mese di mare alla spiaggia, sulla sabbia tutto nudo, solo con il sole che brucia –. Intanto camminiamo e Cenci vede il mare verde e io un letto vero. Ma Moscioni è serio, è il piú consapevole tra noi, ha i piedi nella neve e vede steppa, alpini, muli, neve. Laggiú si vede un lume. Non è il mare verde, non è il letto vero, è solo un villaggio.

Ma quel lume è come quello della favola. Anzi è piú lontano. Non ci si arriva mai. Il villaggio è piccolo e non c'è posto per tutti; siamo tra i primi, ma le isbe sono già tutte occupate. Dovremo forse passare il resto della notte all'aperto. Il capitano, Cenci, Moscioni e una metà della già ridotta compagnia vanno in cerca di alloggio. Io rimango con il resto degli uomini e il mio plotone.

Il mattino dopo il capitano mi disse che aveva mandato un portaordini: da loro c'era posto per tutti. Ma io non vidi arrivare nessun portaordini, quella notte.

Parte dei miei compagni si sistemarono attorno a un pagliaio coprendosi poi di paglia. Altri andarono non so dove, e io rimasi solo con Bodei davanti a un fuoco. D'un tratto si sentí belare e Bodei si alzò, andò a prendere la pecora che aveva belato e l'uccise vicino al fuoco. Io l'aiutai a scuoiarla e sul fuoco vivo mettemmo ad arrostire una coscia della pecora per ciascuno. La carne calda e sanguinolenta era incredibilmente buona. E dopo le cosce, abbrustolimmo il cuore, il fegato, i rognoni infilati alla bacchetta del fucile. Attorno al fuoco si abbrustoliva la carne della pecora e l'odore del fumo era grasso e buono. Mangiammo le braciole, e passavano le ore, poi il collo e le gambe anteriori. Vennero da noi, forse attratti dall'odore, due fanti italiani e un tedesco; finirono di mangiare la pecora; anzi spolparono le ossa che Bodei e io avevamo lasciato. Erano senza armi e al posto delle scarpe avevano stracci e paglia legati attorno ai piedi con filo di ferro. Facemmo loro un po' di posto vicino al fuoco, e se ne stettero lí silenziosi. Non si alzavano nemmeno per andare in cerca di legna e Bodei brontolava; nemmeno il fumo scansavano con la testa.

Io avevo un gran sonno. Mi addormentai ma incominciava l'alba, e di lí a poco mi svegliarono i rumori che sempre precedevano la partenza della colonna. Raduno i miei compagni di plotone. Si va, ma la colonna, invece di proseguire, ritorna sulla pista di ieri. Che succede? Vediamo giú a destra un paese abbastanza grosso. Dicono che vi sono i russi e che bisogna conquistarlo per lasciare la strada aperta agli altri dei nostri che seguiranno. – Avanti il Vestone! – gridano in testa, e ci fanno passare. Ora son pronti a farci passare. Ci viene comunicato da che parte attaccare e andiamo ancora una volta. Il plotone di Cenci e Moscioni a destra, io al centro e un po' arretrato con la pesante, poi le altre compagnie del battaglione, infine i tedeschi. Da un fosso vengono fuori dei soldati russi con le mani alzate e i nostri li disarmano. Si sente qualche sparo qua e là, ma fiacco. Il maggiore Bracchi ci segue e ogni tanto ci grida degli ordini. Vediamo altri soldati russi che se ne vanno. Non sembra una vera battaglia. La pesante non spara nemmeno un colpo. Noi siamo piú in alto e vediamo tutto. Raggiungiamo le prime isbe e aggiriamo il paese. Troviamo un branco di oche che strepitano. Ne acciuffiamo alcune; e tiriamo loro il collo e ce le portiamo in spalla tenendole per la testa. È stata per le oche la battaglia. Dal centro del paese, dove c'è la chiesa, gridano adunata. È già finito tutto.

Andando in direzione della chiesa vediamo dei camion abbandonati di marca americana, vi sono anche dei cannoni piazzati con le munizioni accanto. Strano che i russi abbiano tanta artiglieria in un piccolo paese. Ma perché non hanno sparato? Era un caposaldo ben munito. Stanotte la colonna è passata sull'orlo della mugila che sovrasta il paese. È stato là che io mi sono addormentato sulla neve. Non ci hanno sentiti. Eravamo veramente ombre. E mi ricordai di aver visto qualche chiarore nelle vicinanze. E che mi ero detto: « Perché non andiamo lí ? » Pensando a queste cose vedo ora un'isba con la porta aperta ed entro. Non mi accorgo che entrando ho scavalcato un morto, un russo, messo di traverso sulla soglia. Nell'isba mi guardo attorno per cercare qualcosa da mangiare. C'è già qualcun altro che mi ha preceduto; vedo cassetti aperti, biancheria, merletti sparsi sul pavimento e cassapanche aperte. Frugo in un cassetto, ma poi in un angolo vedo delle donne e dei ragazzi che piangono. Piangono singhiozzando forte con la testa fra le mani e le spalle che sussultano. Allora mi accorgo dell'uomo morto sulla porta e vedo che lí vicino il pavimento è tutto rosso di sangue. Non so dire quello che ho provato; vergogna o disprezzo per me, dolore per loro o per me. Mi precipitai fuori come se fossi il colpevole.

Vi è di nuovo adunata. Stavolta è davanti alla chiesa. Si vedono abbandonati dei camion italiani carichi di sacchi di patate secche tagliate a fette e mi riempio le tasche di queste. Sulla neve vi sono pure due botti di vino. Una è sfondata con dentro il vino gelato tutto a scaglie rosse. Mi riempio la gavetta di scaglie rosse e me ne metto qualcuna in bocca. Un ufficiale dice: – State attenti, potrebbe essere avvelenato –. Ma non era affatto avvelenato.

I tedeschi si prendono tutti i prigionieri russi che abbiamo fatto, si allontanano e poi sentiamo numerose raffiche e qualche colpo. Nevica.

Si riprende a camminare. I reparti si confondono fra loro. Si alza un forte vento freddo. Siamo tutti bianchi. Il vento sibila tra l'erba secca, la neve punge il viso. Ci attacchiamo uno all'altro. I muli degli artiglieri sprofondano sino alla pancia, ragliano e non vogliono andare avanti. Bestemmie, richiami, urli nella tormenta.

Un'altra notte in un altro villaggio. Non sono isbe quelle laggiú vicino a quegli alberi? Cammino solo in quella direzione; sprofondo nella neve sino al petto e avanzo come se nuotassi sognando un'isba. Raggiungo il punto dove credevo che fossero le isbe e

non trovo che ombre. Ombre di che cosa? Torno indietro. Ma poi di nuovo ho l'impressione di vedere
delle isbe. E vado da quella parte fino alla riva di un
fiume. Anche qui però non c'è niente, ci sono solo tre
betulle cariche di ghiaccioli che tendono i rami irsuti
di ghiaccio al cielo carico di stelle. Piango in riva al
fiume gelato. Dove sono i miei compagni? Avrò la
forza di ritornare da loro? Li ritrovo in un edificio
di mattoni. Il paese non era che a poche centinaia di
metri e io avevo camminato nella direzione opposta.
Fa freddo e quel po' di fuoco che abbiamo acceso
manda piú fumo che altro. La stanza è occupata in
gran parte da un mucchio di grano. Ci sdraiamo sul
grano, tutti sporchi di neve e con le coperte gelate.
Sono innumerevoli giorni che non mi tolgo le scarpe
e ora me le tolgo per farne sciogliere il ghiaccio e
asciugarle. Subito i piedi mi si gonfiano. Le calze non
le levo per la paura di vedermi i piedi bluastri con la
pelle che si stacca. Mi addormento. Un bagliore improvviso e scoppi di bombe a mano ci svegliano di
soprassalto. «Ci siamo», penso. Non sono capace
di mettermi le scarpe che trovo dure come legno. Af-
ferro il moschetto e prendo le bombe a mano. Chi
urla, chi piange, uno rompe i vetri della finestra e
salta giú scalzo nella neve della strada. Striscio via sul
mucchio del grano ad appostarmi dietro la finestra.
C'è un grande incendio, il paese ne è tutto illuminato.
Vedo gente correre tra le fiamme, altri che ne escono
e si buttano fra la neve. Entra da noi il tenente Pendoli: – Non è un attacco, – grida; – non sono i partigiani –. I fuochi accesi dai soldati per scaldarsi hanno
provocato l'incendio della chiesa e le munizioni che
erano nella chiesa stanno scoppiando. La spiegazione
riporta la calma e ritorniamo a sdraiarci sul grano.

Attraverso la finestra senza piú vetri entra un terribile freddo e si vede la neve tutta rossa come inzuppata di sangue.

Che giorno sarà oggi? Vedo che c'è un bel sole e che il cielo è rosa. Sembra una di quelle giornate di marzo che preannunziano la primavera. Giornate piene di speranza. Ci fermiamo, c'è una breve sosta. Con Tourn, Antonelli e Chizzarri canto in piemontese: «All'ombra di un cespuglio, bella pastora che dormiva». Cantiamo tranquillamente e con convinzione, e non siamo pazzi.

Cammina, cammina, ogni passo che facciamo è uno di meno che dovremo fare per arrivare a baita. Attraversiamo un villaggio piú grande dei soliti e con qualche casa in muratura. Si vede che ormai usciamo dalle steppe. Ci stiamo addentrando nell'Ucraina.
Ogni tanto un soldato corre in una casa e ne torna fuori con un favo di miele biondo. Un soldato del mio plotone ha portato a Cenci un secchio pieno di latte e miele. Cenci beve avidamente. Si direbbe che la bevanda, appena penetrata nello stomaco si tramuti subito in sangue. Ne bevo anch'io. La strada è fiancheggiata di isbe, per chilometri. Ma la maggior parte delle isbe sono chiuse, in quelle aperte non si trova niente. In lontananza risuonano spari. Possono essere partigiani, e affretto il passo lungo la colonna per raggiungere la mia compagnia. Mentre passo vengo insultato e un ufficiale di artiglieria dice: – Sempre cosí questi sbandati. Sempre i primi ad arraffare e sempre gli ultimi dove c'è da combattere –. Egli mi

dà una spinta. – Sono del Vestone, – io gli dico, – sto cercando il mio plotone. Mi chiamo Rigoni. – Rigoni tu? – dice l'ufficiale e ride. È un sottotenente del gruppo Vicenza che mi ha conosciuto in Albania.

La colonna si è fermata. Il maggiore Bracchi e altri ufficiali che sono in testa vengono investiti da una raffica di mitra. Un ufficiale di artiglieria è ferito a un piede. Bracchi mi grida di portare avanti la pesante. Da un cortile spariamo ai russi che passano di corsa davanti a noi. Di fianco alla mia pesante è piazzata una vecchia Fiat azionata dagli artiglieri. Sparano bene anche loro. Nel cortile vi sono molti ufficiali superiori che ci osservano. Mi sembra di essere agli esami di caporale e divento rosso quando l'arma, sprofondando nella neve, mi sposta il tiro e spara troppo corto.

I russi scendono in una balca e si dileguano. Nell'isba vicina è sdraiato sul tavolo il tenente ferito. Lo trovo che scherza con gli altri ufficiali. Vi è anche il generale. Una donna russa porta caffè a tutti e ne dà una tazzina anche a me. Pure la raffica di mitra dev'essere partita da questa stessa casa.

Il grosso della colonna si ferma nel villaggio e noi del Vestone con una batteria alpina, proseguiamo verso un altro villaggio situato a destra sopra una mugila. Vi arriviamo che è notte. Vi entriamo con precauzione, a squadre distanziate, e prendiamo posto nelle isbe. Siamo comodi, un plotone per isba; e il mio, da cinquanta uomini, è ridotto a meno di venti. Troviamo patate, miele, galline, ci prepariamo la cena spensieratamente. Avremo una buona serata, a quel che sembra, e potremo anche fare una buona dormita.

Rino è in un'isba vicino alla mia, con altri paesani,

Renzo, Adriano, Guzzo. Il loro reparto è stato aggregato al mio battaglione in sostituzione di una compagnia rimasta prigioniera. Tornando dalla visita che faccio loro trovo la cena quasi finita e la paglia già stesa per il riposo. Un giovane russo dai lineamenti del viso delicati e nobili si dà attorno per aiutarci; porta dentro legna da ardere, porta fuori tavole e panche per far posto, prepara ciotole e cucchiai. Cammina sciancato e curvo, con le mani che quasi toccano terra e ride continuamente. Mentre l'osservo mi si avvicina Giuanin a dirmi sottovoce: – Sergentmagiú, qui fuori c'è la paglia piena di armi –. Esco a vedere. È proprio vero. Sotto un pagliaio vicino all'isba trovo fucili automatici e bombe. Quando rientriamo il giovane sciancato è scomparso. I miei compagni dicono che dev'essere un partigiano in gamba.

Viene il 26 gennaio 1943, questo giorno di cui si è già tanto parlato. È l'aurora. Il sole che sta sorgendo dal basso orizzonte ci manda i suoi primi raggi. Il biancore della neve e il sole abbagliano gli occhi. Abbiamo con noi dei panzer tedeschi.

Una slitta fugge veloce in lontananza, da un carro tedesco partono alcuni colpi e la slitta salta in aria. Ci fermiamo piú avanti ad aspettare il grosso della colonna. Affacciandoci ad una dorsale vediamo giú un grosso villaggio che sembra una città: Nikolajewka. Ci dicono che al di là c'è la ferrovia con un treno pronto per noi. Saremo fuori dalla sacca se raggiungiamo la ferrovia. Guardiamo giú e sentiamo che questa volta è veramente cosí. Intanto il grosso della colonna si avvicina a noi. Nel cielo appaiono tre enormi aeroplani, anzi quattro, e si abbassano a mitragliare i nostri compagni. Vediamo le fiammelle che escono da tutte le armi di bordo e la colonna che si sbanda e si sparpaglia. Gli aeroplani risalgono la colonna e poi s'allontanano e ritornano ancora a mitragliare e vanno in giú verso la coda che come una linea nera si perde nella steppa.

Dicono, e continuano a dire, che a Nikolajewka vi siano state tre divisioni di russi. Ma, a giudicare da come le cose si svolsero, io credo di no. Il Vestone, il Valchiese, l'Edolo, il Tirano devono andare all'attacco. La nostra artiglieria s'è piazzata. Il colonnello e il generale consultano le carte e quindi chiamano a rapporto i comandanti di battaglione. Noi del Vestone dobbiamo attaccare a destra. Il luogo di ritrovo è la piazza davanti alla chiesa. Preparazione di artiglieria non se ne può fare perché vi sono poche munizioni. I bravi artiglieri sono desolati.

Ritrovo Rino. Lo saluto come se si fosse sulla piazza del nostro paese. – A stasera, – gli dico. Saluto gli altri paesani: – In gamba ragazzi, – dico loro. – E conservate sempre la calma.

Con Cenci e Moscioni fumo l'ultima sigaretta. Il capitano ci osserva uno per uno. Infine ci muoviamo. Il mio plotone è l'ultimo a destra. Il capitano è tra il mio e il plotone di Cenci. Poi vengono gli altri. Come usciamo allo scoperto siamo subito accolti da colpi anticarro e da colpi di mortaio.

I miei uomini esitano, si tengono indietro, vi è già qualche ferito e grido: – Avanti, avanti, venite avanti –. Anch'io esito un poco, ma ormai ci siamo dentro e sarà quel che sarà. Il capitano grida: – Avanti, avanti! – I miei compagni cominciano a seguirmi, e Antonelli e qualche altro mi sorpassano. Ho con me la pesante, ma non abbiamo munizioni.

127

Dovrebbe portarne giú la squadra di Moreschi. Ma Moreschi ha un po' paura e i suoi uomini sono come lui. Lo chiamo: – Venite giú; venite avanti, ormai è tutto lo stesso –. I colpi arrivano attorno a noi sprofondando nella neve. Si continua ad avanzare. Il capitano impugna un mitra russo e indicando il paese grida: – Avanti! avanti!

In questo momento penso con accoramento a Rino, e guardo dove sta scendendo il suo reparto. Ora sparano anche con le mitragliatrici; le pallottole si infilano miagolando nella neve accompagnandoci passo per passo. Qualcuno tra noi è colpito e si abbatte gemendo nella neve. Ma non si può nemmeno fermarsi a vedere chi è. Grido di sparpagliarci. Ma è inutile perché quando il pericolo è maggiore viene naturale il contrario. Il capitano mi grida di portarmi piú a destra e in alto. C'è una leggera depressione da superare. Cosí formiamo un bersaglio nitidissimo, con il sole in faccia e d'infilata alle mitragliatrici. Vedo Cenci accasciarsi sulla neve e sento che dice forte: – Mi hanno ferito a tutte e due le gambe –. Due alpini del suo plotone lo riportano indietro. Dovranno risalire allo scoperto fin dove è la colonna. Chissà se arriveranno vivi. Ma aveva la pelle dura Cenci, e l'ho ritrovato sei mesi dopo in Italia.

Il caporalmaggiore Artico prende subito il comando del plotone e davanti a tutti grida: – Secondo e terzo plotone avanti! – Un'arma automatica mi ha preso di mira, spara raffiche brevi e precise: « Ecco, – penso trattenendo il fiato, – adesso muoio ». E trattengo il fiato: adesso muoio. Mi allungo in un piccolo avvallamento nella neve e le pallottole battono lí attorno sollevando spruzzi. La saliva mi si impasta in bocca. Non so che cosa penso o che cosa faccio, guardo gli spruzzi di neve a un palmo dalla mia testa. Antonelli e qualche altro mi sorpassano a dieci metri, allora mi alzo e vado ancora avanti.

Guardando a sinistra vedo il reparto del genio muovere all'assalto di un cannone anticarro che sparava su di noi. Dopo un lancio di bombe a mano e una breve mischia il cannone è preso. Quei genieri hanno lo slancio dei primi combattimenti. Sarà perché non ne hanno avuti prima. Io invece mi sento tanto vecchio di guerra al loro confronto.

Ci avviciniamo alla scarpata della ferrovia dietro a cui sono trincerati i russi. Col mio plotone stringo verso il centro. Trovo il sergente Minelli del plotone di Moscioni; perde sangue da varie ferite leggere alla testa e alle braccia; ma ha le gambe fracassate da un colpo anticarro. Si lamenta e piange: – El me s'cet, – dice, – el me s'cet –. Gli faccio coraggio come posso. – Non sei grave, – gli dico. – Animo Minelli, dietro vi sono i portaferiti, ti verranno a prendere –. So che mentisco, chissà dove diavolo saranno i portaferiti. Forse lassú a vedere come andrà. Ma Minelli mi crede. Mi saluta, mi sorride anche tra le lacrime. Io vorrei fermarmi con lui ma non posso, i miei uomini mi aspettano alla scarpata e Antonelli mi chiama. Minelli riprende a dire: – Il mio bambino, il mio bambino –. E piange.

Spariamo dall'orlo della scarpata; Moscioni ha imbracciato il mitragliatore e spara; spariamo anche con la pesante a dei russi che si ritirano. Ora, qui dietro, possiamo un po' tirare il fiato; ma siamo in pochi. Guardando per dove siamo scesi si vedono tante macchie nere sulla neve. Ma so anche che nella mia compagnia ve ne sono che si son finti morti per non venire all'assalto. Ora bisogna uscire dal nostro riparo. Inastiamo la baionetta. Il capitano controlla il funzionamento del suo mitra russo, soffia nella canna e poi mi guarda: – Corajo paese, – mi dice, – la xe l'ultima –. Ci dà gli ordini: – Tu, Rigoni, vai con i tuoi uomini per quella strada. Tu, – dice poi a Moscioni, – vai in un primo tempo con Rigoni e poi gira a sinistra all'altezza di quell'isba. Pendoli, con il plotone comando, e Artico con il secondo e il terzo vengono con me. Andiamo –. Scavalchiamo la ferrovia, siamo accolti da qualche raffica ma ci buttiamo giú per l'altro versante. Io non incontro molta resistenza, il capitano coi suoi due plotoni ne incontra di piú ma poi cedono anche quelli. Alla mia destra noto dei russi vestiti di bianco ma non me ne curo e continuo ad andare avanti. Ora spara anche la nostra artiglieria; vedo russi che corrono attraverso la piazza del paese.

In una delle prime isbe lascio i feriti. Vi è una donna russa e la prego di averne cura. Inoltre lascio con loro, ad assisterli, Dotti della squadra di Moreschi. Con Antonelli e la pesante entro in un'altra isba. Mi sembra un posto ottimo per piazzarvi l'arma. Un soldato del mio plotone mi segue con una cassetta di munizioni. Sfondo una finestra con il calcio del fucile e trascino lí il tavolo coperto da una tovaglia ricamata. Sopra il tavolo postiamo l'arma e spariamo dalla finestra. I russi sono a un centinaio di metri, di schiena. Li cogliamo di sorpresa, ma dobbiamo fare economia di munizioni. Mentre spariamo i ragazzini dell'isba si stringono piangendo alle gonne della mamma. La donna, invece, è calma e seria. Ci guarda silenziosa.

Durante una pausa vedo spuntare di sotto a un letto gli stivali di un uomo. Sollevo la coperta e lo faccio venir fuori. È un vecchio alto e magro che si guarda attorno spaurito come una volpe nella tagliola. Antonelli ride e poi fa il gesto di dargli un calcio nel sedere e lo manda dov'è la donna coi bambini.

Spariamo qualche raffica a un gruppo di russi che stanno trascinando un cannone anticarro. Non ci restano piú che tre caricatori.

Usciamo dall'isba e incontriamo Menegolo che veniva in cerca di noi con una cassetta di munizioni. Mi irrito perché non vedo comparire Moreschi con le altre cassette. Antonelli e Menegolo postano l'arma all'angolo di un'isba; io un po' piú avanti, alla loro destra, indico dove devono sparare e sparo con il moschetto attraverso le fessure di uno steccato. Siamo sempre quasi alle spalle dei russi e rechiamo loro molto fastidio. Spero intanto che la colonna si decida a scendere da dove l'abbiamo lasciata ferma. Dopo un po' che spariamo i russi riescono a individuarci e un colpo d'anticarro porta via l'angolo dell'isba pochi centimetri sopra alla testa di Antonelli. – Spostiamoci, – gli grido. Ma Antonelli si mette a cavallo del treppiede e dice: – Adesso li ho proprio di mira –. E spara ancora.

Il tenente Danda con qualche soldato della cinquantaquattro (credo) vuole attraversare la strada e venire dove siamo noi, ma da una casa vicina partono dei colpi e rimane ferito a un braccio.

La nostra artiglieria non spara piú da un pezzo. Avevano pochi colpi, li avranno sparati tutti. Ma perché non scende il grosso della colonna? Che cosa aspettano? Da soli non possiamo andare avanti e siamo già arrivati a metà del paese. Potrebbero scendere quasi indisturbati ora che abbiamo fatto ripiegare i russi e li stiamo tenendo a bada. Invece c'è uno strano silenzio. Non sappiamo piú niente nemmeno degli altri plotoni venuti all'attacco con noi.

Compresi gli uomini del tenente Danda saremo in tutto una ventina. Che facciamo qui da soli? Non abbiamo quasi piú munizioni. Abbiamo perso il collegamento con il capitano. Non abbiamo ordini. Se avessimo almeno munizioni! Ma sento anche che ho fame, e il sole sta per tramontare. Attraverso lo steccato e una pallottola mi sibila vicino. I russi ci tengono d'occhio. Corro e busso alla porta di un'isba. Entro.

Vi sono dei soldati russi, là. Dei prigionieri? No. Sono armati. Con la stella rossa sul berretto! Io ho in mano il fucile. Li guardo impietrito. Essi stanno mangiando attorno alla tavola. Prendono il cibo con il cucchiaio di legno da una zuppiera comune. E mi guardano con i cucchiai sospesi a mezz'aria. – Mnié khocetsia iestj, – dico. Vi sono anche delle donne. Una prende un piatto, lo riempie di latte e miglio, con un mestolo, dalla zuppiera di tutti, e me lo porge. Io faccio un passo avanti, mi metto il fucile in spalla e mangio. Il tempo non esiste piú. I soldati russi mi guardano. Le donne mi guardano. I bambini mi guardano. Nessuno fiata. C'è solo il rumore del mio cucchiaio nel piatto. E d'ogni mia boccata. – Spaziba, – dico quando ho finito. E la donna prende dalle mie mani il piatto vuoto. – Pasausta, – mi risponde con semplicità. I soldati russi mi guardano uscire senza che si siano mossi. Nel vano dell'ingresso vi sono delle arnie. La donna che mi ha dato la minestra, è venuta con me come per aprirmi la porta e io le chiedo a gesti di darmi un favo di miele per i miei compagni. La donna mi dà il favo e io esco.

Cosí è successo questo fatto. Ora non lo trovo af-

fatto strano, a pensarvi, ma naturale di quella natu-
ralezza che una volta dev'esserci stata tra gli uomini.
Dopo la prima sorpresa tutti i miei gesti furono natu-
rali, non sentivo nessun timore, né alcun desiderio di
difendermi o di offendere. Era una cosa molto semplice. Anche i russi erano come me, lo sentivo. In
quell'isba si era creata tra me e i soldati russi, e le
donne e i bambini un'armonia che non era un armi-
stizio. Era qualcosa di molto piú del rispetto che gli
animali della foresta hanno l'uno per l'altro. Una
volta tanto le circostanze avevano portato degli uomini a saper restare uomini. Chissà dove saranno ora
quei soldati, quelle donne, quei bambini. Io spero che
la guerra li abbia risparmiati tutti. Finché saremo vivi
ci ricorderemo, tutti quanti eravamo, come ci siamo
comportati. I bambini specialmente. Se questo è successo una volta potrà tornare a succedere. Potrà succedere, voglio dire, a innumerevoli altri uomini e diventare un costume, un modo di vivere.

Tornato tra i miei compagni appendiamo il favo di
miele al ramo di un albero e un pezzo per uno ce lo
mangiamo tutto. Io poi mi guardo attorno come risve-
gliandomi da un sogno. Il sole scompare all'orizzonte.
Guardo l'arma e i due caricatori che ci sono rimasti. Guardo per le strade deserte del paese, e mi accorgo che da una di esse avanza verso di noi un gruppo
di armati. Sono vestiti di bianco e procedono con sicurezza. Sono nostri? Sono tedeschi? Sono russi?
Giunti a qualche decina di metri da noi si fermano e
ci guardano. Sono incerti anche loro. Poi sentiamo
che parlano. Sono russi. Ordino in fretta di seguirmi
e mi butto tra le isbe e gli orti. Antonelli e Menegolo
mi vengono dietro con l'arma. Tutti mi guardano per-
plessi come se aspettassero di vedermi compiere un

miracolo. Mi rendo conto che la situazione è disperata. Ma non ci passa per la testa di darci prigionieri. Un alpino, di non so quale compagnia, ha un fucile mitragliatore ma non munizioni; un altro mi si avvicina e dice: – Ho piú di cento colpi –. Sporgendomi di sopra a uno steccato sparo un paio di caricatori con il mitragliatore a un gruppo di russi poco lontani e poi passo l'arma a un alpino: – Spara, – gli dico. Da sopra lo steccato l'alpino spara ma poi mi cade rantolando ai piedi, colpito alla testa. Riprendo a sparare con il mitragliatore e i russi si diradano. I cento colpi sono già finiti. Anche Antonelli ha finito le munizioni e ora smonta la pesante e ne disperde i pezzi nella neve. La nostra compagnia perde cosí la sua ultima arma.

Siamo meno di una ventina di uomini. – Animo, – dico, – preparate tutte le bombe a mano che avete, gridate, fate baccano e poi seguitemi –. Sbuchiamo fuori dallo steccato. Siamo in quattro gatti ma facciamo baccano per tre volte tanto e le bombe fanno il resto. Non so se siamo stati noi ad aprirci la strada o se i russi ci abbiano lasciato passare; il fatto è che ci siamo messi in salvo. Raggiungiamo di corsa la scarpata della ferrovia, e ci infiliamo in un condotto che l'attraversa, ma come metto fuori la testa dall'altra parte vedo che lí davanti la neve è coperta di cadaveri. Una raffica mi passa rasente al muso. – Indietro, – grido, – indietro! – Ritorniamo fuori l'uno dopo l'altro da dove siamo entrati. Mi getto in una piccola balca e sempre correndo ne risalgo il fondo. I miei compagni mi seguono. Costeggio una siepe e sento arrivare dei colpi alle nostre spalle. Giungiamo alle isbe di dove, al mattino, tiravano su di noi con gli anticarro. Ci fermiamo un attimo a riprender fiato e a guardarci. Ci siamo ancora tutti. Dall'isba piú vicina vedo uscire il tenente Pendoli. – Rigoni, – mi chiama, – Rigoni, venite qui a prendere il nostro capitano che è ferito. – Ma gli altri, – chiedo, – dove sono? – Non c'è piú nessuno, – risponde il tenente Pendoli. – Andiamo a prendere il capitano, – dico ai miei compagni. Ma dalle isbe attorno, e dalle siepi, dagli orti, vengono fuori sparando decine e decine di soldati russi. Molti dei miei compagni cadono, altri corrono verso la breve scarpata della ferrovia, raggiungono le rotaie e lí ricevono un'altra raffica come una grandinata. Ne cadono ancora due o tre. Io mi precipito per unirmi ai rimasti. Le pallottole battono sulle rotaie con rumore di tempesta e mandano scintille, ma riesco a rotolare dall'altra parte. Sono ultimo dietro agli scampati che si arrampicano nella neve. La scarpata della ferrovia ci divide dai russi. Passo vicino a un cannone anticarro e mi fermo per cercare di toglierne l'otturatore e renderlo inservibile. Ma intanto, i russi riappaiono sulla scarpata e mi sparano contro. Allora riprendo a correre in su come posso, sprofondando di continuo nella neve sino al ginocchio. Sono allo scoperto sotto il fuoco dei russi e a ogni passo che faccio arriva un colpo. «Adesso e nell'ora della nostra morte», dico tra di me, come un disco che giri a vuoto. «Adesso e nell'ora della nostra morte. Adesso e nell'ora della nostra morte».

Sento qualcuno che geme e invoca aiuto. Mi avvicino. È un alpino che era al mio caposaldo sul Don. È ferito alle gambe e al ventre da schegge d'anticarro. Lo circondo con le braccia sotto le ascelle e lo trascino. Ma faccio troppa fatica e me lo carico sulle spalle. I russi ci sparano contro con l'anticarro. Sprofondo nella neve, avanzo, cado, e l'alpino geme. Non ho proprio la forza di continuare a portarlo. Riesco tuttavia a portarlo dove i colpi non arrivano. Del resto i russi smettono di sparare. Dico all'alpino di provarsi a camminare. Egli tenta inutilmente, e ci fermiamo dietro a un mucchio di letame. – Resta qui, – gli dico. – Ti mando a prendere con la slitta. E fatti coraggio perché non sei grave.

Io poi, non mi sono ricordato di mandare giú la slitta, ma i portaferiti della nostra compagnia sono giusto passati di là e lo hanno raccolto. Ho saputo in Italia ch'egli si era salvato, e un gran peso mi è caduto dal cuore. Lo ritrovai un giorno, finito tutto, a Brescia. Non lo riconobbi, ma lui mi vide da lontano, mi corse incontro, mi abbracciò. – Non ricordi sergentmagiú? – Io non lo riconoscevo e lo guardavo. – Non ricordi? – ripeteva, e si batteva con la mano sulla gamba di legno. – Va tutto bene ora –. E rideva. – Non ricordi il 26 gennaio? – Allora mi ricordai e tornammo ad abbracciarci con tanta gente attorno che ci osservava senza capire.

Ora, mentre continuavo da solo il mio cammino nella neve, sento d'un tratto un trambusto e vedo la massa nera della colonna precipitarsi giú per il pendío. Che diavolo fanno? Penso che il fuoco dei russi li sterminerà. Perché non sono venuti giú prima? Ma vi sono di nuovo degli aeroplani. Mitragliano e lanciano spezzoni. È di nuovo come stamattina. In piú dal paese sparano con gli anticarro e i mortai. Alcuni panzer tedeschi scendono lentamente, guardinghi. Uno è colpito e si ferma, ma continua a sparare con il cannone. Gli altri mi passano vicino. Gruppi di soldati tedeschi li seguono e io mi unisco a loro. Cosí arrivo ancora una volta alle prime case. Spariamo coi fucili di dietro ai carri. Spiegandomi a cenni cerco di far avanzare un panzer fin dove si trova il capitano ferito. Do loro a intendere che si tratta di un ufficiale superiore. Dopo molte esitazioni i tedeschi cedono alle mie insistenze. Facciamo pochi metri nella direzione che indico loro, e un colpo di anticarro frantuma il periscopio. Il panzer è costretto a fermarsi e dobbiamo rinunciare. Non siamo in numero sufficiente per addentrarci nel paese senza l'appoggio del carro.

Intanto è cominciata la sera. Mi metto dietro alle macerie di una casa sparando contro i russi che passano per gli orti. Sono rimasto solo. Venti metri più a destra vi è un soldato tedesco che si avvicina, strisciando cauto sulla neve, a due russi appostati dietro un muricciolo. Egli poi lancia due granate su di loro. Io allora corro fino a una casa più avanti. Dal marciapiede in faccia un soldato russo mi vede e svolta la cantonata per poi prendermi di mira. Io dal mio riparo e lui dal suo ci scambiamo dei colpi di fucile. Un capitano dell'artiglieria alpina che mi viene incontro cade colpito al petto mentre sta per rivolgermi la parola. Ha uno sbocco di sangue che mi chiazza le scarpe e i calzettoni. Arriva il suo attendente. Arriva un altro ufficiale. Piangono su di lui che rantola. Appena poi è morto l'attendente gli toglie dalla tasca il portafogli e dal polso l'orologio. Io non ne posso più dalla stanchezza e vado a sedermi dietro un piccolo argine. Un sottotenente mi si avvicina gridando: – Vigliacco, che fai lí? Vieni fuori –. Io non lo guardo nemmeno, e lui finisce che si mette a sedere lí vicino e se ne resta lí anche dopo che io me ne vado.

Vengo a sapere che il tenente colonnello Calbo dell'artiglieria alpina è stato colpito. Lo cerco. Il suo attendente gli sorregge il capo e piange. Il colonnello

137

ha gli occhi velati e già forse non vede piú nulla. Mi parla credendomi il maggiore Bracchi. Non ricordo le parole che mi disse; ricordo solo il suono della sua voce, l'affanno cagionato dalla ferita e lui sulla neve. Qualcosa di grande era nel suo aspetto e io mi sentivo timido e stupito. Intanto i carri dei tedeschi sono tornati ad avanzare. Alpini e tedeschi si mettono dietro. Le pallottole battono sulla corazza dei panzer e schizzano attorno a noi. Su un carro è accovacciato il generale Reverberi che ci incita con la voce. Poi egli scende e cammina da solo davanti ai carri impugnando la pistola.

Da una casa sparano con insistenza. Da quella sola casa. – Ci sono ufficiali? – grida il generale verso di noi. Ufficiali forse ve ne sono, ma nessuno esce. – Ci sono alpini? – grida ancora. E allora esce un gruppetto di dietro ai carri. – Andate in quella casa e fatela finita, – ci dice. Noi andiamo e i russi se ne vanno.

È notte fatta, la colonna si è riversata nel paese e tutti cercano un posto per passare la notte al caldo, e, se è possibile, mangiare qualcosa. Che confusione ora! Sembra una fiera. Incontro alcuni genieri e chiedo loro di Rino. Lo hanno visto ferito leggermente ad una spalla durante il primo assalto, da allora non sanno piú nulla. Lo chiamo e lo cerco senza trovarlo. Incontro il capitano Marcolini e il tenente Zanotelli del mio battaglione. Con questi mi metto vicino alla chiesa e chiamiamo: – Vestone! Vestone! Adunata Vestone! – Ma potrebbero rispondere i morti? – Si ricorda Rigoni, il primo di settembre? – mi dice piangendo il tenente. – È come allora. – È peggio, – dico.

Ai nostri richiami risponde Baroni dei mortai e viene con un gruppetto del suo plotone. Hanno ancora un tubo di mortaio, nessuna bomba, nient'altro. Di tutto il Vestone riusciamo a radunarci in circa una trentina. Le isbe sono tutte occupate e prendiamo posto nelle scuole. Ma qui i vetri sono rotti, non c'è paglia e l'impiantito è di cemento. Ci sdraiamo ma non è possibile dormire. Ci congeleremmo. « La Ecia », alpino della mia compagnia, ha trovato chissà dove delle gallette e me ne dà una. Rosicchiamo assieme. Bodei, che mi è vicino, trema dal freddo. Ci alziamo e usciamo. Busso a un'isba; viene alla porta un soldato tedesco con la pistola spianata e me la punta al petto. – Voglio entrare, – dico. Gentilmente, con la mano, gli sposto la pistola e gli rido in faccia. Sconcertato la rimette nel fodero e mi chiude la porta sul viso. Entriamo in una stalla e accendiamo un piccolo fuoco con degli sterpi. Ci riscaldiamo, ma la parte che non guarda il fuoco è gelata. I muli ci guardano con le orecchie basse. La testa ci ciondola di qua e di là. Lentamente mi addormento con la schiena appoggiata a un palo.

Questo è stato il 26 gennaio 1943. I miei piú cari amici mi hanno lasciato in quel giorno.

Di Rino, rimasto ferito durante il primo attacco, non sono riuscito a sapere nulla di preciso. Sua madre è viva solo per aspettarlo. La vedo tutti i giorni quando passo davanti alla sua porta. I suoi occhi si sono consumati. Ogni volta che mi vede, quasi piange per salutarmi e io non ho il coraggio di parlarle. Anche Raul mi ha lasciato quel giorno. Raul, il primo amico della vita militare. Era su un carro armato e nel saltar giú per andare ancora avanti, verso baita ancora un poco, prese una raffica e morí sulla neve. Raul, che alla sera prima di dormire cantava sempre: « Buona notte mio amore ». E che una volta, al corso sciatori, mi fece quasi piangere leggendomi *Il lamento della Madonna* di Jacopone da Todi. E anche Giuanin è morto. Ecco Giuanin, ci sei arrivato a baita. Ci arriveremo tutti. Giuanin è morto portandomi le munizioni per la pesante quando ero giú al paese e sparavo. È morto sulla neve anche lui che nel ricovero stava sempre nella nicchia vicino alla stufa e aveva sempre freddo. Anche il cappellano del battaglione è morto: «Buon Natale, ragazzi, e pace». È morto per andar a prendere un ferito mentre sparavano. «State sereni e scrivete a casa». «Buon Natale, cappellano». E anche il capitano è morto. Il contrabbandiere di Valstagna. Aveva il petto passato da parte a parte. I conducenti, quella sera, lo misero su una slitta e lo portarono fuori della sacca. Morí all'ospedale di Carkof. Sono andato a casa sua, quando ritornai in primavera. Ho camminato attraverso i boschi e le valli: «Pronto? Qui Valstagna, parla Beppo. Come va paese?» E la sua casa era vecchia e rustica e pulita come la tana del tenente Cenci. E soldati del mio plotone e del mio caposaldo, quanti ne sono morti quel giorno? Dobbiamo restare sempre uniti, ragazzi, anche ora. Il tenente Moscioni si ebbe bucata una spalla e poi in Italia la ferita non poteva chiudersi. Ora è guarito della ferita ma non delle altre cose. Oh no, non si può guarire. E anche il generale Martinat è morto quel giorno. Lo ricordo quando in Albania lo accompagnavo per le nostre linee. Io camminavo in fretta davanti a lui perché conoscevo la strada e mi guardavo indietro per vedere se mi seguiva. «Cammina, cammina pure in fretta caporale, ho le gambe buone io». E anche il colonnello Calbo che era cosí bravo con i suoi artiglieri della diciannove e della venti. E anche il sergente Minelli era ferito lí nella neve: – El me s'cet, – diceva e piangeva, – el me s'cet –. Giuanin, troppo pochi siamo arrivati a baita, dopo tutto. Nemmeno Moreschi è ritornato. «Possibile una capra di sette quintali? Porca la mula sempre Macedonia». E neanche Pintossi, il vecchio cacciatore, è arrivato a baita a cacciare i cotorni. E sarà morto pure il suo vecchio cane, ora. E tanti e tanti altri dormono nei campi di grano e di papaveri e tra le erbe fiorite della steppa assieme ai vecchi delle leggende di Gogol e di Gorky. E quei pochi che siamo rimasti dove siamo ora?

Quando mi svegliai trovai che le scarpe mi si erano bruciate ai piedi. Sentii un rumore di gente che si preparava a partire. Non trovai piú nessuno della mia compagnia né del battaglione. Nel buio persi anche Bodei e rimasi solo. Cercavo di camminare piú in fretta possibile perché i russi potevano ritentare di agganciarci. Era ancora notte e c'era un gran trambusto per il paese. Feriti gemevano sulla neve e nelle isbe. Ma io, ormai, non pensavo piú a niente; neanche alla baita. Ero arido come un sasso e come un sasso venivo rotolato dal torrente. Non mi curavo di cercare i miei compagni e, dopo, nemmeno di camminare in fretta. Proprio come un sasso rotolato dal torrente. Piú niente mi faceva impressione; piú niente mi commoveva. Se fosse accaduto di combattere ancora sarei andato avanti, ma per conto mio; senza curarmi di quelli che mi avrebbero seguito o sorpassato. Avrei fatta la battaglia per mio conto; personalmente; isolato; da isba a isba, da orto a orto; senza ascoltare comandi, senza darne, libero di tutto, come per una caccia in montagna; da solo.

Avevo ancora dodici colpi per il moschetto e tre

bombe a mano. Ve n'erano pochi, forse, in tutta la colonna che avevano tante munizioni quante ne avevo io.

Un'altra giornata di cammino sulla neve. Le scarpe bruciate vanno in pezzi e me le saldo attorno ai piedi con del filo di ferro e stracci. Camminando il cuoio secco mi ha rotto la pelle sotto il malleolo e ha formato una piaga viva. Le ginocchia mi dolgono; a ogni passo che muovo fanno cric crac. Mi viene anche la dissenteria. Cammino senza dire una parola con nessuno per chilometri e chilometri.

Ora la colonna procede a monconi. I piú validi camminano in fretta, gli altri come possono. Io non sono tra questi, ma neanche tra i piú validi, ormai. Vado per conto mio.

Un altro giorno di cammino sulla neve. Lungo la pista sono abbandonati i cannoni dell'artiglieria alpina. È giusto; è inutile portarli, è giusto che i muli siano adoperati per i feriti. Capita ogni tanto di sentire delle brevi discussioni tra artiglieri alpini e tedeschi. Dei tedeschi, chissà come, erano riusciti a impossessarsi dei nostri muli che ora certamente valevano piú delle loro macchine. Soltanto noi avevamo muli. Ma gli alpini e gli artiglieri discutono poco; fermano i muli e fanno scendere i tedeschi. Si riprendono le brave bestie e vanno via. Hanno i loro paesani feriti da caricarci sopra. Di fronte alla pacatezza degli alpini l'ira dei tedeschi era ridicola.

Era molto lunga quel giorno la marcia. Non si vedeva nessun paese da nessun lato e bisognava camminare. Si mangiavano manciate di neve. Venne la notte. Ancora non ci si fermava né si vedeva un paese. Finalmente, lontano, una luce, e non pareva mai di arrivarci. Lo potete immaginare, voi, quanto era lontana quella luce e quanta neve bisognava calpestare per arrivarci? Fu interminabile nella notte. Era un villaggio. Non so dove andai a dormire né con chi; né se mangiai. Alla mattina quando ripartii c'era il sole. La maggior parte erano già andati; ero con gli ultimi; le isbe erano vuote e i fuochi si spegnevano. Ricordo che entrai in un'isba; per terra c'erano delle bucce di patate arrostite tra la cenere e le mangiai. Ero sempre solo.

Una sera incontrai in un'isba dei soldati del mio battaglione. Mi riconobbero. Uno era congelato alle gambe. Alla mattina quando ripartimmo aveva le gambe nere per la cancrena e piangeva. Non poteva piú venire con noi né si trovò una slitta per caricarlo. Lo raccomandai alle donne dell'isba. Piangeva e anche le donne piangevano. – Addio Rigoni, – mi disse. – Ciao sergentmagiú.

Io sono sempre solo. Un giorno trovo sulla neve una tavoletta gialla; la raccolgo e mangio. Sputo subito. Chissà che diavolo è. Lo sputo è giallo. Ha un gusto tremendo. Sputo e sputo giallo, mangio neve e sputo giallo, dove cade lo sputo la neve attorno si fa gialla. Per tutto il giorno ho sputato giallo e per tutto il giorno ho avuto quel sapore in bocca. Chissà che diavolo era quella roba; forse anticongelante per i motori o esplosivo. Ma sono solo e non m'importa del mio sputo giallo sulla neve né della dissenteria.

Una notte mi fermo a dormire con alcuni ufficiali del Valchiese. Entro nell'isba, parlo bresciano e dico che sono del loro battaglione. Mi accettano nella loro compagnia. Accendo il fuoco nel forno e un soldato porta dentro una capra. L'ammazzo e la faccio a pezzi per arrostirla nel forno. Troviamo anche un po' di sale. Faccio le razioni e mangiamo tutti lí dentro, saremo una quindicina. Gli altri a vedermi cosí intraprendente e pratico mi prendono in simpatia. Ma faccio tutto come un automa. Trovo anche della paglia e dopo aver mangiato la capra ci addormentiamo al caldo. Alla mattina mi sveglio per primo ed è ancora buio. – Sveglia, – dico, – dobbiamo partire se no rimaniamo gli ultimi –. Ma non si vogliono alzare, vogliono dormire ancora. Esco solo e cammino nella colonna che si è già avviata.

Un pomeriggio si arriva in un villaggio, la colonna è avanti: sono tra gli ultimi. Da una mugila vedo la colonna che avanza a zigzag per la steppa e poi degli aeroplani che sorvolano e mitragliano. Nel villaggio vi sono gruppetti di due tre persone che vanno per le isbe in cerca di cibo. Nella piazza vi sono dei colombi. Penso di sparare a uno e poi mangiarlo. Levo dalla spalla il moschetto, abbasso la sicurezza e miro da venti passi. Il colombo s'alza per volare e allora sparo. Quello cade giú fulminato senza battere le ali. Di essere un discreto tiratore lo sapevo, ma non sino al punto di colpire un colombo al salto con fucile a pallottola. Mi stupisco, certo è stato un caso. Mi riprendo un po' e sorrido di soddisfazione. Un vecchio russo che mi osserva da poco lontano si avvicina ed esprime la sua meraviglia. Scuote la testa incredulo e indica il colombo morto; poi lo prende in mano, osserva il foro della pallottola che lo ha passato da parte a parte e conta i passi da dove ho sparato. Mi dà il colombo e mi stringe la mano. Mi commuovo un poco. È un vecchio cacciatore come lo zio Jeroska.

Entro in un'isba per cucinare il colombo e levo la gavetta che porto infilata nella cinghia delle giberne. Lí vi sono due soldati italiani ma nessun borghese. Piú tardi entrano degli ufficiali giovani e disarmati. Dopo aver mangiato il colombo faccio per riprendere il moschetto che avevo appoggiato al muro ma non lo trovo piú. Il mio vecchio moschetto di tante battaglie, che funzionava cosí bene, che sparava cosí bene e che avevo cosí caro. Chi me lo aveva preso?

Gli ufficiali non c'erano piú, non posso dire che me lo avessero preso loro. Ma lo penso. Rimasi male, veramente male. Ora che si era sfuggiti all'accerchiamento, i disarmati, ed erano i piú, cercavano di prendere le armi a quelli che le avevano tenute fino allora. Non volevo né potevo ritornare dai miei compagni disarmato, avevo buttato l'elmetto, la maschera antigas, lo zaino, bruciate le scarpe, persi i guanti ma il mio vecchio moschetto l'avevo sempre tenuto con me. Avevo ancora i caricatori e le bombe a mano. Nell'isba c'era un fucile pesante e rozzo. Presi quello: le cartucce andavano bene. Quando uscii sentii degli spari vicino al paese e delle grida. Erano partigiani o soldati regolari che attaccavano gli ultimi sbandati della colonna. Per non rimanere prigioniero corsi in fretta, come potevo, tra gli orti e le isbe dietro gli steccati e poi nella steppa finché raggiunsi la colonna.

La piaga del piede s'era fatta purulenta e puzzava, camminando ne sentivo l'odore e la calza s'era attaccata. Mi faceva male: era come se uno mi avesse piantato i denti nel piede e non mollasse. Le ginocchia scricchiolavano, a ogni passo facevano cric crac, cric crac. Camminavo con passo regolare, ma ero lento e anche sforzandomi non ero capace di tenere un'andatura piú svelta. In un orto avevo preso un bastone e mi appoggiavo a quello.

Un'altra notte mi fermai in un'isba dove c'era un tenente medico servito da una guardia ucraina. (Uno di quei borghesi con la fascia bianca sul braccio che facevano servizio per le truppe di occupazione). L'ucraino preparò la minestra di miglio e latte, e me ne diede un piatto. Era proprio buona. Mi levai gli stracci e le scarpe bucate. Le calze erano attaccate alla piaga e l'odore di marcio era proprio fetido. Attorno alla piaga la carne era bianchiccia, sporca di un umore giallo. Lavai con acqua e sale. Fasciai con un pezzo di tela. Rimisi le calze, i resti delle scarpe, gli stracci e legai con il filo di ferro.

In quel villaggio, la sera prima, avevo incontrato Renzo. – Come va, paesano? – gli chiesi. – Va bene, – rispose, – va bene. Guarda, io sono in quell'isba; domani ripartiremo assieme –. E corse via. Lo rividi in Italia. Ero solo, non cercavo nessuno, volevo restar solo. Nell'isba, poi, venne a bussare un tedesco. Vidi che non era uno dei soliti. Entrò da noi e mangiò con noi. Dopo, seduto sulla panca, levò dal portafogli le fotografie: – Questa è mia moglie, – disse, – e questa è mia figlia –. La moglie era giovane e la figlia era bambina. – E questa è la mia casa, – disse poi. Era una casa della Baviera, tra gli abeti, in un piccolo paese.

Camminai ancora un altro giorno con il passo del vecchio viandante appoggiandomi al bastone. Per delle ore mi sorprendevo a ripetere: « Adesso e nell'ora della nostra morte », e questo pensiero mi ritmava il passo. Lungo la pista s'incontravano spesso delle carogne di mulo. Un giorno stavo tagliandomi un pezzo di carne da una carogna quando mi sentii chiamare.

146

Era un caporalmaggiore del battaglione Verona che avevo avuto per allievo a un corso rocciatori nel Piemonte. Mi chiama e vedo che è contento d'incontrarmi. – Vuoi che camminiamo assieme? – dice. – Per me. Andiamo, – dico.

Due o tre giorni camminai con lui. Al corso rocciatori lo chiamavamo Romeo perché una notte era andato a trovare una pastora scalando la finestra. (Era proficuo il corso rocciatori). Romeo e lei Giulietta. Era recluta e lo canzonavamo per questo. Un'altra sera che eravamo in un rifugio tra i ghiacciai scese al paese per trovarla e camminò tutta la notte. La mattina dopo c'era da scalare una vetta ed era stanco ma il tenente Suitner lo caricò bene di corde e di attrezzi. Ora, qui in Russia, avevo sentito dire che era un caporalmaggiore tra i migliori del Verona. Camminando parlavo poco con lui, ma la sera, quando si arrivava nelle isbe, ci aiutavamo scambievolmente per preparare qualcosa da mangiare e la paglia per dormire.

Il sole incominciava a farsi sentire, le giornate si erano allungate. Si camminava in una vallata lungo il corso di un fiume. Si sentiva dire che ormai eravamo fuori dalla sacca e che un giorno o l'altro saremmo entrati nelle linee tedesche. Quelli che s'erano attardati alla fine della colonna dicevano che i soldati russi, i carri armati e i partigiani ogni tanto tagliavano la coda e facevano dei prigionieri.

Al passaggio d'una balca, v'erano un giorno delle slitte di feriti bloccate nella neve. Romeo e io si camminava fuori dalla pista per conto nostro. Il conducente e i feriti di una slitta chiedevano aiuto. C'era tanta gente lí attorno ma mi pareva che si rivolgessero proprio a noi. Mi fermai. Mi guardai un po' indietro e ripresi a camminare. Dopo, girandomi ancora, vidi che le slitte s'erano mosse. Ero solo; non cercavo nessuno, non volevo niente.

Un giorno passiamo per un villaggio; c'è ancora il sole alto, dalle finestre di un'isba delle donne battono sui vetri e ci fanno cenno di entrare. – Entriamo? – domanda il mio compagno. – Entriamo, – dico. L'isba è bella con tendine ricamate alle finestre e le icone adornate con fiori di carta. Tutto è pulito e caldo. Le donne fanno bollire due galline per noi, ci dànno da bere il brodo e mangiare la carne con patate lessate. Dopo ci preparano da dormire. Verso sera entrarono anche dei sottufficiali dell'Edolo. Chiedo a loro di Raul. Cosí per chiedere, perché vedo dalla nappina che sono del suo battaglione. – È morto, – mi rispondono, – è morto a Nikolajewka. Andava all'assalto su un carro armato e saltando a terra si prese una raffica –. Io non dico nulla.

Quando alla mattina devo muovere i primi passi sono costretto a fare piano. Cric crac mi fanno le ginocchia. Piano piano fino a che si riscaldano e poi continuare il cammino appoggiandomi al bastone. Il mio compagno ha pazienza e viene con me silenzioso. Come due vecchi viandanti che si sono messi insieme senza conoscersi.

Nella colonna si sente sovente imprecare e litigare. Siamo diventati irascibili, nervosi, per una cosa da nulla si trova da dire.

Un giorno entriamo in una capanna; abbiamo sentito lí dentro cantare un gallo. Vi sono molte galline, ne prendiamo una per ciascuno. Camminando le spenniamo per mangiarle alla sera. Un aeroplano tedesco

« Cicogna » è atterrato vicino alla colonna; vengono caricati dei feriti. Tra qualche ora quelli saranno all'ospedale. Ma non m'importa niente di nulla.

Incontriamo dei soldati tedeschi che non erano con noi nella sacca. Sono di un caposaldo e ci aspettavano. Sono lindi e ordinati. Un ufficiale di questi osserva all'orizzonte attorno attorno con il binocolo. Siamo fuori, tento di pensare. Ma non provo nessuna emozione nemmeno quando troviamo delle tabelle segnavia scritte in tedesco.

Al lato della pista si è fermato un generale. È Nasci, il comandante del corpo d'armata alpino. Sí, è proprio lui che con la mano alla tesa del cappello ci saluta mentre passiamo. Noi, banda di straccioni. Passiamo davanti a quel vecchio dai baffi grigi. Stracciati, sporchi, barbe lunghe, molti senza scarpe, congelati, feriti. Quel vecchio col cappello d'alpino ci saluta. E mi sembra di rivedere mio nonno.

Sono camion italiani quelli laggiú, sono i nostri Fiat e i nostri Bianchi. Siamo fuori, è finita. Ci sono venuti incontro per caricare i feriti e i congelati o chiunque voglia saltarci sopra. Guardo i camion e passo oltre. La mia piaga puzza, le ginocchia mi dolgono, ma continuo a camminare sulla neve. Delle tabelle indicano: 6° alpini; 5° alpini; 2° artiglieria alpina. Battaglione Verona, e il mio compagno se ne va senza che me ne accorga. Battaglione Tirano, battaglione Edolo, gruppo Valcamonica e la colonna si assottiglia. 6° alpini, battaglione Vestone, indica una freccia. Sono del 6° alpini io? Del battaglione Vestone? Avanti per di qua allora. Vestone, Vestone, el Vestú. I miei compagni. «Sergentmagiú ghe rivarem a baita? » Sono a baita. Adesso e nell'ora della nostra morte. – Vecio! Ciao Vecio! – Ma chi è quello? Sí, è Bracchi. Mi viene incontro, mi batte una mano sulla spalla. Si è lavato, si è fatto la barba. – Vai laggiú, Vecio, in quelle isbe troverai la tua compagnia –. Guardo e non dico niente. Lentamente, sempre piú lentamente vado laggiú dove sono quelle isbe. Sono tre, nella prima vi sono i conducenti con sette muli, nella seconda la compagnia e nella terza un'altra compagnia. Apro la porta, nella prima stanza vi sono dei soldati che si stanno radendo e pulendo. Mi guardo attorno. – E gli altri? – dico. – Sergentmagiú! Sergentmagiú! – È arrivato anche Rigoni, – gridano. – E gli altri? – ripeto. C'è Tourn e Bodei, Antonelli e Tardivel. Visi che avevo dimenticato. – E allora è finita? – dico. Sono contenti di rivedermi e qualcosa dentro di me si muove, ma lontano come una bolla d'aria che viene dagli abissi del mare. – Vieni, – dice Antonelli. E mi accompagna nell'altra stanza dove c'è un ufficiale che era alla compagnia comando. – È lui che comanda la compagnia, – dice Antonelli. C'è anche il furiere e su un pezzo di carta annota il mio nome. – Sei il ventisettesimo, – dice. – È stanco, Rigoni? – mi chiede il tenente. – Se vuole riposare si accomodi in qualche modo.

Mi butto sotto il tavolo che è appoggiato a una parete e sto lí rannicchiato. Tutto il giorno e tutta la notte seguente sto lí sotto ad ascoltare le voci dei miei compagni e vedere i piedi che si muovono sulla terra battuta del pavimento.

Alla mattina esco fuori e Tourn mi porta un po' di caffè nel coperchio della gavetta. – Come va, sergentmagiú? – Oh Tourn, Vecio! Sei tu, vero? E gli altri? – dico. – Sono qui, – dice, – vieni –. Il plotone, il nostro plotone pesante. – Dove sono? – Vieni, sergentmagiú –. Chiamo vicino a me Antonelli, Bodei e qualche altro. – Giuanin, – chiedo, – dov'è Giuanin? – Non mi dicono niente. «Ghe rivarem a baita?» Di nuovo domando di Giuanin. – È morto, – mi dice Bodei. – Ecco il suo portafogli. – E gli altri? – chiedo. – Siamo in sette con te, – dice Antonelli. – In sette con te del plotone pesante. E quella recluta, – e m'indica Bosio, – ha una gamba spezzata. – E tu Tourn? Mostrami la mano, – dico. Tourn mi stende la mano aperta. – Vedi, – dice, – è guarita, vedi come la cicatrice è sana. – Se vuoi farti la barba vado a scaldarti dell'acqua, – dice Bodei. – Ma non importa, perché? – rispondo. – Puzzi, – mi dice Antonelli.

Qualcuno mi mette in mano un rasoio di sicurezza e un piccolo specchio. Guardo queste cose nelle mie mani e poi mi guardo nello specchio. E questo sarei io: Rigoni Mario di GioBatta, n. 15454 di matricola, sergente maggiore del 6º reggimento alpini, battaglione Vestone, cinquantacinquesima compagnia, plotone mitraglieri. Una crosta di terra sul viso, la barba come fili di paglia, i baffi sporchi di muco, gli occhi gialli, i capelli incollati sulla testa dal passamontagna, un pidocchio che cammina sul collo. Mi sorrido.

Bodei mi dà un paio di forbici, mi taglio con queste il piú della barba e poi mi lavo. L'acqua viene giú del colore della terra. Con il rasoio di sicurezza, piano, perché chissà quante barbe come la mia ha tagliato questa lametta, incomincio a radermi. Mi lascio la barba sul mento e i baffi come una volta. Poi ritorno a lavarmi e i miei compagni mi guardano come sto uscendo dal bozzolo. Tourn mi passa un pettine. Ohi, come fa male a pettinarsi. – Puzzi ancora, – dice Antonelli. – È il piede, – dico, – è il piede. – Avete un po' di sale? – Anche il sale c'è, – dice Bodei. E fa bollire un po' di acqua e sale. – Sei congelato? – mi chiedono. Mi levo gli ultimi pezzi delle scarpe e gli stracci. Che odore! Sembra che sulla piaga vi siano dei vermi tanto è putrida e schifosa. Con l'acqua e sale mi lavo per bene, mi lavo anche i piedi. Antonelli ha anche un pezzo di garza rimastagli del pacchetto di medicazione e mi fascio. Infine ritorno sotto il tavolo e rimango lí a fissare la parete dell'isba.

Tre giorni siamo rimasti lí. In quei tre giorni arrivò ancora qualche ritardatario. Ma ormai era finita. Il sergente furiere, congelato, partí il giorno dopo il mio arrivo per l'ospedale. Piú nessun ufficiale della compagnia era rimasto: Moscioni, Cenci, Pendoli, Signorini. Piú nessuno e neanche sottufficiali tranne il sottotenente e il sergente maggiore dei conducenti. Bosio, la recluta della vecchia squadra di Moreschi, quello che aveva la gamba ferita, lo accompagnai personalmente con un mulo e lo caricai su un camion che sgomberava i feriti. V'era un altro alpino del terzo plotone fucilieri, paesano di Tourn, che aveva un fazzoletto attorno alla testa. – Che hai lí? – gli chiesi. Si levò il fazzoletto e vidi che era senza un occhio; al suo posto restava un buco rosso. – È guarito ormai, – disse, – vengo in Italia con voi.

Uno di quei giorni morí il nostro colonnello Signorini. Dissero che dopo aver tenuto rapporto ai comandanti di battaglione e udito quel che rimaneva del suo reggimento si sia ritirato in una stanza dell'isba dove alloggiava e sia morto di crepacuore. Mi ricordai che un giorno, prima di andare al caposaldo sul

Don ed eravamo a scavar tane, venne da noi. Bracchi mi chiamò e mi presentò al colonnello. Nel mettermi la mano sulla spalla un guanto s'impigliò in una stelletta della mia mantellina e si strappò. Ricordo il mio imbarazzo e il suo sorriso. E ora anche lui ci ha lasciati.

Andai anche al comando di reggimento per domandare di Marco Dalle Nogare. – È rimasto congelato, – mi dissero, – ed è partito per l'Italia.

Il tenente che aveva preso il comando della compagnia mi chiese il nome di quelli che meritavano di essere decorati. Diedi i nomi di Antonelli, di Artico, di Cenci, di Moscioni, di Menegolo, di Giuanin, di Tardivel, e di qualche altro.

Ecco, ora è finita la storia della sacca, ma della sacca soltanto. Tanti giorni poi abbiamo ancora camminato. Dall'Ucraina ai confini della Polonia, in Russia Bianca. I russi continuavano ad avanzare. Qualche volta si facevano delle lunghe marce anche di notte. Un giorno, quasi perdetti le mani per congelamento perché mi ero aggrappato a un camion ed ero senza guanti. Vi furono ancora tormente di neve e freddo. Si camminava reparto per reparto e a gruppetti. Alla sera ci fermavamo nelle isbe per dormire e mangiare. Tante cose ci sarebbero ancora da dire, ma questa è un'altra storia.

Un giorno mi accorsi che era arrivata la primavera. Si camminava da tanti giorni; era il nostro destino camminare. E mi accorsi che la neve sgelava, che nei paesi attraverso i quali si passava c'erano delle pozzanghere. Il sole scaldava e sentii cantare una calandra. Una calandrella che cantava primavera. Desiderai l'erba verde, sdraiarmi sull'erba verde e sentire il vento tra i rami degli abeti. E l'acqua tra i sassi.

Si era in attesa del treno che ci doveva portare in Italia; eravamo nella Russia Bianca nei dintorni di Gomel. La nostra compagnia, pochi ormai, era in un villaggio vicino alla foresta. Per arrivarci dovemmo camminare parecchie ore attraverso i campi che sgelavano. Quel luogo era famoso per i partigiani; nemmeno i tedeschi si fidavano ad andarci. Mandarono noi. Lo starosta del villaggio ci disse che doveva metterci uno o due per famiglia per non gravare sulla popolazione. L'isba dove mi accettarono era spaziosa e pulita, e abitata da una famiglia di gente giovane e semplice. Mi preparai in un angolo sotto la finestra la cuccia per dormire. Passai sdraiato su un po' di paglia tutto il tempo che rimasi in quella capanna; sempre lí, sdraiato per ore e ore a guardare il soffitto. Nel pomeriggio c'erano nell'isba solo una ragazza e un neonato. La ragazza si sedeva vicino alla culla. La culla era appesa al soffitto con delle funi e dondolava come una barca ogni volta che il bambino si muoveva. La ragazza si sedeva lí vicino, e per tutto il pomeriggio filava la canapa con il mulinello a pedale. Io guardavo il soffitto e il rumore del mulinello riempiva il mio essere come il rumore di una cascata gigantesca. Qualche volta la osservavo e il sole di marzo, che entrava tra le tendine, faceva sembrare oro la canapa e la ruota mandava mille bagliori. Ogni tanto il bambino piangeva e allora la ragazza spingeva dolcemente la culla e cantava. Io ascoltavo e non dicevo mai una parola. Qualche pomeriggio venivano le sue amiche delle case vicine. Portavano il loro mulinello e filavano con lei. Parlavano tra loro dolcemente e sottovoce, come se avessero timore di disturbarmi.

Parlavano armoniosamente tra loro e le ruote dei mulinelli rendevano piú dolci le voci. Questa è stata la medicina. Cantavano anche. Erano le loro vecchie canzoni di sempre: Stienka Rasin, Natalka Poltawka e i loro antichi motivi di balli. Guardavo per ore e ore il soffitto e ascoltavo. Alla sera mi chiamavano per mangiare con loro. Mangiavamo tutti nel medesimo recipiente con religiosità e raccoglimento. Ritornava la madre; ritornava il padre; ritornava il ragazzo. Solo alla sera ritornavano il padre e il ragazzo; si fermavano poco, ogni tanto guardavano dalla finestra e poi uscivano insieme sino alla sera dopo. Una sera che non vennero la ragazza pianse. Vennero al mattino... Il bambino dormiva nella culla di legno, che dondolava leggermente sospesa al soffitto; il sole entrava dalla finestra e rendeva la canapa come oro; la ruota del mulinello mandava mille bagliori; il suo rumore sembrava quello di una cascata; e la voce della ragazza era piana e dolce in mezzo a quel rumore.

Preblic (Austria), gennaio 1944 - Asiago, gennaio 1947.

Ritorno sul Don

Nella steppa di Kotovskij

Su quota 228, intanto, due battaglioni del 6° alpini, il Vestone ed il Val Chiese, attendevano l'ordine di attacco.

Ecco come il «comando tattico», da cui dipendeva il 6° alpini, mandò al macello questi reparti.

Alle 4 niente preparazione dell'artiglieria, niente intervento dell'aviazione italiana.

Alle 5 l'aviazione non era ancora comparsa. Anche le due colonne corazzate tedesche erano mancate all'appuntamento.

Arrivarono, sferragliando, una ventina di carri armati italiani, leggeri come scatolette di latta: tre tonnellate pesavano, meno di un camion.

La piana, l'immensa piana di nessuno che gli alpini avevano di fronte, aveva preso forma, appariva immensa. Un piccolo campo di girasoli, lontano, fra le linee russe; tre alberi nudi come scheletri, ed il resto steppa.

Su quel terreno piatto, in leggera pendenza, gli alpini cominciarono a scendere curvi sotto gli zaini affardellati. Erano lenti, massicci. Con il sole che stava nascendo, si contavano anche i fili d'erba, si vedeva tutto.

I mortai russi aprirono all'improvviso un fuoco infernale. Caddero centinaia di alpini.

Correndo alla garibaldina, i battaglioni scesero contro le mitragliatrici. Si dispersero.

I nostri carri armati andavano di qua e di là. Avevano le torrette aperte. I carristi, con fucilate e colpi di bombe a mano, tentavano di neutralizzare i fuciloni calibro 20, affondati nelle sterpaglie. Bastava un colpo di fucile per immobilizzare i nostri carri armati.

A sera, sulla base di partenza, tornarono pochi alpini. Tornarono quattro carri armati. I quattro carri ne trainavano altrettanti fuori uso, carichi di feriti.

Molti morti, nessun risultato. Molte medaglie. Forse, per il «comando tattico», anche le sacrosante promozioni per merito di guerra.

Dopo due notti, su quota 228 rientravano ancora gli ultimi sbandati del Vestone e del Val Chiese. Un gruppo si era spinto fino alle cucine di un comando di battaglione russo.

NUTO REVELLI, *La guerra dei poveri*

Distese di frumento e di girasoli che aspettavano di essere raccolte, papaveri rossi nell'oro del frumento, improvvisi villaggi dentro un avvallamento con le isbe abbandonate strette attorno al pozzo, oche negli stagni e silenzio nel sole estivo. I corvi volavano dove erano passati i combattimenti.

Si camminava per ore e sembrava d'aver fatto pochi chilometri, e sui dossi lunghissimi e dolci i mulini a vento restavano per giornate a vederci passare vibrando appena le lunghe pale. E noi si andava su due file ai lati della pista polverosa di terra giallobruna. Lo zaino affardellato era pesante, gli scarponi e le mollettiere erano gialli di polvere, ma la polvere ti saliva pure alla bocca e s'impastava nei polmoni; lo sputo era denso e l'acqua della borraccia sapeva di creta e d'alluminio. Lungo la pista ci sorpassavano le colonne dei camion tedeschi che portavano materiali e munizioni giú in basso, verso il Volga e il Caucaso; allora alzavo la testa e guardavo verso sud-est per vedere se apparivano le montagne immaginate.

Qualche volta, improvviso, arrivava il temporale: una piccola nube nera e lontana cresceva e cresceva fino a occupare tutto il cielo che poco prima era immenso e libero. S'udiva il tuono brontolare e il vento scuoteva le erbe alte e secche; le prime gocce cadevano grosse e rade e nella polvere calda si frantumavano in piccoli grumi che correvano come fa il mercurio sul palmo della mano. Infine la nube s'apriva con scrosci e fulmini che ti assordavano. Ma era bello.

Dopo, le scarpe diventavano pesanti per il fango, e anche i panni e lo zaino per l'acqua che li aveva inzuppati; cosí veniva da rimpiangere la polvere e il sole di prima.

Non avevo una idea precisa di quanti chilometri ci separassero dalle montagne poiché non avevo una carta geografica ma, ripensando a una geografia immaginata, calcolavo che camminando con quella andatura nel giro di venti o venticinque giorni si sarebbe arrivati a vederle.

Laggiú sarebbe stato molto bello: cime alte con neve e ghiacciai, valli profonde ma calde, con viti e fichi; corsi d'acqua limpida, selvaggina da cacciare, uomini come lo zio Jeroska e Lukaska e ragazze come Marjana.

Dopo qualche giorno le marce divennero notturne; dicevano che era perché gli aerei russi avrebbero potuto osservarci. E nelle notti d'agosto si andava in silenzio e non capivi se eri sul cielo o sulla terra perché era come camminare tra le stelle. Qualche volta mi sorprendevo ad ascoltare il canto delle quaglie.

Un mattino arrivammo a Voroscilovgrad. Al centro della piazza c'era un gigantesco tank che probabilmente aveva fatto la Rivoluzione d'Ottobre: era alto come un'isba e tutt'intorno la corazza aveva le feritoie vuote ormai inefficienti, come un fortino portato lí e immobilizzato a difendere i crocevia.

E ai crocevia, che ormai l'inutile tank guardava, c'erano i cartelli indicatori; tanti, inchiodati sui pali uno sotto l'altro. Verso nord indicavano: Millerovo, Rossoch, Voronez, Tula, Mosca e persino Leningrado; verso l'est: Cir, Don, Serafimovic, Kalac, Stalingrado; e verso il sud: Rostov, Krasnodar, Maikop, Groznyj, Terek.

Ecco, laggiú a sud dovevamo andare. Laggiú c'erano montagne piú alte del Monte Bianco e del Cervino, e forse piú belle del Pelmo e della Marmolada. Come ci sarebbero apparse? E c'era anche un fiume, il Terek, che scendeva dalle montagne in mezzo a gole profonde e poi andava per la pianura deserta fino al Mare Caspio. Era già forse Asia?

Ricordavo, e ripassavo nella memoria, vedendo quei nomi sui cartelli indicatori, i racconti di Tolstoj e di Gorkij che avevo letto nelle edizioni economiche quando ero nel prato a pascolare le vacche del nonno. Ma quanto c'era ancora da camminare per arrivare fin là?

Quel giorno, a Voroscilovgrad, piantammo le tende su una collina che guardava la periferia della città. Le isbe si spingevano fino al fondo di una balca ed erano povere e tristi come tutte le case di periferia. Queste isbe, poi, invece che di terra, paglia, legno e calce erano costruite con materiali di scarto dei cantieri.

Nella balca scorreva un rivo d'acqua e scendemmo giú seminudi a lavarci la polvere e la stanchezza; ci sarebbero state quarantotto ore di riposo e ci sentivamo allegri. Le donne e i ragazzi guardavano in silenzio la nostra incosciente serenità.

Il mattino successivo il cappellano celebrò la messa nel centro dell'accampamento e all'omelia raccomandò agli alpini di non bestemmiare. Ma io, in quell'ora che stemmo lí inquadrati e in silenzio, ripensavo ai fuochi che di notte si accendevano lungo le piste.

Quando potevo mi avvicinavo per sostare con i profughi vagabondi, e ascoltavo in silenzio il loro sommesso discorrere. I ragazzi, in braccio alle donne, fissavano imbambolati il fuoco ed ero contento quando riuscivo a non farmi rifiutare da loro un pezzo di galletta o la razione di marmellata. Venivano da lontano, specialmente quelli che scendevano dall'estremo Nord, e camminavano per centinaia di chilometri tirandosi dietro poche cose sui carrettini, evitando le città occupate e i tedeschi. Quaggiú, mi ero fatto spiegare, era piú facile trovare frumento o altro cibo, e i soldati italiani non erano come i tedeschi o gli ungheresi.

Al pomeriggio arrivò la posta, era tanta e ce n'era per tutti; e ognuno s'appartò felice con le lettere o le cartoline per leggerle in pace.

Quando arrivava la posta pregavo il furiere che lasciasse a me la distribuzione; non erano passati tanti giorni da quando ero stato assegnato a questa compagnia e leggendo a voce alta gli indirizzi mi sembrava di venir a conoscere i soldati. Ma era anche vero che leggendo i nomi e i timbri sulle buste e vedendomi davanti i visi in quel momento, meglio che in qualsiasi altra maniera li capivo.

Ma quel giorno, appena distribuita la posta, venne un ufficiale che ordinò di spiantare subito le tende e affardellare gli zaini perché dei camion sarebbero venuti immediatamente a caricarci.

Da questo pomeriggio incominciarono le giornate di naia dura e finirono i sogni del Caucaso.

Viaggiammo tutto il pomeriggio, e la notte, e il giorno dopo. Durante il viaggio ci fermammo brevemente un paio di volte per muovere le gambe indolenzite e cercare acqua per la bocca arsa e polverosa. In un villaggio abbandonato c'erano migliaia di oche che sguazzavano negli stagni e scendemmo velocemente a far bottino poiché eravamo anche senza viveri.

Mentre i camion correvano nella steppa, noi, dentro i cassoni e tra i sobbalzi che ci facevano sbattere uno contro l'altro, spennammo le oche. E lungo la pista, come leggeri fiocchi, restavano nell'aria le piume bianche.

Prima di sera arrivammo in prossimità della linea; davanti a noi, dicevano, avrebbero dovuto esserci dei reparti di fanteria, ma il cielo e la terra erano cosí vasti e vuoti che avevo la sensazione di essere dentro una voragine infinita.

Venni assegnato di ricognizione con la mia squadra, ma non c'era proprio niente da riconoscere poiché ogni luogo era uguale, e, tranne le starne che si alzavano rumorosamente in volo al nostro camminare guardingo, non vedemmo essere vivente.

Il battaglione si schierò a difesa sparpagliandosi tra le alte erbe e la nostra compagnia venne assegnata di rincalzo. Ma era rincalzo oppure avanguardia? e dov'era il nemico? Attorno a noi non c'era assolutamente nessuno.

Il vento della notte agostana dondolava l'erba e ci portava il canto delle quaglie. All'alba, spingendoci lontano, scoprimmo una decina di isbe dentro un avvallamento dove affiorava l'acqua; ma anche lí non era rimasto nessuno e scavammo negli orti abbandonati per tirar fuori le patate, che mettemmo a cucinare nelle gavette con i pezzi d'oca. Si parlava sottovoce perché ci sembrava di disturbare quella profonda quiete.

Non piantammo le tende e giacevamo nascosti tra le erbe. A sera rimettemmo in spalla gli zaini. Ancora con fretta; e camminammo e camminammo senza sostare, fino a notte fonda, e ancora.

Per dove? E chi lo sapeva dove andavamo. Ora, guardando una carta geografica, ricostruendo quei giorni e leggendo le storie ufficiali, so che eravamo nella grande ansa del Don, dove il fiume sembra voler congiungersi con il Volga e scendere giú nel Caspio, e invece, dopo, gira improvvisamente verso sudovest per sfociare nel Mare d'Azov.

Si camminava in silenzio, quella notte, stanchi, assonnati. Radio scarpa diceva che dovevamo entrare in combattimento assieme a un reggimento di tedeschi, per cercar di prendere alle spalle un reparto russo che premeva contro un caposaldo circondato. Diceva anche, radio scarpa, che una divisione di fanteria era stata sopraffatta e messa in fuga, e che noi dovevamo riprendere le posizioni.

Quando improvvisa scoppiò la battaglia noi stavamo risalendo un profondo calanco. Era caldo là dentro, e buio. Sopra di noi passarono sibilando i primi colpi d'artiglieria che andavano ad esplodere fuori nella steppa. Poi pallottole traccianti, raffiche di mitragliatrici e di parabellum, granate. Udimmo anche sferragliare di carri armati e gridare.

Ci stendemmo giú in silenzio con il cuore che batteva forte. Ma non si capiva dove potevano essere amici o nemici; o cosa dovevamo fare noi. C'erano caldo, afa, scoppi, strisce luminose nel cielo sopra le nostre teste, che cercavamo di tenere rannicchiate tra spalle ed elmetto.

Camminammo ancora avanti dentro il calanco, seguendo il combattimento che si spostava. Ma verso dove? fuori. In su, forse, o in giú. Noi eravamo sempre dentro il profondo calanco. Passarono parola di mettere la baionetta in canna e di posare gli zaini. Venne impressionante il silenzio che faceva sentire il vento leggero che scuoteva le erbe della steppa.

Ritornammo indietro camminando il resto della notte e parte del mattino, finché giungemmo dove eravamo la sera prima. Tutto sembrava un sogno; solo che un sogno non poteva lasciarti questa mortale stanchezza.

Alle quattro del pomeriggio vennero ancora dei camion a caricarci; gli autisti erano preoccupati e ci facevano fretta. Dissero che ci riportavano dove era il nostro reggimento, piú a nord; avremmo trovato anche i battaglioni Cervino e Tirano, e la cavalleria.

Era il pomeriggio di una domenica estiva; immaginavo la gente che sulle spiagge dell'Adriatico faceva i bagni, gli escursionisti che in Valle d'Aosta e nelle Dolomiti ritornavano dalle ascensioni e al mio paese gli amici che andavano al cinema con le ragazze. Noi, dentro i camion, sballottati e pieni di sonno e di fame andavamo in nessun luogo, dentro l'abisso della steppa.

Doveva andare il Tirano al nostro posto, invece toccò al Vestone per qualche fatalità della naia e della guerra. Nel mio notes di allora trovo scritto: «Sistemati in posizione di appoggio – ci muoveremo in avanti presto», e dopo, scritto in matita perché forse avevo perduto la penna stilografica: «Domattina andremo all'assalto».

Spunta l'alba del 1° settembre e ne sta uscendo una giornata limpida e chiara. Siamo raccolti dentro un avvallamento sul fianco di una mugila; poco avanti, nell'erba come noi, sono i tre plotoni fucilieri, e un poco dietro il capitano con il plotone comando. Ma sono arrivati anche i bersaglieri con i carri Elle, le scatole di sardine, e la chimica con i lanciafiamme. Intanto, per mimetizzarci, sporchiamo l'elmetto con la terra bagnata d'orina.

Controllo i quattro mortai da 45 della mia squadra, e le munizioni, le bombe a mano, le cartucce. Moreschi è piuttosto tetro e nel distribuire i due cucchiai di cognac a testa, come una comunione, non ha voglia di scherzare. Tourn mi ammicca, ma senza brio; in testa gli balla l'elmetto e raccomando di legarselo ben stretto. Zugni si prova il mortaio sulle spalle aggiustandosi bene gli spallacci: su quella schiena cosí larga il mortaio sembra un giocattolo per bambini. Le reclute come Dotti, Monchieri e Cappa cercano di darsi un contegno: per loro sarà la prima volta.

Anche il sergentemaggiore Cavalleri, vicecomandante del nostro plotone e vecchio dell'Albania, controlla le tre pesanti.

Il tenente, che è appena tornato dal rapporto ufficiali, ci raccomanda di tatticare per gruppo di tiro e di non fermarci a raccogliere i feriti. A questi, dice, ci penserà il plotone comando, dietro. Si parla anche che alla nostra destra manovrerà il Val Chiese e persino un reggimento di carri armati tedeschi, e gli aeroplani Stukas, e tanta artiglieria. Insomma non dovrebbe essere dura anche se il terreno è tutto nudo.

Quando i plotoni fucilieri escono dall'erba a squadre sparse, pure il sole è tutto fuori. Un sole caldo e gioioso, e mi godo la sua luce.

Hanno già superato il dosso e vedo gli elmetti con la penna di legno tinto sparire dall'altro versante; ci passano accanto i carri Elle e il plotone della chimica. Il tenente grida: – In piedi! Plotone pesante, avanti! Avanti, tocca a noi!

Si sente qualche scoppio di mortaio. Forse sono i nostri che fanno il tiro d'accompagnamento. Cavalleri esce dall'erba con la prima squadra mitraglieri, poi Storti con la sua, noi. – Andiamo, – dico, – in piedi.

Camminiamo svelti e curvi e siamo subito sul dosso, allo scoperto, nel mattino di sole. Sento distinti dei colpi in partenza, leggeri come fucilate di cacciatori lontani: – Corriamo svelti, – dico. Ma i colpi ci sono sopra, ci vengono incontro come un treno che corre nel cielo, e cosí, ancora su quattro file distanziate, ci buttiamo per terra, teste contro piedi.

Scoppiano tra squadra e squadra, con bagliore piú forte del sole, e mi riparo la testa con le braccia facendomi piccolo. Dopo il bagliore le schegge sibilanti che tagliano l'erba e grumi di terra che mi cadono sulla testa e sulla schiena. Odore acre e fumo. – Avanti! Avanti, via! – urla il tenente.

Mi alzo sulle braccia; vedo laggiú davanti i fucilieri che avanzano, i carri Elle, l'erba e il sole sull'erba.

Attorno sento lamenti, ancora scoppi, urla. – Andiamo, – dico, – andiamo avanti, muoviti.

Ma l'alpino che scuotevo per il braccio aveva un piccolo foro sotto l'orlo dell'elmetto e non respirava piú. Gridando «Portaferiti!» piú volte, sento che la voce mi si strozza in gola per quel fumo acre e denso. Mi agito gridando «Portaferiti! Portaferiti!», e sento il tenente gridare anche lui «Avanti, via! I portaferiti vengono».

Storti si sorregge sulla terra puntando i pugni: tutt'intorno è rosso di sangue e di sole e Storti mi dice: – Te', Rigoni, accendimi una sigaretta –. Gliela accendo e gliela metto tra le labbra: – Coraggio, – gli dico, – verranno a prenderti subito e andrai in Italia. – Ciao, – mi risponde, – ti saluto –. E lo lascio morire cosí.

Restammo in pochi del plotone pesante a riprendere la corsa. Anche Cavalleri era sanguinante.

Davanti c'era l'erba e il mattino. Vedevo i fucilieri camminare curvi e distanziati per la lunga discesa e i colpi di mortaio e di artiglieria che cadevano negli spazi a cercare gli uomini. I carretti dei bersaglieri venivano avanti anche loro e ogni tanto si fermavano a sparare con la mitragliera di bordo come per farci coraggio. Giú, dove finiva la discesa c'era un profondo calanco dove, da sopra, non ci potevano vedere: «Arrivare fin là, – pensavo, – bisogna arrivare fin là».

Un colpo di mortaio che non feci in tempo a notare tra gli altri venne a scoppiare senza che facessi in tempo a buttarmi per terra. Ci pensò lui, sollevandomi prima in aria; e fu forse perché in quel posto la terra era soffice e profonda che le schegge si spensero dentro. I grumi di terra erano come pugni sulla testa e sulla schiena. Il capitano in quel momento mi stava sorpassando; teneva in mano la pistola e gridava: – Avanti, cinquantacinque!

Tra le erbe incominciarono a schioccare le pallottole delle mitragliatrici e dei fucili anticarro, e mentre correva verso la balca un geniere della chimica svaní in una vampata altissima e bianca. Forse aveva preso una pallottola nel serbatoio del lanciafiamme. Anche un paio di carri armati erano immobili e abbandonati.

Fu lunga la steppa per arrivare fin là; lunga o anche breve perché il tempo non si può misurare in certi momenti. Sentivo tanta sete e nella bocca come sabbia. Quando mi sdraiai con la schiena contro la terra della ripida scarpata trassi un profondo respiro. Con il fazzoletto mi pulii il viso e gli occhi che bruciavano e, finalmente, bevvi tre sorsate dalla borraccia.

Accanto a me avevo posato l'arma della pesante e non riuscivo a capire come l'avessi portata fin là e a chi l'avevo presa. Di fronte a noi, che stavamo raccogliendoci dentro la balca, scendevano gli ultimi superstiti della compagnia, o quelli che erano rimasti indietro a soccorrere i feriti, o i feriti che volevano raggiungerci perché su quella lunga discesa continuavano a cadere le bombe, e l'erba a essere falciata dalle mitragliatrici.

Cavalleri non era arrivato fin giú, e lo rivedrò in Italia tanti anni dopo. Parlammo poco di quel giorno. A fare il muratore è meglio che essere sergente degli alpini; solo, ecco, che i tanti figli gli dànno da pensare, e fastidio le vecchie ferite quando il tempo cambia.

Gli ufficiali, dentro la balca defilata, stavano radunando i plotoni; il capitano guardava desolato quanti pochi alpini gli erano rimasti per proseguire l'azione e gridava verso quelli che ancora si muovevano allo scoperto: – Venite qui, imbecilli! – Poi brontolava tra sé, forse ricordando una promessa: – Dovrebbero venire gli aeroplani, ora, per bombardare la quota. Ma dove sono andati a finire 'sti tedeschi?

Una recluta della squadra esploratori era stato ferito a una mano, teneva il braccio alzato, e agitandolo in aria il sangue della ferita gli spruzzava il viso e il petto. Era euforico e gridava: – Mé son ferit! Mé vado en Etalia... a ca', ve saludi! Vado a ca'. Qua l'è na féra! L'è na féra!

Qui è una fiera, ripeteva con tono allegro. E si mise deciso a camminare verso ovest, risalendo la lunga china per dove eravamo scesi e dove continuavano a cadere le bombe.

Sostammo ancora un poco per riprendere fiato. Della mia squadra chi aveva ancora il mortaio era Zugni; Monchieri aveva la cassetta delle bombe. Ma di tredici eravamo rimasti forse in cinque; anche i mitraglieri erano in pochi: per quelle scariche di mortaio che ci avevano sorpresi appena usciti allo scoperto il nostro plotone aveva subito le perdite maggiori.

Ora bisognava risalire tutto il dosso che ci vedevamo davanti: una lunga collina coperta da erbe alte ma senza un albero o un sasso dove ficcar dietro la testa. Una salita lunga e dolce da farsi sotto il sole ormai alto.

I soldati russi erano lassú, sul culmine. Tra le esplosioni e le pallottole ogni tanto avevo alzato lo sguardo verso quel terrapieno lontano: era da lassú che sparavano con le mitragliatrici e, da dietro, con i mortai e i cannoni. Se riuscivamo ad arrivare fin là forse non avrebbero piú sparato. Ma arrivarci.

Il tenente Moscioni si mise alla testa dei plotoni fucilieri; il sergente Della Torre prese il posto del tenente Dell'Acqua che era stato ferito; il tenente Davoli seguiva subito con l'altro plotone. Noi dovevamo intervenire con le due mitragliatrici e il mortaio rimastici per appoggiare l'attacco dei fucilieri.

Questi erano già fuori dalla balca e avevano preso a salire la collina a squadre molto distanziate. Osservavo i fucilieri di Moscioni che non attaccavano di petto l'erta ma la prendevano alla larga, e molto guardinghi. Riuscii a pensare: «Quelli, li vogliono aggirare».

Era silenzio, ora. O sembrava silenzio perché i colpi di mortaio continuavano a caderci alle spalle, lontano. L'erba molto alta ci nascondeva bene e ogni tanto qualche raffica di mitragliatrice ci passava sopra la testa.

Riapparvero tre carri Elle dei bersaglieri e seguimmo quasi di corsa la loro scia nell'erba. Ogni tanto si fermavano ad aspettarci ed allora sparavano con le mitragliere e il cannoncino. Sembravano cavalli che s'impennavano e nitrivano.

Non spararono molto, i russi, dal loro caposaldo. Forse, da dietro, erano già arrivati i fucilieri di Moscioni.

Uno si mise a camminare di fianco a un carro; andava lungo e diritto tenendo il fucile a bilanciarm e ci volle parecchio prima che ci accorgessimo che non era dei nostri. Qualcuno di noi gli sparò, cosí, per farlo correre, ma lui continuava a camminare come se la cosa non lo riguardasse. Uno gridò: – Ma corri, no, imbecille, corri! Ma quello perché non scappa? – Un altro si inginocchiò come ci avevano insegnato al poligono, poggiò il gomito sul ginocchio e sparò.

Ora c'era una pista sulla terra polverosa che percorreva la sommità lunga e piana, e noi si andava cautamente per quella pista. Un carro dei bersaglieri era andato in avanscoperta verso il caposaldo; lo osservammo sparare, correre avanti e indietro come caracollando tra la polvere e gli spari; poi fermarsi sul punto piú alto e quindi ritornare verso di noi.

Da breve distanza fummo investiti da una scarica di fucilate e ci buttammo tra le erbe. I russi stavano nascosti in profonde buche nascoste con sterpaglie e non si vedevano; allora ci mettemmo ginocchioni a gettare le bombe a mano. Le mie non riuscivano ad avere slancio e sentivo come una punta dura al gomito; mi accorsi che sul palmo della mano si era raggrumato del sangue e che la camicia e la giubba erano appiccicate al braccio.

Non erano tanti i soldati russi nascosti nelle buche; forse i piú erano già andati via e qualcuno usciva con le mani alzate e senza armi.

Un alpino era lí fermo con il lungo fucile e la baionetta in canna e il soldato russo era uscito a metà dalla buca con le braccia in alto. Sorrideva e pareva un gioco come quando si è ragazzi, perché anche l'alpino sorrideva pacioccone ed era felice di aver fatto un prigioniero: tel qua el sovietico! Il nostro tenente guidava l'azione: anche lui aveva il moschetto e tirava bombe a mano. Vide il soldato russo con le braccia in alto e l'alpino di fronte che, come imbambolati, si sorridevano: – Spara! Sparagli, cretino! – gli gridò il tenente. – Sparagli!

Capirono tutti e due, il russo e l'alpino, e si guardarono attorno smarriti. L'alpino sparò. Vidi la smorfia dolorosa e il corpo afflosciarsi nella buca.

Anche Turrini ricordo. Turrini che dopo aver lanciato le bombe a mano vide frullare le starne: per un attimo la sorpresa lo colse, ma subito si riprese e fece l'atto di portare il fucile alla spalla come fa il cacciatore per una stoccata e quindi camminare guardingo per dove erano andate a rimettersi.

Invece il sergente della squadra esploratori, che teneva legata su un bastone la bandierina tricolore della compagnia con su scritto «55 LA REPUBBLICA», lo vidi su un rialzo di terreno con il fucile a tracolla, la pipa in bocca e le mani in tasca, che guardava noi e i russi come fosse a teatro o a una partita di calcio.

Uscirono anche i russi che fino allora si erano tenuti nascosti nel caposaldo, ma invece di venire verso di noi incominciarono a ripiegare verso le loro retrovie. C'erano, sul principio, sempre queste colline coperte d'erba che declinavano dolcemente; ma laggiú si vedevano anche degli alberi, dei campi di girasoli, villaggi, pagliai e, a tratti, apparire un fiume azzurro. Ma tutto era dentro una luce gialla e verde che il sole estivo impastava insieme, sfumando. Era già forse il meriggio?

– Piazza la pesante, Rigoni! Piazza la pesante e spara a quelli laggiú che si ritirano! – mi ordinò il capitano.

Mettemmo l'arma sopra il treppiede, mi sedetti dietro e calcolai l'alzo. Uno mise la piastra del caricatore, tirai il carrello e premetti la leva di sparo impugnando forte perché non traballasse. Partí un colpo

175

solo. Tornai a manovrare il carrello e non partí piú niente. Cercando cos'era che non funzionava vidi che una scheggia l'aveva messa fuori uso colpendola nella valvola di recupero gas.

E i russi si allontanarono tranquilli senza dimostrare tanta fretta.

La quota era stata conquistata e la nostra compagnia aveva eseguito l'ordine del maggiore Bracchi. Per arrivare laggiú al fiume ora il terreno era libero. Ma dove erano andati a finire i tedeschi? e gli aeroplani? e cosa dovevamo fare noi, ora?

Ci mettemmo a difesa in uno spiazzo tra l'erba, oltre le buche dei russi; ma, a contarci, eravamo rimasti veramente in pochi. Sdraiato sull'erba, stanco e sudato, mi pareva di veleggiare nell'aria.

Il capitano prese collegamento con i plotoni fucilieri che erano ai fianchi e mandò avanti delle vedette a nascondersi tra le erbe piú alte. Ora il capitano parlava con il tenente dei bersaglieri che era uscito dal suo carro per respirare un po' d'aria e con il nostro comandante di plotone. Capivo che non sapevano cosa decidere; forse aspettavano il collegamento con il comando di battaglione, o con i tedeschi che non si decidevano di farsi vivi. Ma dove erano andati a finire?

Vicino a me – e li sorvegliavo con un altro alpino – c'erano un maggiore d'artiglieria e un politruk. Erano stati feriti alla testa da schegge di bombe a mano e mi misi a fasciarli con il mio pacchetto di medicazione. Al maggiore avevo preso un bel revolver e al commissario la stella rossa che aveva sul berretto. Mi guardavano in silenzio, e con gli occhi sereni come due buoni zii. Mi chiesero dell'acqua accennando alla borraccia, cosí svitai il tappo e li feci bere. Ma poco, perché anch'io avevo molta sete.

Sul terrapieno del caposaldo che avevamo lasciato alla nostra sinistra erano riapparsi dei soldati russi; camminarono ritti in piedi e poi scomparvero come inghiottiti dalla terra. E tutto restava silenzio.

Da dove eravamo saliti vedemmo venire verso di noi una figura allampanata e strana. Proseguiva in piedi, indifferente e senz'armi: pareva un ubriaco che rientra a casa al mattino. Uno di noi gli andò incontro e quando si avvicinarono vedemmo che quell'uomo era il caporalmaggiore Bertolazza dei fucilieri. Veniva avanti bianco come carta, stringendo i denti sotto le labbra dischiuse, gli occhi sbarrati per lo sforzo. Era senza giubba e la camicia aperta sul petto mostrava una grande macchia di sangue che gli colava giú per i pantaloni. In ogni mano teneva una bomba. – I russi vengono, – disse. Quasi crollò davanti a me e gli feci bere la rimanenza della borraccia.

Il sole era caldo e il frinire degli insetti riempiva l'aria. Le starne ripresero a cantare; ma certamente era la vecchia che chiamava a raccolta i pulcini sbandati dalle bombe a mano.

Venne uno che era di vedetta; correva trafelato tra l'erba e si guardava attorno a cercare il capitano o il tenente: – Ci sono dei carri di fieno che vengono verso di noi, – disse. – Ma senza che nessuno li tiri, – aggiunse.

– Rigoni vai a vedere, – mi ordinò il capitano. – E poi ritorna subito a riferire.

Corsi curvo con l'alpino, e le erbe ci coprivano. Dove erano piú basse strisciavamo. Dove il terreno incominciava a declinare verso il fiume lontano ci fermammo e un'altra vedetta venne da noi: – Vedi? – disse. – Quei due carri si muovono da soli.

Non c'era nessun sparo, nessun altro rumore fatto dagli uomini: solo insetti che frinivano. Pensavo: ai nostri lati abbiamo i fucilieri; come mai non si sono accorti di questi carri di fieno?

Poi si fermarono, e c'era un silenzio teso. Mi era ritornata viva una pagina di Tolstoj, dove descrive i cosacchi che si avvicinano agli abrekti, circondati nella steppa ai piedi delle montagne, spingendo un carro di fieno per ripararsi dalle pallottole. Forse stavamo anche noi per fare quella fine e ritornai dal capitano per dare l'allarme.

Quando vi giunsi non feci nemmeno in tempo a spiegare quello che stava succedendo che una scarica di parabellum segò le erbe sopra le nostre teste. Immediatamente le pallottole incominciarono a venire da tutte le parti come vespe arrabbiate, e chi si alzava in piedi restava colpito.

Cercammo di reagire e tutt'intorno erano sibili, scoppi, grida di feriti. Alcuni fucilieri riuscirono a ricongiungersi con noi ma non era possibile capire chiaramente cosa stesse succedendo. Chiaro era solamente che eravamo circondati; ma non da quanti, perché le erbe alte nascondevano chi ci attaccava.

Il capitano gridò l'ordine di far arretrare i plotoni fucilieri per ritirarci. Ma un ordine cosí chi avrebbe potuto portarlo? Il carro dei bersaglieri aveva rinchiuso in fretta la torretta e sparava girando in tondo. Ma poi finí le munizioni.

I russi si erano avvicinati e ora sentivo i rumori degli otturatori e le loro voci. Il capitano si alzò in piedi e gridò: – Si salvi chi può! – e subito cadde ferito.

Il tenente mi urlava: – Rigoni, ammazza quei due! Sparagli! Sparagli! – e indicava il maggiore e il commissario feriti. – Sparagli! – e io, tutto curvo perché le pallottole come vespe arrabbiate passavano sopra la testa, tenevo la carabina spianata. Non sparavo e li guardavo negli occhi. Ci intendemmo.

– Mettetemi sul carro armato! – diceva il capitano. – Sono ferito alle gambe. Venite a prendermi! Rigoni, aiutami!

Con il tenente e un altro alpino mettemmo sul carro armato il capitano ferito; non si lamentava ma era tutto rosso in viso. Anche il tenente ci salí sopra con un paio d'alpini feriti. Il carro puntò deciso verso ponente schiacciando le erbe tra odore di polvere e di nafta, e i russi gli sparavano contro con i parabellum: – Sparagli, sparagli, Rigoni! – mi urlava il tenente, e mentre il carro si allontanava una pallottola lo colpí.

Il carro si allontanava e sulla sua scia cercavano di salvarsi i pochi superstiti. Nella confusione vidi l'alpino Rossi cadere colpito e quindi rialzarsi e gridare: – Il mitragliatore! Sergente, prendi il mio mitragliatore!

Buttai via la carabina e mi chinai a raccogliere il mitragliatore; aveva infilato un caricatore ancora intero e sparai tutt'intorno all'altezza dell'erba. Camminai via e vidi Rossi che seguiva la scia del carro armato. Quando si accorsero di me, per i loro mitra ero quasi fuori tiro; cosí mi spararono con i fucili.

Sentivo i colpi isolati, le pallottole zufolarmi intorno e strapparmi i pantaloni e la giacca. Dovevo solo cercare di correre in fretta e a zig-zag, perché girando la testa avevo visto due o tre russi che mi seguivano in piedi puntando i fucili. E nel mitragliatore non avevo piú nessun colpo.

Smisero di spararmi e capii piú tardi perché: stavo attraversando un campo minato e aspettavano per vedermi saltare in aria.

Camminando cosí mi vidi affiancato al caporale Bertolazza, ma non ce la faceva piú. Anche se teneva una bomba in mano era bianco come la morte e gli passai un braccio attorno alla vita per sorreggerlo: con una mano tenevo in spalla il mitragliatore e con l'altra sostenevo Bertolazza.

Raggiunsi, o ci raggiunse, Dotti che mi aiutò a tirare avanti Bertolazza che ora aveva le gambe rigide e non pronunciava piú una parola. Sembrava che solo noi tre ci fossimo in quella immensità tutta d'erba, e attorno ci ronzavano le mosche che si appiccicavano al nostro sudore. Non si sentiva niente, e pareva impossibile. E a che momento eravamo della giornata? Avevo tanto desiderio di bere.

Giungemmo alla balca dove si era sostati prima di iniziare la salita; qui c'erano adesso un posto di medicazione e la compagnia comando. I nostri compagni, quelli che avevano potuto essere raccolti, giacevano stesi sull'erba e in silenzio guardavano il cielo profondo. Il tenente medico, sporco di sangue e sudato, medicava e faceva iniezioni. Stendemmo Bertolazza e chiamai il tenente perché lo vedesse.

Era svenuto nell'erba: il suo viso era color cenere, e il petto e il ventre rossi di sangue. Il tenente Giannotti gli alzò le palpebre e fece di no con la testa; ma in mano teneva una siringa e gli fece un'iniezione. Poi disse ai portaferiti: – Questo qui fatelo sgomberare subito, – e passò a medicare gli altri.

Bertolazza lo rividi l'autunno scorso. Una domenica ero appena ritornato a casa dalla caccia in montagna e mi telefonò da un albergo del centro: – Sei tu, sergente Rigoni? Sono venuto a trovarti, – disse. – Ti ricordi di me?

Dopo mi spiegò che la pallottola lo aveva passato per lungo, entrandogli alta nel petto e uscendogli in fondo alla schiena mentre stava chino. Ora lavora in una cartiera e mi ha invitato a casa sua a mangiare i tordi con la polenta; poiché anche lui è cacciatore, ma da capanno.

Stavo seduto sull'erba, stanco, assetato. Accanto a me c'era Dotti, poi si avvicinò anche Marangoni; rividi Moreschi, Zugni, Minelli. Nessuno di noi aveva voglia di parlare. Tourn mi diede un sorso dalla sua borraccia; la mia non la ritrovavo piú: forse era rimasta con la borsa della maschera antigas, dove tenevo dentro le bombe e oggetti personali, quando avevo fasciato la testa ai due russi. Anche il bel revolver avevo perduto; la stella rossa del commissario la ritrovai in una tasca.

Vennero verso di noi il maggiore Bracchi con l'aiutante; dopo averci guardato in silenzio chiese: – Dov'è la compagnia? – Il suo sguardo sembrava il solito: azzurro e ridente, e la voce ferma; ma dentro sentivo che qualcosa lo sconvolgeva. – Non so, – risposi. – Credo che non ci sia piú nessuno.

Volle sapere come erano andate le cose, ma forse gli apparivo confuso o non sapevo spiegarmi; allora mi offrí una sigaretta e me l'accese. Con il fumo mi pareva di soffiare fuori tutta la stanchezza mortale che avevo dentro.

– Non c'è nessuno dei nostri lassú? – mi chiese ancora. – Che cosa fanno i russi?

– Non so, – risposi.

– E gli altri? Dove sono gli altri?

– Sono andati via con il carro armato dei bersaglieri.

– Quelli li ho visti. C'era anche il capitano ferito –. Il maggiore scrollò la testa, si accese una sigaretta e si allontanò.

Dopo un poco venne ancora da noi e disse: – Bisognerebbe che qualcuno andasse a vedere cosa fanno i russi, e se ci sono ancora dei nostri. Quel mitragliatore funziona?

– Sí, ma non ha piú munizioni.

Il maggiore Bracchi si guardò attorno e gridò forte: – Chi ha ancora munizioni per la cavrina?

Venne uno con la cassetta. – Vai tu, Rigoni, – mi disse, – ma senza farti vedere. Te la senti? E poi conosci già la strada. Guarda cosa fanno i russi, se ci sono ancora dei nostri. Prendi con te due volontari e ritorna a riferirmi.

Vennero con me Marangoni e Dotti. Risalimmo tutta la balca e dove il canale terminava uscimmo nell'erba, strisciando. Ogni tanto alzavo cauto la testa per guardarmi attorno con attenzione ed ascoltare. Marangoni e Dotti non mi seguivano appresso e li aspettai. Non volevano venire piú avanti; eravamo sdraiati e io cercavo di convincerli che andando cosí non c'era pericolo.

Poco dopo che avevamo ripreso a strisciare, Marangoni mi tirò per una gamba e accostatomi mi sussurrò indicando con la mano: – Guarda là! – Tra l'erba c'era fermo uno. Spianai il mitragliatore e levai la sicurezza, feci: – Ehi! – sottovoce, ma quello non si mosse. Lo raggiunsi strisciando e lo toccai a una mano. Non era un alpino dei nostri ma un fante italiano morto da qualche giorno; era senza scarpe, senza giubba, senza alcun segno di riconoscimento. Teneva le braccia raccolte sul petto e pareva stesse riposando dopo un lavoro nei campi.

Da questo punto non vollero piú proseguire e allora dissi che mi aspettassero lí, dove, come riferimento, c'era un cardo viola che fuoriusciva dall'erba. Lasciai loro anche il mitragliatore.

Giunsi gattonando fin sotto il caposaldo dei russi e tutto era tranquillo: nessun sparo, nessun grido e la terra era piena del frinire degli insetti. Misi lentamente gli occhi fuori dall'erba e rimasi immobile a osservare.

I russi camminavano tranquilli attorno ai loro ricoveri; uno stava seduto con le gambe penzoloni sullo scavo della trincea e beato si fumava la pipa guardando la sera, un altro passava tenendo due cavalli per la briglia come volesse farli ammirare in fiera. Tendendo l'udito riuscivo ad ascoltare le loro voci; ma non sentivo quelle di alpini, né spari da dietro il caposaldo dove c'eravamo spinti durante l'attacco.

I russi continuavano le loro faccende e pareva che il combattimento del mattino e la guerra fossero cose lontanissime perché anche la loro vita era come la nostra. Il sole era ormai basso e il paesaggio della steppa riprendeva contorni distinti e sereni. Tutt'intorno le quaglie avevano ripreso a cantare. Un cavallo grigio, senza alcuna bardatura, girava pascolando attorno a me, strappava un ciuffo qua e un ciuffo là scegliendosi l'erba piú appetitosa e con la coda si scacciava le mosche. Si avvicinò fin quasi a calpestarmi e allora, come fosse un gioco, con le braccia gli circondai il collo e gli balzai in groppa.

Correvo al galoppo lungo la discesa; dietro sentivo i russi che gridavano eccitati e, dopo, che sparavano fucilate. Mi stesi allora stringendo forte con le gambe.

Tirandogli la criniera cercavo di guidarlo dove mi aspettavano Dotti e Marangoni e quando mi sembrò di essere vicino al cardo viola saltai giú. Ritrovai il cardo e il corpo del fante, ma loro non c'erano.

Mi chiamarono dalla balca agitando le braccia fuori dall'orlo e quando li raggiunsi mi chiesero se ero diventato matto. Ma io ero felice di avere un cavallo: sarebbe stato bellissimo correre liberamente per queste pianure con un cavallo cosí. Lo sentivo mio e gli accarezzavo il muso, e pensavo che nome avrei potuto dargli.

Giungemmo dove ci aspettava il maggiore Bracchi con i resti del battaglione. Mi venne incontro il capitano Signori e con avidità guardò il mio cavallo: – Dove l'hai preso?

– Dai russi l'ho preso.

Anche il maggiore mi chiese: – Ma dove l'hai preso 'sto bel cavallo? – e dopo averlo rimirato: – Ma non vedi che ha una pallottola nel culo?

Era vero. Aveva preso una fucilata dietro, ma non usciva piú sangue e non aveva rotto niente: la pallottola era penetrata nel muscolo. Guarirà presto, pensavo.

Il maggiore mi chiese cosa stavano facendo i russi e se avevo visto o sentito dei nostri alpini.

Gli raccontai come era. Mi chiese ancora se, secondo me, sarebbero venuti al contrattacco. – Non credo, – gli risposi; – si stanno spulciando e se la fumano tranquilli –. Io pensavo, anche, che avevano dispetto per il cavallo che gli avevo portato via. – Va bene, – disse il maggiore, – sei stato bravo ma anche asino. Ora fa adunata della tua compagnia e ritorna dove siamo partiti stamattina. Camminate sparsi e in fretta perché certamente riprenderanno a sparare con i mortai –. Poi indicò con il braccio teso un punto nella steppa dove apparivano piú numerosi i buchi delle granate: – Vedi quelle esplosioni? Ecco, proprio là vi è una pesante abbandonata. Passa da quel posto con qualcuno a prenderla.

Chiamai l'adunata della 55. Non c'era piú nessun ufficiale, piú nessun sottufficiale. In tutti eravamo una decina, e al mattino eravamo piú di duecento.

Quando stavamo andandocene da quel posto, si avvicinò il capitano Signori e con modi bruschi mi prese il cavallo. Pieno di rabbia gli piantai gli occhi sul viso rotondo e rosso. – Te lo darò domani, – mi disse. Ma non lo rividi piú.

Risalimmo la mugila che avevamo sceso al mattino e dove erano rimasti colpiti la maggior parte dei nostri compagni; il terreno era pieno di buche e restava ancora nell'aria l'odore dell'esplosivo. Anche ora sparavano, ma i colpi erano radi e svogliati, imprecisi anche, e non davano preoccupazione. Certo anche i russi erano stanchi.

Con Minelli e Bodei passai a recuperare la pesante nel luogo che mi aveva indicato il maggiore.

Il sole tramontava e l'aria si faceva fresca, le quaglie cantavano con piú lena e i fiori emanavano piú forte i loro odori. I superstiti della nostra compagnia camminavano in silenzio nella steppa, verso un orizzonte che non aveva fine.

Quando venne notte il maggiore Bracchi mi fece piazzare la pesante in una buca tra l'erba e ci raccomandò di vigilare per non farci sorprendere dalle pattuglie.

Avevo freddo e battevo i denti, ma non avevamo niente per coprirci; la gola mi bruciava e per sciogliere il secco che avevo in bocca masticavo foglie amare. Eravamo stretti uno addosso all'altro dentro la buca, ma non riuscivo a dormire perché, come chiudevo gli occhi, sotto le palpebre si accendevano bagliori e dentro le orecchie ronzavano insetti. Il braccio ferito mi faceva male e non riuscivo a trovargli un posto.

Lentamente incominciai a piangere; poi convulsamente. Uscii fuori dalla buca per vomitare e aspettare l'alba.

Dopo due giorni il tenente Abram venne a prendere il comando della compagnia e ritornò anche il sottotenente Dell'Acqua. Ora, leggo nel mio notes, eravamo in cinquantasei perché erano rientrati i feriti leggeri, quelli che durante il combattimento si erano dispersi, i mensieri, gli attendenti, i magazzinieri e i conducenti del primo scaglione. Ma ne mancavano piú di centoquaranta.

Il furiere Filippini chiese l'elenco dei presenti perché era piú semplice. Per piú volte, all'alba perché di giorno sparavano con i mortai alle corvè, ci mandarono razioni di viveri per duecento. Mangiavamo direttamente dalle casse di cottura senza procedere alla distribuzione. Quasi tutto il rancio restava abbandonato e con le pagnotte facemmo un muretto a secco davanti le postazioni. Ci portavano anche l'acqua perché lí attorno non ce n'era; ma nessuno si lavava perché avevamo sempre sete.

Sulla nostra sinistra, a un paio di chilometri, c'era un caposaldo di fanteria, o di camicie nere, con il quale eravamo collegati a vista; parecchi chilometri a destra c'era il resto del battaglione. E cosí ci pareva di essere su una zattera in mezzo all'oceano.

Arrivò anche la posta. Tanta, piú di ogni altra volta, e sottovoce feci la chiamata. Ad ogni silenzio, ed erano tanti, guardavo la lettera o la cartolina che mai avrebbero avuto risposta e mi ritornavano davanti il viso o la voce di chi non allungava la mano.

Una notte uscii da solo a camminare per la steppa e quando il cielo si coprí persi l'orientamento. Camminai fino all'alba prima di ritrovare i miei compagni.

In un villaggio sepolto nella balca

La tormenta infuriava per tutta la terra,
in ogni contrada.
Una candela bruciava sul tavolo,
una candela bruciava.

BORIS PASTERNAK, *Notte d'inverno*

Non nevicava, era il vento che sollevava la neve in un turbinio che oscurava le stelle; ed era come camminare in sogno dentro una nuvola grigia che pungeva con aghi di ghiaccio fin dentro le ossa. A volte lo prendeva lo struggimento di lasciarsi andare giú nella neve, e raggrumarsi per godere quell'ultimo poco calore che ancora gli restava dentro in fondo. Il maggiore aveva ordinato: – Andate svelti fino a raggiungere le pattuglie di testa e dite al tenente di aspettarci perché bisogna cambiare strada.

Poi si levò la tormenta, dapprima come per assaggiare la resistenza della neve e dell'aria, poi via via sempre piú violenta; e dopo, quanto dopo?, si accorse di essere solo e di camminare dentro una nuvola di neve. E non c'era un cane che abbaiasse, un'isba, un albero, una qualunque cosa oltre la neve turbinante. A volte sentiva i piedi che camminavano su un terreno duro e gelato, e le scarpe gli risuonavano come fossero di lamiera; altre volte sprofondava dentro avvallamenti ricolmi di polvere bianca e gli pareva di soffocare.

Venne l'alba e quasi non se ne accorse. Gli occhi bruciavano e la pelle del viso e delle mani era come biscottata; tra il ghiaccio che gli incrostava il passamontagna con barba e sopracciglia distinse una luce lattiginosa: ma aria e luce erano come un insieme di spolverio congelato.

Sul far del giorno il vento si calmò e dentro lo spolverio ora gli pareva di andare leggero leggero; solo che le gambe, ecco, facevano fatica a portare avanti il passo. Tutt'intorno non c'era niente: solo neve, e, sui dossi lustrati dal vento, erbe secche. Non c'era nessun posto dove andare, nessun posto dove fermarsi, proprio nessun posto. Né in cielo né in terra. Nemmeno rannicchiarsi.

Non si vedeva un paese bruciare, non si sentiva gridare, non sparare, non uomini armati, non slitte, non esplosioni; nemmeno piú morti; nemmeno corvi. Niente. Dove andare, allora? Camminare, camminare e basta. Un passo dopo l'altro. Un passo dopo l'altro.

Pensò di staccare le mani dall'orlo della coperta che si teneva attorno avvinghiata, e pareva che gli si spezzassero le dita. Poi con le mani di vetro frugò in una tasca della giubba, e le dita trovarono dei chicchi di caffè tostato che si ricordava di aver preso una volta, passando accanto a una slitta rovesciata. Li raccolse nel fondo della tasca dentro il palmo della mano e se li portò in bocca dopo aver alzato con l'altra mano l'orlo del passamontagna che era diventato come legno.

Anche le mandibole fecero fatica a masticare, ma il gusto del caffè venne fuori buono e forte. Si strinse la coperta attorno al corpo e riprese a camminare. Ora il respiro gli veniva piú facile anche perché il vento era calato.

Da un dosso vide lontano su un altro dosso la linea piú scura di un bosco, ma nessun villaggio ancora: «Se arrivo fin là, – pensò, – forse riuscirò ad accendermi un fuoco». E prese deciso in quella direzione.

La batteria era stata assegnata alla retroguardia con una compagnia d'alpini; avrebbero dovuto ostacolare l'inseguimento dei russi sulla strada che proveniva da sud, mentre la testa della colonna tentava di rompere l'accerchiamento. Loro dovevano restare là fino all'alba del giorno successivo.

Per la pista erano già passati innumerevoli reparti inquadrati e no; molti avevano già buttato le armi, anzi gli ungheresi erano già tutti disarmati. Sul fondo di una balca c'era un groviglio di autocarri, slitte e materiali abbandonati, e laggiú si aggiravano gruppi di sbandati cercando chissà cosa. Si vedevano in lontananza salire nel cielo grigio alte colonne di fumo nero e giallo; e scoppi, s'udivano, lontani, ogni tanto accentuati da cupi brontolii.

Tutt'intorno la steppa fino a poche ore prima era stata come un formicaio, ma quando a ovest era cessato il combattimento la grande massa camminò in fretta per i fianchi della lunga collina. Ora sulla neve calpestata restavano sparsi dei grumi neri: oggetti abbandonati e armi, ma anche caduti per suicidio, ubriachezza, congelamento, ferite.

La batteria era piú indietro, schierata sulla pista: i quattro obici puntati verso un vuoto di cielo e di neve, gli inservienti attorno ognuno al proprio pezzo, a distanza regolamentare le casse con le bombe; piú indietro i muli in piccoli cerchi, immobili nel gelo con le orecchie basse e coperti di brina; davanti tra obice e obice le due mitragliatrici. E piú avanti ancora, gli alpini stesi nella neve a squadre aperte.

A guardare da lontano, da sopra la collina, sembrava lo schieramento per una manovra al termine delle escursioni invernali.

Scese la sera e la tormenta. Venne prima leggera, poi, sempre piú violenta, sibilava. Venne la notte. Passò la notte e venne l'alba. Qualcuno si mosse, altri no.

Vennero loro. Sul principio il silenzio dell'alba e la pausa della tormenta furono rotti dal rumore dei motori, dopo frantumato dagli spari e dalle esplosioni.

Nel grigio gelo i primi colpi di fucili e le incerte raffiche delle armi automatiche sembravano cose assurde, come erano assurdi i movimenti degli uomini nella neve; tutto era come trattenuto, rigido, legnoso. Le bocche si muovevano ma non uscivano parole.

Spararono dapprima gli alpini contro le figure vestite di bianco che stavano accovacciate sui carri armati. Qualche carro bruciava e poi esplodeva con gran fragore, ma quasi tutti proseguivano tra scoppi di bombe a mano e fucilate. Spararono gli obici a granate perforanti: i colpi scivolavano via con strani sibili, ma anche qualcuno esplodeva, e il carro s'arrestava.

Ma erano tanti. Troppi. Vennero avanti e con i cingoli e con la massa fecero il resto. E passarono via con la tormenta.

Quando anche il loro rumore venne meno, si rifece il silenzio rotto ogni tanto dal vento che alzava turbini di neve. Dopo nevicò e tornò tutto bianco.

Da sotto un cumulo uscirono due figure umane; raccolsero qualcosa frugando tra la neve e s'incamminarono per dove non si vedeva la fine.

Andarono per tutto il resto del giorno verso occidente, in linea retta, senza parlarsi, senza mai fermarsi.

Da un dosso lontano, dopo che la neve si fu un poco placata, videro un altro dosso. – Forza! – disse uno. Era la prima parola che gli usciva dalla bocca, ma con dolore fisico, come scongelandosi. – Forza, – ripeté. – Forse dietro quel dosso troveremo delle isbe –. Sembrava che mai piú potessero arrivarci. Un passo dopo l'altro, un passo dopo l'altro; un respiro dopo l'altro. Ancora.

La neve aveva fatto crosta sopra i pastrani e i passamontagna; l'elmetto stringeva la fronte, e le scarpe erano un unico blocco con piedi e calze, come fossero di pietra. Avanti ancora un passo, avanti ancora un passo.

Incominciava l'imbrunire di un'altra notte; videro sul bianco della neve un'ombra scura che andava come loro. Ma non se ne rendevano conto, e non ebbero la forza di accelerare il passo e di chiamare. Quando furono a pochi metri si fermarono. Nessuno parlava o voleva parlare per primo. – Italiani? – chiese finalmente l'ombra.

– Italiani, – risposero.

– Alpini?

– Artiglieri del secondo. E tu?

– Alpino del sesto.

Andarono insieme. Arrivarono, i tre, nel bosco di betulle. Tentarono di staccare dei rami per accendere il fuoco, ma erano troppo alti sui tronchi lisci e sopra di loro cadeva la neve dagli alberi. Si ritrovarono vicini sotto i tronchi nudi e diritti dove passava il vento; si sdraiarono e si strinsero l'uno contro l'altro.

– Ma qui non possiamo restare, – disse l'alpino. – Dobbiamo andare via.

Il silenzio e il freddo erano diventati assoluti; dai rami delle betulle si staccavano grumi di neve che, cadendo, si sfarinavano.

– Dobbiamo alzarci, – disse un artigliere. – Dobbiamo muoverci e camminare. Forza.

Ma ancora cadeva la neve e nessuno si muoveva:
– Come ti chiami?

– Angelo. E voi?

– Io Marco, lui Toni.

Oltre i rami, in alto, tra gli squarci tirati delle nubi, apparvero le stelle. Ma lontanissime, fredde. – Dobbiamo alzarci e camminare, andiamo. Forza...

All'orizzonte, dopo i tronchi diritti e bianchi delle betulle la linea della notte si stava confondendo con la neve: – Andiamo, – disse uno, – dobbiamo uscire da questo bosco. Forse, dall'altra parte c'è un villaggio.

La neve era alta e sprofondavano fino al ginocchio; proseguivano senza parlare; ogni tanto uno dei tre passava davanti per fendere la pista a turno. Uscirono dal bosco ed ebbero il vuoto, finché tutti insieme videro una piccola luce. Piccola, lontanissima, in fondo al mondo.

Vi arrivarono con meno tempo e fatica di quanto avessero vagamente supposto: era la prima isba di una fila nascosta in una lunga balca. Lí era ancora intatto: nessun incendio, nessuno sparo, vergine la neve senza tracce. Nemmeno i cani abbaiarono. Un ovattato silenzio avvolgeva tutto.

La luce della candela baluginava da una piccola finestra incrostata di ghiaccio. Girarono attorno allo steccato e trovarono la porta. Bussarono, chiamarono, o almeno credettero di chiamare. Finché la porta si aprí.

Là dentro era caldo: un dolce e profondo caldo con

odore di cavoli, patate bollite, latte. Senza parlare si avvicinarono alla stufa per sgelarsi da dosso le coperte e i passamontagna. Finalmente, quello che dei tre aveva sulla giubba i gradi di caporale, rivolgendosi al vecchio che aveva aperto chiese: – Niema partisàn? Niema ruschi soldati? – E le parole pareva gli si sgelassero dalla gola.

– Nièt, – rispose il vecchio.

– Niente mangiare? Ièst..., – e fece il gesto di portare il cibo alla bocca.

– Malo, poco poco, – disse il vecchio, rassicurante.

– Non sento piú i piedi, non li sento proprio piú, – disse con voce debole l'alpino sedendosi sulla panca.

Si tirarono giú la coperta, sfilarono il pastrano, si cavarono l'elmetto e il passamontagna e provavano la sensazione di sentirsi nudi e inermi davanti a quella vecchia e al vecchio che li guardavano in silenzio.

L'alpino sulla panca tentava di levarsi le scarpe e le calze, i due artiglieri attorno alla stufa stavano riprendendo vita; ma tutti e tre risentivano la fame e il dolore del sangue che riprendeva a circolare negli arti: era come se tanti aghi pungessero in profondità mani e piedi, e uno stecco rimestasse nello stomaco. L'alpino ora guardava in silenzio i suoi piedi nudi e bluastri posati sul pavimento di terra dell'isba e per il dolore sentiva le lacrime premere. – Se ti fanno male, – disse finalmente il caporale, – vuol dire che sono salvi. Aspetta, che ti sfrego con un poco di grasso anticongelante.

Dalla tasca a cacciatora trasse fuori una scatola di cartone bruno e fece allungare i piedi dell'alpino sulla panca. La vecchia si avvicinò e fece capire di lasciar fare a lei. Il vecchio, che fino ad allora era stato immobile a guardarli, si avvicinò al forno e l'aperse: ne trasse una olla pesante che posò sul tavolo. Mise accanto tre cucchiai di legno e disse: – Cúsciai, italiani. Mangiate.

I due artiglieri si accostarono senza sedersi, rimestarono fondo e presero a mangiare. Dopo due o tre cucchiaiate di quella zuppa bollente uno dei due si rivolse all'alpino: – Dài, forza, – disse, – arriva fin qui. È bella calda.

Tutti e tre si sedettero in silenzio attorno alla tavola; si sentiva il rumore dei cucchiai e delle bocche che sorbivano il cibo, del vento che mordeva il tetto e della neve che sbatteva sui vetri delle finestre. Dei ragazzi che dormivano sopra la stufa si mossero e parlarono nel sonno, una donna con voce sommessa e dolce li acquietò.

– Bona la suppa? – chiese il vecchio ai tre.

– Molto buona, – rispose l'artigliere. – Spasíba.

Ora che aveva ripreso forza, il caporale si alzò per ispezionare l'isba: in un angolo ardeva il lumino ad olio davanti alle icone, ai fiori di carta e alle spighe; sul palco della stufa stava accovacciata una giovane donna, e tre ragazzi dormivano tranquilli sopra pelli di pecora. Girò attorno al tavolo, sollevò la botola e guardò in cantina; aperse la porta del ripostiglio; guardò fuori attraverso i vetri sciogliendo con il fiato la tendina di ghiaccio: era tutto buio e il vento mulinava la neve.

I due vecchi e la donna stesa sopra la stufa lo seguivano in ogni movimento. Finalmente si avvicinò all'uomo e spiegandosi con qualche parola russa e tedesca, inframmettendo molto dialetto materno e aiutandosi con i gesti, fece capire che stanotte avrebbero dormito lí, che fuori c'era la tormenta ed era impossibile proseguire, che, infine, erano molto, molto stanchi e avevano sonno. Tanto sonno. Accennò ai due compagni che, posata la testa sul tavolo, si erano già addormentati. – Buono taliano, – rispose il vecchio. – Un minuto, – e andò nel ripostiglio.

Ritornò con dei sacconi di paglia, pelli di pecora e un vecchio pastrano che posò per terra vicino alla stufa: – Spat'c qua, – disse. – Dormite tranquilli, ma fate piano per non svegliare mateloti.

Fu a questo punto che il caporale si accorse che il vecchio usava parole del suo dialetto. Lo guardò stupito in silenzio e poi tornò a guardarsi attorno: la vecchia immobile sotto le icone, i suoi compagni addormentati sul tavolo, la giovane donna con i tre ragazzi sulla stufa: si rendeva conto che questo era vero. Certo, il vecchio aveva parlato russo, esclusivamente, e lui aveva capito in dialetto: forse erano la stanchezza, lo sfinimento della tormenta e il combattimento del giorno prima con i carri armati, che lo facevano fraintendere. Era proprio in una isba russa in una notte di gennaio, dopo aver camminato chissà quanto senza mangiare, dopo una battaglia dove erano rimasti tutti i compagni. Tutti tranne loro due, forse. E poi avevano incontrato l'alpino, si erano fermati nel bosco di betulle dove poco mancava che ci restassero per sempre; ed erano arrivati qui.

Si riprese e aiutò il vecchio a preparare il giaciglio. Chiamò i compagni; dovette scuoterli per le spalle e sostenerli, e subito si lasciarono andare giú borbottando qualcosa nel dormiveglia. L'alpino gridò: – Eccoli, eccoli! – ma subito si riaddormentò.

Il caporale si stese anche lui, senza levarsi le scarpe; si tirò addosso il pastrano e sotto si tenne vicino il moschetto e la bomba a mano che si ritrovò in tasca. Si sentiva al caldo, leggero, in bocca aveva ancora il sapore della kàsha; quasi gli pareva d'essere sul fieno della sua stalla, a casa, in una valle tra le montagne.

Teneva gli occhi aperti fissando la candela che allungava le ombre sulle pareti e le faceva ballare ogni volta che il vento soffiava piú forte per il camino della stufa. Il russo fumava con una corta pipetta e lo guardava in silenzio; d'un tratto gli disse sottovoce: – No vot cavarte le scarpe? Chi l'è tutt calmo... Càvete le scarpe.

Questa volta era certo, aveva inteso giusto e di scatto si alzò a sedere: – Ma voi, – disse, – sè taliàn?

Si guardarono, ma il russo stava zitto, fumando. Dopo si alzò dalla panca, da uno stipo trasse una bottiglia e porgendola al caporale gli disse: – Bevi un poco. No pensarghe, dopo dormirai meglio.

Era vodka forte che sapeva di cipolla, ma scaldava dentro. Bevette un lungo sorso anche il vecchio: – Io son nato sotto l'Austria, ai tempi di Francesco Giuseppe, nell'ottantaquattro...

Raccontava che aveva fatto il soldato in Bosnia, poi era stato congedato e aveva preso moglie; nel '14 capitò la guerra e lo richiamarono nei Kaiserjäger. Nell'offensiva del '16, in Volinia, quella del generale Brusilov, venne fatto prigioniero dai russi e portato oltre gli Urali, per le Siberie. Dopo venne anche la rivoluzione, e i bianchi e i rossi, e lui, cercando di vivere, camminava per terre che non finivano mai. Chissà fin dove. Fin dentro i deserti dove c'erano i mongoli e in quei paesi dell'Asia centrale dove ci sono i cammelli. Ma lui voleva tornare a casa, e finalmente un anno, ma che anno era?, arrivò in questo paese. Era d'autunno; era stanco, c'era tanta pace e terra da seminare, e quasi nessun uomo per lavorarla. Si fermò.

Ai paesani disse che era un soldato russo fatto prigioniero dagli austriaci, nel '15 in Galizia, che aveva lavorato sulle montagne Dolomiti con gli altri prigionieri a costruire una ferrovia dietro le linee, e che, finita la guerra, era ritornato a casa. Ma non aveva trovato piú nessuno e cosí era venuto in questo villaggio dove, aveva sentito, c'era tanto da lavorare. Si fermò tutto l'inverno; forse era nel '27. In primavera non ripartí piú.

Il caporale ascoltava quel parlare sommesso ma sentiva che la vodka ora gli saliva alla testa. Desiderava distendersi e dormire. «Svegliarsi in primavera, – pensava, – che bello!» Poi chiese al vecchio: – Ma in che paese siete nato sotto l'Austria?

– Nel Trentino. Sono delle Giudicarie.

– In che paese delle valli Giudicarie?

Il russo lo pronunciò alla vecchia maniera e il caporale al sentire il nome del suo paese fu come se una scossa elettrica lo avesse percorso. Quasi a fatica si alzò dal giaciglio, si sedette sulla panca, con una mano tirò accanto il vecchio che gli stava davanti in piedi: – Disème, disème...

La vecchia sedeva sotto le icone, immobile, come assorta; la giovane donna si era stesa accanto ai ragazzi, e i due soldati dormivano. Nel sonno l'alpino si lagnava e muoveva le gambe come se stesse arrancando nella neve. – Disème, – ripeté il caporale, – anca mi son nat là.

Il vecchio gli stava seduto accanto, lentamente ricaricava la pipa con torsoli di tabacco tagliati sottili; forse non voleva parlare, forse aveva già detto troppo a questo soldato dell'esercito italiano, che in una sera di bufera gli era capitato in casa. Erano fatti lontanissimi, ormai; non solo trent'anni erano passati, ma trecento potevano essere.

I ricordi che credeva sepolti per sempre si rifacevano vivi, immediati, precisi; gli era bastato sentire pronunciare il nome di un paese e parole in un dialetto nel quale nemmeno piú pensava. Da quella primavera del 1928, da quando aveva deciso di essere un soldato russo reduce dalla prigionia nel Trentino.

Come sarà ora laggiú? Ricordava precisi i profili dei monti contro il cielo, con i prati, i boschi, i pascoli e le rocce, e dentro, in fondo alla valle, il lago con sopra i nevai dove era andato a camosci da ragazzo, con suo padre. Anche gli orsi, c'erano, e suo padre ne ammazzò uno che era venuto giú a devastargli il campo di orzo e a saccheggiare le arnie. Era stato quattro o cinque notti ad aspettarlo. Lui forse era allora sui nove anni, e tutte quelle notti aveva lottato contro il sonno dentro il letto perché aspettava di sentire lo sparo e il rugliare dell'orso colpito. Ricordava i compagni di gioco e di scuola: l'aula con i banchi, come erano disposti nelle tre file, il forno di cotto, l'inchiostro che gelava dentro i calamai, la carta geografica dell'impero, il ritratto di Francesco Giuseppe, e il maestro con la bacchetta e il cipiglio fiero che insegnava le aste miste, poi le vocali, le consonanti, la dottrina cristiana, l'aritmetica: – L'è ancora vivo il maestro Andrea? – chiese d'un tratto.

– È vivo, – rispose il caporale. – È stato anche il mio maestro. Era severo ma bravo.

– E don Bortolo?

– No, don Bortolo è morto quando è scoppiata la guerra. Al suo funerale è venuta tutta la valle.

Don Bortolo, il maestro Andrea, il paese. Il vecchio lasciava spegnere la pipa tra le mani e i suoi occhi fissavano i vetri della finestra di fronte dove sbatteva la neve. Il vento si era fatto piú impetuoso e pareva volesse strappare il tetto dell'isba. Lui voleva chiedere ancora, chiedere della donna che aveva lasciato laggiú, dei parenti. Ma che diritto aveva?

Il caporale stava zitto, anche lui immerso nei ricordi; ma anche, a momenti, voleva sapere di piú di questo vecchio compaesano trovato in un angolo del mondo e come lui portato qua dalle guerre. – Ma voi, chi siete? – gli chiese.

Non gli rispose, forse non voleva farlo sapere. Il vecchio si alzò, prese dal forno una bracia e riaccese la pipa, riattizzò il fuoco e tornò a sedersi sulla panca dicendo: – Conosci il Matteo dei Baross?

– Il Matteo? Quello che fa il carraio su alla Riva? Ma quello è il mio santolo!

– E la Betta del Maso, la conosci?

– La Betta del Maso, el santolo Mattio. La Betta l'è sua mama, la mama là del Toni, quello che dorme tacà al forno.

Il vecchio prese la bottiglia e bevette un sorso; sospirò profondo, la passò al caporale e anche lui bevette come trasognato. – Senti, toi, ascoltami: chi sei?

– Marco dei Longhi. La me mama l'è la Margherita del Maso. Me pare l'era el Piero che è morto nella guerra del quattordici, quando sono nato.

Il vecchio si alzò, camminò verso la porta, l'aprí a guardare fuori la tormenta e subito rinchiuse contro il vento che spingeva forte. Andò alla finestra; poi guardò la vecchia rincantucciata sotto le icone, la donna e i ragazzi sulla stufa, e ritornò davanti a Marco dei Longhi, fissandolo. Tremava nelle mani e gli tremava la barba rossiccia: – Tua madre, – disse rauco, – tua madre ti ha partorito quando ero al fronte, me lo scrisse nel marzo del sedici. Ricordo. Sei nato il due marzo del sedici. Ero in Volinia. Mi, Marco, son to pare.

Quando finí di dire questo si sedette sulla panca di fronte, sotto la finestra, con la testa tra le mani, e non trovava piú niente da dire.

Marco lo guardava e sentiva la tormenta che voleva strappare il tetto e il vento urlare nel camino. Sua madre aveva lavorato come una bestia per tirarli su: a opera nei prati, in bosco, a servizio in casa dei signori a Trento. Dopo, attraverso il governo italiano, era riuscita ad avere la pensione da Vienna. E lui, suo padre, era stato dato per disperso prima, e dopo per morto. Eccolo invece qui, in quest'isba della Russia.

La vecchia si mosse dal suo angolo e disse qualcosa; il vecchio le rispose sottovoce e anche lei andò a sdraiarsi sul palco sopra la stufa. Marco non si muoveva dalla panca e ora fissava i compagni che dormivano. Il vecchio si era alzato in piedi e voltandogli le spalle guardava dalla finestra fuori nel buio, dove ululava la tormenta.

Dopo, venne a sedersi sulla panca vicino a Marco e senza guardarlo gli chiese: — E tua madre? e Ida? e Vigilio?

— Stanno bene. Vigilio è guardia forestale. Ida è sposata. Anche Vigilio. E mia madre, povera vecchia, è lí che mi aspetta.

— Vedi, vedi. Non potevo fare in altra maniera. Ero stanco di camminare. Erano anni che camminavo e tutti i miei compagni erano morti. Ne avevo visto troppe. Qui c'era finalmente pace, e c'era da lavorare. Dopo mi sono accompagnato con quella donna e ho avuto tre figli.

Marco non parlava, ascoltava immobile le parole e

il vento sul tetto. Lentamente aveva alzato il braccio e posandolo sulla spalla del vecchio aveva stretto forte. Al vecchio venne un brivido e si scosse.

– Uno è nell'Armata Rossa, – riprese, – e aspettiamo che un giorno o l'altro passi da qui. Quella donna che è sopra la stufa è sua moglie che è venuta qui a rifugiarsi con i miei nipotini. La figlia ci è stata portata via dai tedeschi un giorno che era andata al mercato e non sappiamo piú niente; il ragazzo è con i partigiani e sono tre mesi che non lo vedo... Che destino! Maledette guerre!

Il vecchio prese da terra la bottiglia e bevette ancora un sorso: – La guerra, la maledetta guerra della razza cainà, – riprese. – Ma domattina attaccherò la slitta e ti porterò fuori. So dove sono i soldati nostri e dove è passata la colonna degli italiani in ritirata. Ti porterò fuori in un paio di giorni. A Charkov; e dopo ritornerò qui. Non posso abbandonarli. E tu non dire niente a loro, – continuò accennando ai due che dormivano, – non far capire niente. Parlerò solamente russo.

Marco dei Longhi faceva di sí con la testa, e con la mano stringeva la spalla del vecchio.

– Almeno tu, Marco, – gli diceva sottovoce, – arriverai a casa da tua madre e nella nostra valle. Ma non dire niente neanche a loro. Non dire in paese che mi hai visto. Capisci? Non dirlo mai. È meglio per tutti. Il mio posto è qui ora. Capisci? – accennò con il capo dove dormivano i ragazzi e le donne. – Resterebbero soli. Ma tu ci arriverai a casa. Ti farò io arrivare. Che destino!

La vecchia si mosse, tossí e disse qualcosa brontolando. Forse voleva sapere perché parlava in quella maniera con il soldato straniero, forse gli diceva di andare a dormire e di smetterla perché era tardi. Il vento continuava a mulinare la neve e a sbatterla contro le finestre dell'isba e sembrava che fuori il mondo non ci fosse piú.

– Vai a riposare, – disse il vecchio, – cerca di dormire un poco perché sei molto stanco e non sappiamo quello che ci aspetterà domani. Ti sveglierò io. Salirete sulla slitta e vi coprirò con il fieno. Parlerò solamente russo. Addio, Marco.

Il vecchio si liberò dolcemente dalla mano che gli stringeva la spalla, si alzò in piedi e fissandolo in viso seppe che certamente aveva capito. No, perdonare no; non c'era niente da perdonare. Solo capire.

Il caporale d'artiglieria alpina si alzò dalla panca e andò a sdraiarsi accanto ai due compagni. Sul palco della stufa sentí frignare un bambino e ancora la voce della donna che dolcemente gli parlava. Il vento sul tetto strappava i fili di paglia portandoli nella steppa, lontano, forse fin dove dormivano per sempre i suoi amici di batteria sepolti dalla neve, come dentro una nebbia. Quasi desiderava di essere anche lui con loro. Il vento ululava e mordeva rabbioso come un lupo affamato contro le ʋareti dell'isba. Il vecchio, dopo aver spento la candela, stava a fumare sulla panca, assorto.

Prima di giorno il vento calò e ora il silenzio sembrava coprire il villaggio sperduto nella balca. Il vecchio batté la pipa contro il palmo della mano per far cadere la cenere, si alzò in piedi, trasse un profondo sospiro e girò attorno lo sguardo sui dormienti: dal palco sopra la stufa al pavimento; quindi si avvicinò alla porta che piano piano aprí.

Il mulino del cielo s'era messo a macinare neve, e veniva giú fitta, leggera, calma come piume dondolanti nella luce crepuscolare. Allungò le mani per sentire i fiocchi sciogliersi sui palmi aperti. Prese dal ripostiglio una bracciata di sterpi e di legna e ritornò dentro a ravvivare il fuoco nel forno. Chiamò sottovoce la vecchia e le disse di pelare le patate e d'impastare un po' di farina per fare le focaccette: forse sarebbe stato via un paio di giorni con quei soldati italiani. Camminando leggero uscí ancora dall'isba per ritornare poco dopo con mezzo secchio di latte che mise a bollire nella olla mescolandolo con il miglio pilato.

La luce del giorno entrava per le piccole finestre come fosse filtrata dalla neve, o, meglio, come fosse la stessa neve a farla, la luce: era dolce e non fredda e ostica. Il lumino davanti alle icone non si notava piú, sembrava spento; vivi, invece, erano i fiori di carta e le spighe secche di grano. La giovane donna era scesa in silenzio da sopra la stufa, e nell'angolo dove c'era il catino si rinfrescava il viso. La vecchia rimestava dentro la olla per non far traboccare il bollore.

Il vecchio si avvicinò a Marco, si chinò a guardarlo in viso e quindi lo scosse senza parlare. Svegliò anche gli altri due. L'alpino brancicò con le mani come volesse afferrare qualcosa, poi si sfregò gli occhi e dopo essersi guardato attorno disse: – Madúna, mé che durmída!

L'artigliere si mise seduto per legarsi le scarpe; il caporale, invece, con gli occhi aperti fissava il soffitto senza muoversi: «Se mi fermassi qui», pensava. Ma poi anche lui si mise seduto sul giaciglio e infilandosi le scarpe disse: – Ieri sera, mentre voi dormivate della grossa, mi sono messo d'accordo con il vecchio. Attaccherà una slitta, ci nasconderà sotto il fieno e forse ci porterà fuori dalla sacca.

Mangiarono la zuppa di latte e miglio tutti insieme: loro, i ragazzi, la donna, i due vecchi. La vecchia aveva preparato sul tavolo tre ciotole di legno per gli stranieri, ma tutti attingevano nella olla. I ragazzi ogni tanto alzavano la testa per guardare i tre soldati e sottovoce chiedevano spiegazioni alla madre.

– Avete visto come nevica? – disse l'alpino. – Con questo tempo potremo farcela meglio.

Il vecchio ritornò fuori e fece cenno ai tre di aspettarlo al caldo. La vecchia, intanto, impastava le pagnottine di patate e farina, e prima di introdurle nel forno metteva dentro a ognuna un cucchiaio di latte cagliato.

L'alpino, che non si era ancora infilati gli scarponi, si levò le calze e si mise a sfregarsi i piedi con il grasso: – Non mi fanno piú male, – diceva, – ieri credevo proprio di perderli. Ma che bene che si sta qui!

L'artigliere cercava di discorrere con i ragazzi e la donna; il caporale aveva riposto la sua roba nella borsa tattica e ora guardava attraverso i vetri arabescati di ghiaccio.

Si sentirono i pattini scivolare sulla neve, poi lo sbuffo del cavallo e la voce del vecchio che lo fermava. La porta si spalancò, e, con l'aria che subito si condensò bianca al contatto del calore interno, entrò anche lui: – Davài, italianschi, – disse. – Bístro!

La vecchia trasse dal forno le pagnottine e subito

un buon odore si diffuse per tutta l'isba; le ripose ancora bollenti in una pignatta.

L'alpino si affrettò ad allacciarsi le scarpe; si misero i pastrani, le giberne, presero le armi che avevano deposto in un angolo. – Dasvidània, bàbusca, – disse l'alpino, – spasíba. Ciao màlenchi, ciao sposa.

Il caporale salutò i ragazzi chiedendo il nome. Uno si chiamava come lui. Salutò la donna, la vecchia: – Spasíba, – diceva. – Balscіòj spasíba.

– Nente putei? Il vecchio ha fretta, – diceva dalla porta l'artigliere. – Saluti a tutti e grazie.

– Bístro, – diceva il vecchio. – Davài, italianschi!

La neve aveva già imbiancato il fieno e la groppa del cavallino peloso. Il vecchio prese le redini e quando diede uno strappo la slitta scivolò via silenziosa. I ragazzi e la donna stettero sulla porta finché ben presto videro solamente la neve che cadeva dolcissima e calma. La vecchia guardava dalla finestra, poi si avvicinò all'angolo delle icone e si segnò tre volte borbottando qualcosa.

Tre patate lesse

Il nostro era diventato un andare che era indipendente dalla volontà e anche dalla resistenza fisica: era un'inerzia della carica avuta prima sul Don nei giorni dell'attesa degli attacchi, e dopo, nei primi giorni della sacca quando la volontà di sfondare l'accerchiamento e di arrivare a casa erano forze superiori a ogni altra. Inconsciamente superiori al freddo, alla fame, al pericolo. Una pallottola o una scarica di katiuscia o i cingoli di un carro armato potevano essere incidenti che fermavano la forza e nient'altro. Cosí, se morivi, era con quella volontà dentro, e non te ne importava niente.

Questo, almeno, era per me, e per i miei compagni che avevano scelto e fatto gruppo cosí. Non per quelli, ed erano tanti, che avevano abbandonato le armi e si erano rassegnati, o sbandati, o lasciati andare nella neve perché gli eventi li schiacciavano. Questi, certamente, la tragedia la sentivano e la vivevano in maniera mille volte piú amara e penosa di noi perché, spettatori, la vedevano e vi erano dentro coscientemente. Noi no; noi eravamo attori che non capivano perché troppo presi dalla parte. La nostra parte era vivere per arrivare a casa.

Ma dopo Nikolajevka le cose cambiarono. Per me incominciarono a cambiare proprio quello stesso giorno quando, rimasti senza piú una cartuccia per la pesante, giú in paese, e accerchiati dai russi che si erano infiltrati tra noi e il grosso della colonna a sua volta insaccato, dissi ad Antonelli di smontare l'otturatore della Breda 37 e di disperderne i pezzi nella neve.

Da quel momento, usciti da dietro lo steccato gridando e gettando bombe a mano, ci disperdemmo come un branco di uccelli alle fucilate del cacciatore. Ma mentre gli uccelli all'imbrunire del giorno si chiamano e si raggruppano, io, quella sera, nel caos dopo la battaglia, ritrovai un solo compagno, e, all'aperto, attorno a un fuoco gramo mi bruciacchiai le scarpe ai piedi quasi facendo la fine di Pinocchio.

Era notte quando ripresi a camminare dopo l'ultima battaglia. Solo. Per la prima volta ero solo. E quando nei giorni che vennero e fino a quando incontrai il cartello che indicava le due isbe dove si andava radunando quello che era rimasto del nostro battaglione, fino allora, dico, quando incontravo un viso noto o sentivo una voce, erano visi e voci di vivi mentre a me stesso io ero morto e cercavo disperatamente gli amici morti. Come avrei potuto, altrimenti, ripassare le Alpi?

Da sotto il tavolo di una di quelle isbe, come un cane ammalato, guardavo i piedi dei pochi compagni ritrovati. Con gli occhi da cane li guardavo andare e venire sulla terra battuta del pavimento dell'isba e un giorno che venne un po' di sole uscii da lí sotto perché Miliô Tuorn mi chiamò per nome e non per cognome e grado: mi portava l'acqua calda per lavare la piaga del piede puzzolente e per radermi la barba.

Il maggiore Bracchi mandò il tenente Zanotelli a prendere il comando della 55 che ora aveva la forza di un plotone; nessun vecchio ufficiale era rimasto per radunare i sopravvissuti, e dei graduati erano rimasti solo Antonelli, Artico e Tardivel; dei sottufficiali restavano Dotti dei conducenti, che a Nikolajevka aveva perduto il fratello che era al Val Chiese, e io del plotone mitraglieri, poiché anche il sergente furiere Filippini era stato congelato e in qualche maniera fatto proseguire per l'ospedale di Charkov.

Restammo per qualche giorno in quel villaggio ad aspettare chi non sarebbe mai potuto arrivare, e una mattina che era grigio e freddo e nevicava con vento, partimmo anche da queste ultime isbe. Era, dicono, il 3 febbraio del 1943.

Nessuno di noi aveva lo zaino, a qualcuno era rimasta una coperta che portava di traverso le spalle, a qualche altro la gavetta infilata nella cinghia delle giberne. Non tutti eravamo armati. Ancora non si era lasciato il paese, che sulla neve vedemmo un fante che si trascinava sui gomiti e sulle ginocchia, gridava verso di noi con un forte accento meridionale e implorava aiuto. Ma noi si camminava in silenzio dall'altro lato dell'ampia strada, lungo gli steccati degli orti. Passavano anche delle slitte e dei camion e uno di questi finalmente si fermò.

Si marciava da giorni a piccoli scaglioni per strade secondarie e si andava da villaggio a villaggio senza misura di tempo o di distanza. Un giorno ci ospitarono in una casa bella e ampia: aveva il tetto in lamiera zincata e una scala di pietra, e dentro c'erano un tinello, delle poltrone, un pianoforte, piante verdi e noi si stava confusi e timidi davanti alla loro gentilezza.

Qualche rara volta si incontravano delle sussistenze tedesche dove potevamo prelevare dei viveri; ma erano sempre pochi e tanto insufficienti alla nostra fame. Per questa ragione eravamo costretti a prendere quello che era possibile nelle isbe dei contadini, ma il piú delle volte ci davano loro senza che si chiedesse, ed erano patate, cavoli e cetrioli in salamoia, pane di semi di girasole. Un uovo era gran fortuna! Ma si aveva l'impressione che nessun comando si curasse ora di noi che avevamo il torto di essere ancora vivi.

Ci avevano detto che dovevamo seguire i cartelli che indicavano Akhtirka, ma dopo Akhtirka di proseguire per Sumy, e Romny, e Priluki, e Kiev... In quel mese di febbraio camminammo per tutti i villaggi dell'Ucraina. In uno di questi posti ci diedero una cartolina in franchigia da scrivere a casa. Io misi solo la data e la firma, ma il problema fu trovare una matita per scriverla.

Ogni tanto, nelle piste che si avvicinavano alle città, incrociavamo reparti tedeschi che venivano dalla Francia per andare a fronteggiare l'avanzata dei russi; si vedeva che per loro noi eravamo niente, o, peggio, uomini sconfitti e d'ostacolo, e dall'alto dei mezzi corazzati ci guardavano con aria a volte ironica a volte sprezzante, ma sempre con alterigia e mai con pietà. Ai loro occhi eravamo «italienische Zigeuner». Zingari. Sulle scie dei cingoli lasciavano bottiglie vuote di spumante.

In un villaggio, un altro giorno, vennero due camion a caricarci. A noi non pareva vero salirci sopra e fare in fretta i chilometri; ma dopo qualche ora di strada, in piena notte e steppa, il camion sul quale ero salito con i resti del mio e del primo plotone fucilieri, si fermò per un maledetto guasto. L'autista aveva paura dei partigiani, faceva un freddo cane, soffiava un vento gelido e non c'era possibilità di accendere un fuoco. Non fu possibile trovare il guasto e le mani, a frugare nel motore, gli si congelavano. Allora mandai due pattuglie a esplorare i lati della pista e una ritornò dicendo che a un paio di chilometri c'era un kòlcos abbandonato e deserto.

Vi arrivammo quasi assiderati, accendemmo un gran fuoco e il resto della notte lo passammo attorno a quel fuoco mangiando semi di girasole. Lí ce n'era un magazzino!

Al mattino ritornammo al camion dove, dopo qualche ora, arrivò l'altro a rimorchiarci. Gli autisti avevano sempre paura dei partigiani.

Le ore e i giorni passavano sempre e ancora camminando, e sembrava che non ci fosse mai fine. Una qualsiasi fine. Anche la neve non finiva mai. Pareva che tutto il mondo fosse di neve da calpestare, e, una volta finita la neve, che si dovesse camminare nel cielo da una stella all'altra come su lastre di ghiaccio nel buio spazio. Per lunghissime giornate grigie camminavo in coda alla nostra piccola colonna, e Dotti, il sergente maggiore dei conducenti, mi era compagno. In testa c'era il tenente Zanotelli. Compito mio e di Dotti era quello di rincuorare o aiutare come possibile gli ultimi che piú faticavano a tenere il passo. I feriti e i congelati erano stati in qualche modo fatti ricoverare e forse erano già arrivati in Italia con i treni ospedale; ma tra di noi vi erano ancora molti ammalati o con principî di congelamento, o con ferite ancora non bene guarite, e poi la maggior parte eravamo consumati dalle tribolazioni.

Non ricordo per quale motivo, un pomeriggio, persi anch'io contatto con il mio scaglione in marcia.

Forse era a causa della dissenteria che da tempo mi tormentava, o per la piaga che avevo al piede e che non voleva guarire.

Quella sera mi trovai solo in un lungo villaggio. Nevicava. Camminavo rasente agli steccati degli orti e il fucile ad armacollo mi teneva stretta la coperta, come uno scialle. Mi appoggiavo al bastone a ogni passo e la neve fresca frusciava sotto le scarpe. Arrivato al centro, dove c'è l'ampia piazza e la solita chiesa con le cupole a cipolla, sento con sorpresa suoni di fisarmoniche e chiasso allegro provenire da una casa con tutte le finestre illuminate. Mi avvicino per guardare attraverso i vetri e vedo lí dentro dei soldati tedeschi che fanno carnevale con delle ragazze ucraine. Tra la neve che continua a cadere rimango indeciso se entrare o no per chiedere un angolo con un po' di caldo, ma un vecchio alto e magro, avvolto in una pelliccia di pecora, mi si accosta e: – Nièt! – mi dice. – Non entrare là dentro. Nimeski, – dice, – nema carasciò, – e prendendomi per la coperta mi tira via verso il centro della piazza, lontano dai riquadri di quelle finestre.

– Vai verso quella strada, – mi spiega, – cammina fino in fondo, fino all'ultima isba del villaggio e chiama Magda. Dille che ti manda Piotr Ivanovic. Stanotte qui verranno i partigiani...

Gli dico grazie e lentamente riprendo a camminare. È buio, appena si intravedono le ombre delle isbe tra la neve che cade fitta e leggera. Ma dove busso e dico quello che mi ha detto il vecchio una porta si apre come fossi aspettato.

La penombra dell'ingresso è appena sfumata da un lume ad olio che la donna regge in alto. Con un cenno mi invita ad entrare, ad andare avanti. E poi dice parole con voce tranquilla e pietosa, mi aiuta a levarmi il fucile, la coperta incrostata di neve che scuote vigorosamente e stende sopra il forno.

Sento il caldo prendermi con dolcezza e un grande sfinimento uscire dal corpo per invadere le membra. Mi siederei qui sul pavimento di terra battuta, con la schiena appoggiata alla parete del forno, ad aspettare che la primavera sciolga il gelo. In questo odore di cavoli, di rape bollite, di farina; in questo vapore umido e caldo, in questo quasi buio dove solo un piccolo stoppino brucia nell'olio di girasole; in questo silenzio profondo che la neve sul tetto isola qui dentro. Qui sotto. Aspettare un'allodola e un cielo verde e rosa come si vede dalle montagne verso il mare quando finisce l'inverno.

Sto seduto con la schiena appoggiata al forno e il caldo mi scioglie come la neve sulla coperta. La vecchia mi parla come fossi un bambino di pochi mesi. Parlando mi leva le scarpe e mi medica la piaga, poi mi fa alzare prendendomi sotto le ascelle e mi fa stendere su un giaciglio dove sono preparate pelli di pecora, e parla. Parla dolcissimamente dicendo cose che non riesco a capire. Dopo, apre il forno, leva da lí dentro un pignatto di terracotta e su un piatto di ferro smaltato mi porge quattro patate lesse e una presa di sale: – Cúsciai, cúsciai, – ripete come a un bambino viziato.

Mangio con gran fame e allora lei ritorna ad aprire il forno e ancora mi posa sul piatto delle pagnottine di farina, morbide, calde e ripiene di latte cagliato: – Cúsciai, cúsciai, – ripete. Dopo dice di sdraiarmi e dormire; lei prende un saccone di cartocci e si corica per terra vicino alla porta.

Il lumino guizza ombre fantastiche contro le pareti

dell'isba. Anche da bambino, quando dormivo nel grande letto di mia madre, il lumino ad olio ardeva sul comodino davanti a un luccicante presepio di cartone e nella stufa di cotto sentivo scoppiettare la legna d'abete. Le pareti della camera brillavano come fossero state ricoperte di diamanti e di fili d'argento, ed era invece per la calaverna. Fuori, sulla strada che scendeva in piazza, sentivo le compagnie che cantavano il Natale, ma le ombre del lume e quelle del fuoco che danzavano sui muri mi facevano paura, e con la testa andavo sotto le coperte. E chiudevo gli occhi.

Un uomo con un lungo cappotto è in piedi accanto al mio giaciglio, vedo gli stivali di feltro e la canna di un mitra rivolta verso il pavimento. Parla sottovoce con la vecchia che sta affaccendandosi attorno al fuoco. Alzando la testa incontro i suoi occhi che brillano nella penombra. Ci guardiamo in silenzio; dopo, lui, con la mano libera, quella che non impugna il parabellum, mi fa cenno di stare disteso. Ma non è una imposizione, è come un gesto d'amicizia.

Va a sedersi su uno sgabello vicino al forno e la donna, parlando sempre sottovoce, e ogni tanto guardando dalla mia parte, gli porge sul piatto di ferro smaltato patate lessate e focaccine con latte cagliato. Lui vorrebbe far mangiare anche la vecchia, ma lei scuote il capo e dice: – Nièt, nièt, – con dolcezza.

Parlano a lungo, e per me è una sorpresa perché scopro come fosse la prima volta che si può parlare a lungo, discorrere. Parlare e non gridare; dire parole e non ordini, imprecazioni, bestemmie, monosillabi.

Quando l'uomo si alza in piedi e si rimette in testa il berrettone di pelo e riprende in mano il parabellum, la donna lo segna di croce alla maniera russa e lui scopre i denti bianchi in un sorriso indulgente. Verso di me fa un cenno di saluto, dà uno sguardo di controllo all'arma e si avvia. La vecchia lo accompagna sino fuori dalla porta.

– È mio figlio, – dice quando rientra dopo un poco. – Dormi.

Dopo avermi svegliato mi rifascio il piede; lei mi fa bere un infuso di erbe aromatiche, mi mette nella tasca tre patate bollite e calde e sempre mi parla come fossi un bambino. Mi lego con pezzi di corda le scarpe sfasciate e mi avvolgo nella coperta calda e asciutta; mi metto il fucile a tracolla per tenere aderente la coperta; la donna mi segna con la croce, mi accompagna alla porta e apre.

È notte profonda, ma non nevica piú, ora. Le stelle brillano tutte nuove e innumerevoli: guardo l'Orsa, le Pleiadi, Orione. Delineo l'orientamento verso casa. La vecchia mi vuole accompagnare nella neve fresca e senza tracce fino a una pista segnata da pali con un ciuffo di paglia legato su ognuno. La pista si perde dove la Via Lattea si congiunge con l'orizzonte e ogni cristallo di neve è come una piccola stella.

– I tuoi compagni, – mi dice, – sono passati da qui ieri sera. Se cammini li raggiungerai prima di giorno. Cammina presto, vai. E quando sarai a casa tua ricordati della vecchia Magda.

Sentivo in tasca il calore delle tre patate. Dopo, quando incominciò l'alba, nel paese che lasciavo alle spalle ci fu una fitta e breve sparatoria.

La segheria abbandonata

Erano capitati nell'estate del '42, alla spicciolata. Venivano su dalla pianura con il trenino a cremagliera e li accompagnava, credendo di non farsi notare, un poliziotto in borghese. Alla stazione li aspettava il sussiego del brigadiere dei carabinieri, ma anche l'allegro chiasso dei ragazzi che ogni sera andavano a vedere l'arrivo e la partenza della vaporiera. Appena erano scesi quei pochi passeggeri e salite quelle due o tre coppie che venivano al cinema, il capostazione dava il segnale di partenza mentre il macchinista e il suo aiutante si sporgevano tutti neri a salutare; poi uno di questi due tirava a strappi la manetta del fischio per fare uscire dal buffet il capotreno che stava bevendo il penultimo bicchiere del viaggio. Usciva tutto rosso in volto e di corsa s'afferrava per saltare sull'ultimo vagone, quindi si asciugava il sudore e anche lui salutava tutti agitando il berretto gallonato da colonnello. E il treno, dopo uno strappo vigoroso, riprendeva la sua corsa per i prati dell'Altipiano come un cavallo che sente avvicinarsi la stalla dopo una giornata di lavoro. I suoi fischi erano come il nitrito.

Loro restavano nel silenzio sul selciato sotto la tettoia. Soli, ora che anche i ragazzi se n'erano andati ad altri giochi. Il brigadiere li contava e ai loro piedi erano fagotti, valigie e borse; il poliziotto, che gli aveva consegnato la nota d'accompagnamento con i nomi, si era ritirato nella stanza d'aspetto, da dove, con le mani nelle tasche dell'impermeabile nero, osservava.

Di solito venivano accompagnati in municipio, qualche volta in caserma; ma prima, nel passare per la via lungo il paese dove la massicciata affiorava tra la ghiaia minuta, raccoglievano i saluti della gente che li guardava sfilare da dietro le finestre o dalle porte di casa.

Il segretario del fascio li accoglieva in divisa d'orbace sotto il Cristo in croce che ai lati aveva i due in gran montura da marescialli dell'impero con gli scaldini in testa. Lui si era fatto scartare per non andar soldato, ma mobilitare come capo dei pompieri e dei servizi Unpa per avere un giorno diritto al nastrino; ogni mezzogiorno nel bar-osteria davanti al municipio inghiottiva due pillole rosa per far sapere ai paesani che era veramente ammalato.

Quando gli ultimi arrivati gli comparivano davanti si alzava in piedi, gonfiava il petto, poggiava i pugni sulla scrivania, dava uno sguardo al ritratto ariano della sua famiglia – tanti e tutti in divisa – e pressappoco diceva: – Voi sapete perché siete qui e mi sembra inutile ricordarvi che siete ebrei. Dunque: non avete diritto alla tessera annonaria, non dovete entrare in rapporti con la popolazione residente né tanto meno con gli sfollati, non dovete allontanarvi oltre un chilometro dal centro del paese e, a parte i controlli fissi che stabilirà il brigadiere qui presente, dovete essere reperibili a qualsiasi ora del giorno e della notte... E ringraziate che siamo tolleranti, perché non in questo paese di montagna ma in prigione dovrebbero tenervi. Via ora! – Faceva con le mani un gesto di repulsione e, mentre ancora stavano uscendo, ostentatamente apriva la finestra.

Dove li avevano concentrati era una vecchia segheria in disuso da parecchi anni, e lí dentro i cinquanta
e piú ebrei si erano arrangiati alla bell'e meglio in
gruppi per affinità familiari o di lingua. Venivano da
vari paesi: dalla Polonia alla Cecoslovacchia, dalla
Germania all'Austria, dai Baltici ai Balcani insomma.
Ma l'ultimo viaggio per arrivare fin quassú l'avevano
fatto dalla Croazia dove tra il 1938 e il 1941 si erano
rifugiati per scampare ai nazi. In Croazia, invece, arrivarono gli italiani e la decretarono regno di un Sa-
voia.

Quell'estate del 1942 andava finendo in un'esplosione di battaglie, ma sui prati delle mie montagne il
fieno agostano diventava essenza della terra. Senten-
done l'odore acuto, alla sera prima del tramonto gli
ebrei uscivano dalla seghería abbandonata, si avvicinavano ai contadini e alle donne sui prati a chiedere
un attrezzo, forca o rastrello che fosse, per aiutare ad
ammucchiarlo perché non prendesse la rugiada not-
turna. Quelli che erano scesi dal Nord: i Weiss, i Lederer, i Mennstain, i Günter, i Wald parlavano poco
ed erano cupi; ma i Kiriako, i Moreno, gli Slavko, i
Koen, che venivano tutti dal Sud dell'Europa, erano
allegri e scherzosi. I fratelli Moreno facevano ridere
le donne e i bambini con capriole e balzi sui mucchi
di fieno.

Un poco alla volta, eludendo il brigadiere e igno-
rando il segretario del fascio, entrarono in confidenza
con le famiglie che abitavano alla periferia del paese
o in case isolate nei campi; aiutavano a segare la legna per l'inverno, a raccogliere le patate, a custodire
il bestiame al pascolo quando i ragazzi ripresero le
scuole. In cambio di questi servizi avevano patate e
latte; ma anche Gino, il fornaio del paese che suona-

va il violino nella soffitta e nelle feste da ballo, e che dopo fu uno dei primi a farsi partigiano e per venti mesi fece ammattire tedeschi e fascisti per burlesche imprese, riusciva in qualche modo a far arrivare loro del buonissimo pane per aiutarli a tirare la vita.

La provvigione di legna che stavano facendo i paesani fece ricordare ai confinati che pure essi dovevano affrontare l'inverno e che ben poco avevano da potersi riparare dal freddo; i vecchi, poi, osservando certi segni, dicevano che sarebbe stato un inverno duro e lungo, con tanta neve. Per queste supposizioni in un giorno di quel tardo autunno una delegazione si presentò al podestà per far presente la situazione e per chiedere di poter pure loro usufruire della legna dei boschi comunali; e il podestà, che si sentiva responsabile di tutti gli abitanti delle sette frazioni, compresi sfollati ed ebrei internati, fece venire nel suo ufficio il brigadiere, il segretario comunale, il capoguardaboschi. Dopo aver tenuto consiglio, assegnarono agli ebrei un bosco da spigolare, ma a patto che fossero sempre accompagnati da un carabiniere o da un guardaboschi. Mai bosco fu cosí pulito da ceppi, rami secchi e persino strobili.

Il terreno era già gelato fino al cuore e nel mattino la brina luccicava come neve di gennaio, anche i segugi del Fin avevano finito di parare la lepre dentro per la valle; a sera i camini fumavano nel cielo violetto, e nelle case la gente aspettava il Natale e il postino con le cartoline in franchigia dei ragazzi che erano per le Russie.

In un pomeriggio inoltrato si fermò davanti alla canonica una limousine nera con la targa del Vaticano, solamente due persone la notarono. Un autista in divisa scese ad aprire la porta della vettura e un uomo lungo, vestito di nero con una valigetta in mano, occhiali e borsalino, s'affrettò verso la casa del parroco. L'uscio si aprí prima che lui arrivasse a toccarlo e si rinchiuse appena passò. Dopo neanche una mezz'ora il parroco uscí di fretta dimenticandosi persino di scappellarsi davanti alla sua chiesa, e arrivò guardingo fino al comando dei carabinieri; quando sgattaiolò da lí era quasi notte ma ancora una sosta la fece nella casa del segretario del fascio. Finalmente le strade erano deserte perché la gente era a cena, ma appena fuori dalle case il parroco si sollevò la tonaca e prese a correre verso la segheria. Ritornò subito fuori seguito da quei due che mai avevano aiutato nei lavori i paesani: erano una coppia di signori non ancora anziani ma distinti e staccati, che, quando nelle ore meno fredde uscivano a passeggiare, sempre si portavano appresso una cassettina metallica. Lui teneva da fumare in un portasigarette d'oro massiccio – ancora è ricordata da certuni quella scatola! – e ogni tre giorni si recava alla posta per ritirare un pacco; insomma avevano burro, biscotti, cioccolata, carne e sigarette che lasciavano il profumo quando per i nostri montanari era ricchezza avere formaggio e patate, e tabacco del Canale del Brenta.

Passavano questi due nella sera deserta e il parroco li precedeva ogni tanto voltandosi facendo fretta. Giunti dove sostava la limousine li fece entrare nella vettura che subito magicamente accese il motore e i fari bassi; il signore vestito di nero, lungo, con la valigetta in mano, occhiali e borsalino, salí in silenzio accanto all'autista. E scivolarono via. In paese dissero che quei due dopo una settimana erano in California perché qualcuno aveva ricevuto da laggiú una cartolina, tramite la Cri.

In dicembre le giornate in montagna sono ancora piú brevi che in città; quando, poi, il sole se ne va dietro le creste vengono subito la notte e il silenzio, cosí tutto diventa piú semplice perché la vita scorre con altra misura.

Anche il brigadiere, che d'estate era rigoroso e duro, allentò la sorveglianza agli ebrei e questi, nell'ora della mungitura pomeridiana, entravano furtivi nel caldo umidore delle stalle. Günter andò ad aiutare il fabbro che ben presto si rese conto della sua bravura; fu quando in mancanza di stagno per aggiustare gronde, tetti e pignatte, fece bene il lavoro anche senza: aggraffava le lamiere a tenuta d'acqua, e con brocche ribadite chiudeva i buchi sui fondi lisi dei caldari per la polenta. Salí anche sul tetto della chiesa che era stato rovinato da un ciclone e tutto l'aggiustò bene bene che ancora oggi è quello. E il parroco e il fabbro gli davano pranzo e cena.

Andò a finire che anche dopo l'ultimo controllo incominciarono a uscire dalla segheria, e a piccoli gruppi entravano nelle quattro osterie a riscaldarsi giocando a carte o anche a raccontare storie o sentirne raccontare; ma piú volentieri ancora scivolavano dentro le stalle dove la penombra e il tepore erano dolci. La guerra sembrava una cosa lontana anche per il vecchio e saggio avvocato Lederer che si compiaceva di questa serena pausa della sua vita tormentata e ogni pomeriggio andava a prendere lezione d'italiano dalla maestra Caterina perché voleva leggere Dante.

Non passò molto tempo che qualcuno piú ardito non rientrò nella segheria nemmeno per passare la notte; insomma quando venne Capodanno con la neve che copriva tetti, boschi e prati, chi qua chi là, tutti i nostri ebrei avevano trovato una casa che li ospitasse. La vecchia segheria restò abbandonata anche da loro e solamente le volpi nelle notti fredde vi davano una sbirciata.

Il segretario e il brigadiere dapprima protestarono dal podestà e quindi richiamarono fermamente i paesani al loro dovere d'italiani; ma poi, vedendo che gli ebrei avevano dalla loro parte tutta la gente e che fastidi non davano, chiusero un occhio ma dichiararono responsabili chi li ospitava. Con ostento il brigadiere prese scrupolosa nota delle case e degli ospitati e due volte al giorno passava a controllare accompagnato dalla guardia comunale.

Con la primavera vennero le brutte notizie dai fronti; in paese aspettavano con ansia il ritorno degli alpini dalla Russia: da mesi non scrivevano, e uno che ascoltava Radio Londra riferí che l'armata italiana era stata distrutta. Anche in Africa italiani e tedeschi si ritiravano dalla Libia; le città venivano bombardate ed erano giorni neri per chi aveva figli per il mondo in guerra. Anche se le api erano ritornate sui colchici e le rondini nel cielo e la neve s'era sciolta, non c'era allegrezza. Il vecchio avvocato Lederer andava per i prati a raccogliere radicchio selvatico e nemmeno piú chiedeva alla maestra Caterina se i figli s'erano fatti vivi dai vari fronti.

Alla sagra di San Marco giunsero come sempre dai paesi vicini per fare festa. Le ragazze s'erano tutte agghindate, i ragazzi facevano i galletti attorno alle giostre e ai marchingegni dove si prova la forza; i fanciulli gonfiavano le gote soffiando nei cucchi di terracotta: ne usciva un suono lungo e dolce, ma i segugi del Fin ululavano per i rumori insoliti. Davanti al monumento dei Caduti i due Moreno esibivano salti mortali e capriole per divertire la gente, ma il Gino fornaro imprecava e non voleva suonare il violino, e Günter batteva con rabbia sulla latta. Per tutti non c'era allegrezza.

Un giorno capitò in paese un tale che subito dopo essere sceso dal treno cercò di prendere contatto con boscaioli, guardacaccia, cacciatori, cercatori di funghi e gente simile: si disse disposto a comperare a buon prezzo e in contanti qualsiasi quantitativo di resina gli venisse offerto. Stabilito un recapito e un incaricato, se ne andò per gli altri paesi della montagna a fare altrettanto.

Sul principio i paesani furono diffidenti e scettici, ma dopo averlo messo alla prova si convinsero che con la raccolta della resina potevano avere un buon guadagno da cambiare in farina da polenta nei paesi della pianura. Cosí i boschi comunali incominciarono a essere camminati non dai soliti boscaioli ma anche da molt'altra gente che, con un sacco e un arnese particolare ideato e costruito da Günter, un grosso e tagliente cucchiaio immanicato di legno, salivano sui larici e sugli abeti per staccare la resina lacrimante da ferite accidentali.

Anche gli ebrei pensarono che per campare e rendersi meno gravosi potevano dedicarsi a questo lavoro, ma avevano le ore limitate perché c'era il problema dei controlli sui quali il brigadiere era intransigente, e quindi non potevano allontanarsi nei boschi profondi bensí cercare nei boschi vicini, che appunto perché comodi erano già stati ripuliti. Andò anche a finire che un giorno il brigadiere chiamò in caserma colui che faceva l'incetta e lo diffidò di comperare la resina da loro.

Vivere diventava sempre piú duro. Il vecchio Lederer essiccava i funghi che riusciva a trovare e mangiava bacche selvatiche; Günter colava il piombo che il Fin raccoglieva sui campi di battaglia del '16 e ricavava pallini per la caccia (per la polvere i cacciatori si arrangiavano macinando la balistite dei cannoni).

Per raccogliere la resina gli ebrei ora uscivano di notte, tra il controllo serale e quello mattutino; alcuni erano riusciti a procurarsi delle biciclette senza gomme e con queste si spingevano lontano, fin oltre i confini del comune, nei boschi del Trentino e verso le cime dove d'autunno salivano i cacciatori di galli. Andavano di notte al chiaro di luna, quando c'era, e quando non c'era a tentoni o a naso, e s'erano fatti esperti conoscitori di boschi come vecchi alpigiani e riconoscevano subito gli alberi piú redditizi. Con le prime luci del mattino arrivavano all'Osteria della Tagliata spingendo a mano lungo la salita le loro sgangherate biciclette sulle quali avevano caricato di traverso i sacchi impegolati e odorosi. La Maria li faceva entrare in fretta nella baracca di tavole e cortecce dove depositavano i carichi; bevevano quindi una tazza bollente di caffè d'orzo, e magari se c'era mangiavano una patata lessa, e di corsa rientravano in tempo per il controllo.

La resina, con comodo, andavano a prelevarla due paesani con cavallo e carretto per venderla all'incaricato come l'avessero raccolta loro; il ricavo lo passavano di nascosto al canuto Sandor che pensava a ripartirlo come conveniva. Cosí stava passando l'estate del 1943.

Il 25 luglio ci fu festa e il Gino fornaro quella notte lasciò d'impastar farina per uscire sulla strada con il violino a suonare con impeto l'*Internazionale*: erano anni, ormai, che la provava piano piano in soffitta. Assieme al quadro del duce mandò in frantumi anche quello del re, tanto che il brigadiere voleva metterlo dentro; fu l'ufficiale postale a dire al brigadiere che il Gino lo aveva fatto perché aveva bevuto un po', che lasciasse perdere, insomma!

Il segretario del fascio si era levato il distintivo e quelle poche volte che usciva camminava rasente ai muri e non piú nel centro della strada. Nelle osterie si parlava liberamente, a voce alta, anzi si gridava guardando sulle pareti dove restavano i vuoti dei quadri. Ma tutto ciò sembrava strano e non c'era gioia.

Il canuto Sandor passeggiava tutto il giorno lungo il paese e si fermava a prendere il sole con i vecchi paesani o alla sera, davanti gli usci, con le donne parlava di mille argomenti tranne che della guerra. Forse sentiva che sarebbe stata la sua ultima estate e voleva viverla intensamente in questo paese di montagna che se anche non era il suo non gli era straniero.

La sera dell'8 settembre la radio trasmise la notizia e la mattina del 9 vennero dal Nord i primi soldati senza comandanti, dicendo che i tedeschi stavano venendo su dai passi come nei secoli trascorsi. Il giorno 10 non si vide piú alcun ebreo girare per il paese, ma erano scomparsi anche dalle case dopo aver salutato con profonda tristezza. Per anni di loro non si seppe piú nulla.

Nel 1947 Julius Frich scrisse da Berlino, alla famiglia che li aveva ospitati, che il vecchio Wald e il figlio Paolo erano stati fucilati alle Ardeatine: avevano tentato di passare il fronte che tagliava in due l'Italia, ma erano stati presi e rinchiusi; il figlio Paolo avrebbe potuto scappare e salvarsi, scriveva Frich, ma non volle abbandonare il vecchio padre. Nel 1944, da chissà quale città dell'Est, era arrivato un baule indirizzato alla figlia di Wald, ma questa non giunse mai e si seppe dopo molto tempo che era scomparsa lungo le coste della Dalmazia nel tentativo di raggiungere Israele.

Leonida Kiriako si fece vivo da Tirana mandando a una bambina – ma ormai era diventata signorina! – un pianoforte giocattolo. Ma del canuto Sandor che aveva compiuto gli ottant'anni piú nulla si seppe. Forse le sue ossa riposano nei nostri boschi con quelle di tanti altri sconosciuti che le guerre e le persecuzioni hanno portato lontano dalle loro case.

Augusto Murer, lo scultore di Falcade, mi raccontò che nell'inverno del '44 incontrò in una notte di neve, dentro un bosco, un gruppetto di sbandati irsuti che si dissero ebrei provenienti dalle mie montagne: volevano raggiungere la Jugoslavia attraverso le Alpi. Regolo, il commissario dei «garibaldini», mi disse di due ragazzi stranieri che combatterono con loro per tutta la guerra di liberazione; dopo il 25 aprile gli consegnarono i mitra dicendogli che erano ebrei e che ora se ne sarebbero andati alla ricerca dei loro congiunti.

Il dottor Stasser lavorò clandestino con il chirurgo dell'Istituto elioterapico per curare i partigiani feriti e gli ex soldati nemici fuggiti dai campi di concentramento. Ma piú nulla si seppe dell'avvocato Lederer che leggeva la *Divina Commedia*, dei Moreno che con le loro capriole divertivano ragazze e bambini, piú nulla di Günter che aggiustava i tetti e le gronde e colava pallini per i cacciatori, piú nulla di Weiss, di Koen, di Slavko. In un piccolo paese delle montagne venete è rimasto il loro ricordo. Nelle sere d'inverno, in osteria, ho sentito parlare di loro. Ma non sono piú in tanti, ormai, a ricordarli; e nemmeno tanti, in paese, sanno che il tetto della chiesa è ancora quello aggiustato da Günter, che tante grondaie sono suoi lavori; e le massaie avranno relegato negli angoli delle soffitte i caldari che aveva rappezzato. Non sono piú in tanti a ricordare, poiché anche la maestra Caterina è morta, e anche il Toi, inseguendo un capriolo per un'erta, e anche il Fin, schiacciato da un tronco caricando legname, e tanti altri che erano giovani allora hanno emigrato a lavorare per il mondo.

Ma nel ricordo dei paesi e delle città, delle pianure e delle montagne, delle lande e dei boschi dell'Europa orientale, per quello che ho visto e sofferto ho voluto sfogliare i vecchi registri polverosi e leggere i loro nomi anche per voi.

Bepi, un richiamato del '13

Eravamo verso la fine di settembre, la terra era secca ed arsa, le alte erbe ingiallivano e gli aromi della steppa erano acuti e antichi: specialmente al mattino subito dopo l'alba o alla sera dopo il tramonto. Le giornate erano ancora tiepide, ma già le notti preannunziavano l'inverno: le stelle non avevano piú quel baluginare estivo, bensí brillavano ferme e nitide, e come il tempo scorreva aumentavano di numero cosí da riempire tutto il cielo. Nel profondo silenzio si sentivano i richiami degli uccelli migratori e se non fosse stato perché si era in guerra, erano notti da camminare senza fine, con amore e felicità. Qualche volta capitava che facevi il turno di vedetta o la pattuglia come fossi trasognato per quanto ti circondava, e ti lasciavi compenetrare da quella pace fino a quando il vento del Sud non ti portava i rumori lontani, come sommersi, e ficcando gli occhi dove il cielo e l'aria si confondevano, scorgevi bagliori di temporali: laggiú c'era Stalingrado.

Anche i visi dei compagni che avevo intorno esprimevano tristezza e dolore: era accaduto che un mese prima, improvvisamente, ci avevano fatto salire sui camion – stavamo camminando verso il Caucaso, nella calura e nella polvere, con gli zaini affardellati – e dopo due giorni ci avevano scaricato in un deserto d'erba. Entrammo in battaglia in un luogo che non è

239

9

segnato in nessuna carta; alla mattina partii come caposquadra e alla sera mi trovai comandante di compagnia. Una compagnia dalla forza di tre sparute squadre. E ci lasciarono cosí per lunghi giorni, con tanta posta che nessuno piú poteva ritirare e tante razioni che nessuno voleva mangiare. Posto avanzato circondato dal nulla finché una notte venne un ufficiale e ci disse di ritirarci.

Noi ci sentivamo tanto spaesati, e abbandonati, quasi, dopo quella battaglia pazzesca e incredibile da dove cosí in pochi uscimmo vivi. Tra di noi parlavamo ancora sottovoce e tutto intorno sembrava vuoto e smisuratamente ampio. Ampio e vuoto non perché non vedevamo villaggi, fiumi, terre coltivate, ma perché troppe morti avevamo dentro. Quando Renzo e Vittorio vennero dalle retrovie per vedere se ero ancora vivo, dopo tutto quello che avevano sentito dire, le loro voci festose sembravano assordarmi. Cosí anche mi era sembrata una montagna vuota il corpo gonfio di un fante della Sforzesca disteso a braccia aperte e senza scarpe, la notte che, di pattuglia, non sapevo rendermi ragione di quella cosa immensa e immobile nella steppa.

Ora, rintanati su un dosso dietro la linea dei caposaldi, aspettavamo i complementi per rifare i plotoni e le squadre.

Quella mattina che arrivarono, ero davanti al fuoco che arrostivo una fetta di zucca che mi aveva regalato un conducente, e li vidi avvicinarsi silenziosi, affaticati e curvi per lo zaino che avevano completo di ogni cosa. Non portavano l'elmetto come tutti noi ma il cappello con la penna: l'elmetto lo avevano ancora legato sullo zaino. Dentro il fregio con l'aquila avevano il numero sette. Erano del settimo reggimento.

Fecero zaino a terra e sentii parlare in veneto. I miei compagni di naia erano stati fino allora quasi tutti lombardi e in tanti anni avevo assimilato quasi completamente il loro dialetto gutturale.

– Da dove venite? – chiesi nel dialetto nativo.

– Dall'Italia, – rispose uno.

– Capisco. Non certo dalla Turchia. Ma da che parte dell'Italia?

– Treviso, Belluno, Vittorio, Feltre. Razza Piave!

Erano indaffarati attorno ai loro zaini, si chiamavano per nome, scherzando tiravano fuori oggetti o cibarie che sapevano ancora di casa. Quella maniera di prendere la vita mi fece dire: – Non avete portato la grappa per il vecchio della Russia?

E qui me lo vidi davanti per la prima volta: tarchiato e robusto da sembrare basso di statura anche se certamente superava il metro e settanta, scuro di pelle forse anche perché non tanto lavato, la testa quadrata ma senza spigoli, qualche filo grigio sulle tempie imperlate di sudore, baffi folti e grigi. Sopra il taschino della giacca aveva i nastrini della campagna d'Abissinia e d'Albania e, sulla manica, i gradi di caporalmaggiore. «È un richiamato del tredici», mi dissi. Aveva levato dallo zaino una bottiglia e venne a porgermela dicendo:

– Prendi sergente, bevi. Io sono Bepi di Soligo e questa è roba fatta in casa, da me. Ma vacci piano perché è come l'olio santo.

Mi resi conto di quanto valesse quando si trattò di rifare i plotoni e le squadre della già distrutta compagnia, di sistemare i soldati nelle tane, e provvedere per il rancio e per i servizi di vigilanza e di difesa. I sottotenenti di prima nomina che erano arrivati con lui e il nuovo capitano, avvocato a Firenze e uomo da scrivania, lasciavano fare e non mettevano parola. Bepi di Soligo senza tante formalità lavorava e ordinava, e vedevi gli alpini eseguire con rispetto e convinzione; non per comando naiesco o vuota formalità o arida disciplina, ma perché cosí doveva essere fatto per il bene comune. Era come l'avrebbero fatto nei campi o nella bottega artigiana.

Venne finalmente anche l'ordine di lasciare le steppe del Sud e di raggiungere gli altri reparti alpini che erano sul Don. Le marce erano lunghe e faticose per le piogge e il fango autunnali, per lo zaino e per la monotonia: si camminava e si camminava e pareva di essere sempre nel medesimo posto. Per delle giornate intere non si vedeva anima viva, né tedeschi, né rumeni, né ungheresi, né russi, né italiani. Ogni tanto capitava di incontrare piccoli gruppi di civili: donne, bambini e vecchi che scendevano dal Nord verso il Sud come gli uccelli migratori in cerca di un po' di pastura.

Un giorno ai lati della pista c'era una lunga e profonda foresta di betulle; i tronchi vestiti di bianco salivano diritti dalla terra bruna e sostenevano una distesa di capelli d'oro. Si camminava e si camminava e non c'era fine in nessun luogo. Incontrammo un gruppo di civili russi: tiravano i soliti carrettini e avevano i piedi avvolti in tela da sacco. Si fermarono con noi a mangiare pane di semi di girasole, e quando ci raggiunse un rumore di motori e di ferro, le donne, i bambini e i vecchi entrarono subito nella foresta che li accolse rinchiudendoseli dentro. Passarono via i soldati con i carri armati e la morte sull'elmo, e noi riprendemmo a camminare.

Dopo chissà quanti chilometri arrivammo dove passava una ferrovia; nel centro del paese c'era un grande magazzino da dove potevamo prelevare viveri per piú giorni. Il furiere fece i buoni regolari, il capitano disse di preparare due carrette e una mezza squadra. Bepi fu il primo ad offrirsi volontario; anzi, quando vide i conducenti che imbardavano i muli lui era già pronto con tre delle sue reclute piú svelte.

Camminando mi raccomandava: – Quando saremo al magazzino tu devi creare un po' di confusione e tenere occupato il comandante tedesco, tirarla per le lunghe, fare il pignolo: bolli, timbri e cosí via, protestare il peso e il numero, fingere di non capire, tirarti gente attorno. Al resto penserò io.

Al magazzino feci la commedia come lui mi aveva detto, tanto che il maresciallo tedesco non capiva piú niente, né capivano i suoi scattanti tacchibattenti soldaten. Bepi e i suoi tre erano spariti. Sulla strada del ritorno chiesi: – Come è andata?

– Bene abbastanza, – rispose lui. – Un bel pezzo di lardo.

– Basta?

– Tre salami tipo mortadella.

– E dopo?

Camminò per un po' e dopo disse: – Due sacchi di pagnotte.

– E dov'è questa roba?

– Tutta sulle carrette, con il resto dei buoni.

– D'accordo, – dissi. – Ma niente da bere, Bepi?

Mi guardò furbesco strizzando l'occhio, camminò ancora un poco, guardò indietro e sussurrò: – Un barilotto di cognac o di grappa. Non so... Ma questo è extra, riservato ai vecchi. Ai giovani da mangiare e ai vecchi da bere.

Da allora, quando c'era da prelevare nei magazzini italiani o tedeschi che fossero, andò sempre lui, e a

243

tale scopo erano bene addestrati i tre giovani della sua squadra. E tutto quello che arrivava in piú finiva nella marmitta comune; per lui e per gli amici teneva la bevanda. Un giorno capitò con un fucile mitragliatore nuovo di fabbrica e mostrandomelo sotto la tenda disse: – In guerra, se vuoi cavartela, ci vogliono armi e mangeria. Cosí mi hanno insegnato gli ascari!

Il principio dell'inverno lo passammo sul Don tra pattuglie e vedette; lui era in un altro caposaldo e per Natale gli mandai mezzo sacco di frumento. Poi in gennaio ci dissero di ritirarci e quella notte lo ritrovai in testa alla sua squadra. Diventammo sempre di meno, ed era in testa al resto del plotone, poi di due plotoni. Sempre davanti con il mitragliatore in spalla e la gavetta infilata nella cinghia delle giberne: – Avanti, figli! – diceva, – che tutti non possono accopparci. Stiamo insieme.

Di notte, dentro le isbe, preparava da mangiare mentre le sue reclute riposavano; nella steppa, quando ne vedeva una cadere per sfinimento la rialzava magari con male parole, anche a schiaffi se era necessario, e la faceva venire avanti. Dopo il 26 gennaio scortò fuori dalla sacca una slitta di feriti e, quando ci ritrovammo, quei quattro spettri che eravamo rimasti, lo proposi al maggiore Bracchi per la promozione a sergente e la medaglia d'argento. E la ebbe la medaglia e la promozione e mai, credo, riconoscimento fu cosí giusto.

Ritornammo in Italia ancora una volta e nell'estate vennero altre reclute per rifare i reparti; ma l'inverno successivo ci ritrovammo in un Lager dalle parti dei laghi Masuri, in tanta malora. Eravamo, lí dentro, qualche migliaio di italiani tra decine di migliaia di russi. E tanta fame, e tanto freddo, e miseria, e pidocchi. Vennero a chiederci di aderire alla repubblica di Mussolini e di passare, quindi, al di là dei reticolati dove si vedevano pentoloni fumanti ricolmi di zuppa d'orzo con patate e carne: – Dura naia, che io resisto! – diceva Bepi. E anche qui si teneva attorno le reclute come la chioccia i pulcini.

Nel grigiore di quel cielo basso, di quella neve, dei reticolati, e di quelle baracche tetre e buie e dei nostri visi lunghi, le giornate erano interminabili anche se poche erano le ore di luce; ma interminabili ancora di piú erano le notti quando per la fame non eri capace di prender sonno e sentivi nel buio il pianto soffocato di qualcuno. Le tavole del pancone ti fiaccavano la pelle dove sporgevano le ossa e il freddo era dentro di te come la fame; ogni tanto un getto di luce spietata frugava nella baracca attraverso il ghiaccio delle finestre: era il faro delle torrette di guardia, alte sulle impalcature ai quattro angoli del blocco, dove stavano le sentinelle con le mitragliatrici.

Ogni tanto capitava il Lagerfeldwebel Braum con l'interprete; lo sentivamo da lontano perché aveva una voce di cornacchia: voleva contadini, muratori, manovali, meccanici, falegnami e chi non ce la faceva a resistere andava fuori a lavorare. Fuori, dicevano, nei campi di lavoro, davano piú razione.

Un giorno sulla fine di dicembre Bepi mi prese in disparte e mi disse: – Senti, le reclute non resistono piú, vedi che occhi grandi hanno fatto e che ventri gonfi, qui, se non ci lasciano la pelle, mi diventano tisiche. Se entro quindici giorni non finisce la guerra, alla prima richiesta li porto fuori a lavorare. Che ne dici? – Camminavamo noi due soli lungo un sentiero nella neve tra baracche e reticolati: al di là due sentinelle andavano su e giú incrociandosi e dalle torrette sentivo che ci accompagnavano con la canna delle mitragliatrici. Ma forse era per far passare il tempo che ci accompagnavano con la mira della mitragliatrice.

Le nostre speranze erano che l'Armata Rossa arrivasse presto e che gli americani entrassero in Germania da qualche parte. Passando per i viali di reticolati, in fila per cinque per andare a prendere una volta al giorno le rape nell'acqua, i russi ci sussurravano notizie fantastiche; ma io conoscevo i loro animi: erano solo per darci coraggio, quelle notizie.

– No, Bepi, – dissi camminando lungo i reticolati, – tra quindici giorni non finirà. Forse tra quindici mesi. Questi crucchi hanno la testa dura e non capiscono; dureranno fino alla fine di tutto. Non devi avere rimorsi per quello che hai intenzione di fare; non è tradimento; all'otto settembre il re è scappato e i generali hanno perso la testa. I traditi siamo stati noi. Il primo a sparare contro i tedeschi, ricordi, è stato il nostro cuciniere. E ci è rimasto. E queste reclute affamate e rimbambite, quando sarai fuori di qui, tientele vicine, istruiscile ad arrangiarsi per vivere... Un giorno o l'altro la finirà, no?

– La finirà sí, can de l'ostia di Hitler! E quando arriverò a Treviso voglio fare una bevuta da ubriacare il mondo.

Dopo una ventina di giorni inquadrò le sue reclute, gridò un po' per animarle e cacciare via da loro quell'odore di morte che stava intaccandole, e uscí per il lavoro. Prima mi aveva salutato senza tante storie: – Sani! – disse. – Ci rivedremo in Italia. Tieni duro e resisti.

Uscí dai reticolati chiamando il passo ed era lui che comandava, questa volta, non le sentinelle sciancate con il fucile dalla baionetta inastata. I prigionieri russi, i nostri nemici di un anno prima, lo salutarono mentre passava per il viale di reticolati e un ufficiale dei loro, con il berretto dalla bordura rossa e la stella, lo salutò sull'attenti.

Non lo rividi piú. Non seppi dove andò a finire: se in una miniera della Slesia o in Lituania o giú per i Balcani o nella Ruhr. Piú nulla seppi di Bepi e delle sue reclute per quanto chiedessi nei Lager dove il destino mi portava; ma ero ben certo che lui, in qualsiasi situazione, se la sarebbe cavata perché troppe ne aveva viste, provate e superate per dover cedere ora.

Quando la guerra finí, in qualche maniera mi portai a casa le ossa e la pelle, e dopo pochi mesi mi diedi alla ricerca dei vecchi compagni. Qualcuno mi rispose, per altri mi risposero i familiari chiedendo a loro volta notizie. Ma di Bepi, niente. Scrissi al suo nome a Soligo, a Pieve di Soligo, a Solighetto, a Farra di Soligo. Niente. Le lettere ritornavano con scritto di traverso «Sconosciuto». Un giorno andai a Conegliano per un convegno sul vino, piú per chiedere e cercare di lui che per altro, e ancora niente. I dati al distretto militare di Belluno non c'erano piú e neanche al deposito del reggimento. Andai alle prime riunioni degli alpini con la speranza di incontrarlo e chiedevo a quelli della Marca. «Non so», rispondevano. «Mai sentito nominare». «Era qui prima...» «È morto in Russia...» «È emigrato...» Ma lo confondevano con un altro o mi indicavano uno che non era lui.

Sono passati tanti anni e i ricordi si perdono in terre lontane o si confondono in visi che sfumano in bufere di neve, in campi di concentramento, in piste fangose o tra bagliori d'incendi, scoppi, raffiche; ma pochi riesco a ricordarli morti perché tutti avevano una

particolare maniera di essere che ritrovo ogni qualvolta, nell'inverno delle mie montagne, vado per i boschi e li penso.

L'autunno scorso venne a trovarmi un compagno
di prigionia che vive nei dintorni di Castelfranco; non
era nei nostri reparti alpini e in quel Lager della Sti-
ria capitò dalla Grecia. Venne a trovarmi portando
del buonissimo vino e, dopo un fitto ricordare, gli
chiesi se per caso non avesse incontrato dalle sue parti un tale cosí e cosí. E glielo descrissi minutamente
nella maniera di parlare, di camminare e nell'aspetto.
Si diede una pacca sulla fronte e disse:

– Bepi... Bepi... Ma sí! Quel vecchio sempre ubriaco, che faceva una specie di fattorino postale e beve-
va due bicchieri ed era via...

– Ma dove? Dov'è ora?

– L'è mort. Era lui senz'altro quello che cerchi.
Quando portava un espresso o un telegramma non
voleva la mancia, ma solamente un bicchiere di vino,
e raccontava che lui era stato in Abissinia, in Grecia,
in Russia, e che prigioniero dei tedeschi aveva camminato per tutta l'Europa: dalla Lituania alla Roma-
nia, alla Francia, ed era ritornato, a piedi, nell'autunno del 1945, dopo centoventisette mesi di naia alpina, ma che in Francia i contadini volevano tenerlo lí
a lavorare nelle vigne. I ragazzi, quando era ubriaco,
lo scherzavano anche, per queste storie strampalate
che raccontava in maniera bizzarra. Era rimasto solo
ed è morto due anni fa... Ma perché ora sei cosí mesto? Beviamo al suo ricordo.

Un ragazzo delle nostre contrade

... Quando fu trovato era giú su uno spun-
tone e aveva l'arma vicino; all'ultimo momento, per non farsi prendere, era saltato
dalle rocce...

LUIGI MENEGHELLO, *I piccoli maestri*

Il suo mestiere era quello di passare a raccogliere il latte nelle stalle sparse per le contrade e portarlo al caseificio sociale; mattina e sera per tutti i giorni dell'anno e alle ore stabilite, perché mattina e sera le vacche vengono munte e ogni giorno il Silvio casaro mette il latte nelle caldaie per fare il formaggio d'allievo: quello che stagionando per tre anni acquista il sapore dei pascoli esposti al sole.

Quando usciva dal letto, subito guardava dalla finestra per vedere il tempo; dopo, bevuto il caffè d'orzo, andava in stalla a prendere la Linda, la sua cavalla saura, per attaccarla alla slitta o al baroccio, secondo la stagione. Sul veicolo erano già pronti e ben lavati dalla sera precedente i bidoni per la raccolta e quello per la misurazione con l'asta galleggiante.

D'inverno era dura perché, oltre al freddo e alle nevicate, qualche volta il vento ammucchiava la neve a dune tra la Costa e Ebene, e la Linda per aprirsi la strada sprofondava fino al petto. Ma era brava la Linda; non era necessario che dicesse «iii» oppure «ooo» perché lei sapeva quando doveva riprendere o quando doveva fermarsi, o quando svoltare. E poi, loro due si capivano bene e nei tratti di strada deserta le raccontava le sue cose. La cavalla rispondeva muovendo le orecchie o girando la testa a guardarlo.

D'inverno, anche, non veniva mai giorno, e quando aveva finito il giro era ancora buio.

Avvicinandosi alle case suonava il corno e la gente usciva in fretta con i secchi di latte che fumavano nell'aria fredda. Avevano anche poca voglia di parlare; tutt'al piú annunciavano: – Stanotte la Tombola ha fatto un vitello –. Oppure chiedevano: – Hai sentito come sta il Cristiano dei Rodighieri? – E dopo che il latte era stato misurato e versato nei bidoni, dopo che con le mani gelate aveva scritto sul suo registro e sul libretto dei contadini il numero dei litri, riprendeva in fretta la strada come in fretta gli altri rientravano nel caldo delle stalle per governare le bestie.

Erano lunghe quelle mattine d'inverno; non veniva mai giorno! Quando arrivava al caseificio la Lupa gli correva incontro festosa e, mentre lei e la Linda si facevano le feste, Silvio, Massimo il contabile e suo padre Giovanni, che lí faceva l'aiuto casaro, venivano fuori nel freddo a dargli una mano per scaricare i bidoni del latte. Lui, dopo, si fermava a crogiolarsi al fuoco che riscaldava il latte nelle caldaie; intanto Silvio controllava il termometro per fare la cagliata al momento giusto, suo padre preparava sul tavolaccio le fasce di legno per le forme e Massimo girava la panna nella zangola per fare il burro.

– Dài, Moretto, – gli diceva qualche volta Massimo, – raccontaci come va con le morose –. Già, perché oltre a essere un bel ragazzo, era sempre allegro e gentile e tutte le ragazze delle contrade erano innamorate di lui.

Nel pomeriggio rifaceva il giro del mattino e veniva subito notte. Insomma per la neve che copriva boschi, pascoli e montagne c'era poco da fare; cosí ogni sabato mattina scendeva in paese per incontrarsi con gli amici a bere un vino caldo dal Toni della Torre.

Quello che gli seccava, e dove gli pareva di perdere

tempo, erano i corsi premilitari: il ragionier Schiavazzi li faceva marciare avanti e indietro obbligandoli a cantare *Fuoco di Vesta* per le strade del paese; se poi il tempo era brutto, entravano nei corridoi delle scuole elementari dove facevano ginnastica oppure il podestà illustrava la situazione dei fronti di guerra.

Ma il Moretto la situazione dei fronti la sentiva facendo il giro del latte perché quasi in ogni casa c'era via qualcuno: o nei Balcani, o in Francia, o in Russia; erano quasi tutti suoi amici e si faceva dire dai familiari cosa scrivevano.

In marzo le giornate arrivano al galoppo, vedi la neve sciogliersi nelle ore meridiane e l'acqua correre dalle rive, senti cantare le allodole sopra le chiazze brune dei solivi. Il Moretto, appena finito il giro del mattino e scaricati in fretta i bidoni ricolmi, non si fermava a parlare accanto al fuoco delle caldaie ma andava via subito. A casa si caricava sulle spalle la slitta e saliva nel bosco per tirare giú la legna che aveva preparato nell'autunno.

Ma ora che le giornate si erano allungate e l'aria intiepidita e le api uscivano a bottinare sulle eriche, anche i contadini si fermavano volentieri a scambiare due parole; molte volte non era necessario che il Moretto suonasse il corno per avvisarli del suo passaggio perché già erano ad attenderlo in piccoli crocchi sulla strada con accanto i secchi di latte. Alla sera ad aspettarlo erano le donne che parlavano di chi era in guerra. Ma qualche giovane veniva per lui, per vederlo e ridere con lui.

Quando la neve aveva liberato le montagne, il lavoro nelle ore senza l'impegno del latte era un altro:

253

come molti compaesani andava a recupero. Ossia scavava bombe e metalli dai campi di battaglia della guerra mondiale.

Cosí era la sua vita da quando aveva smesso di andare a scuola giú in paese. Giornate a volte dure, a volte lievi; ma mai cattive perché era sempre allegro e gentile. Finché un giorno lo chiamarono coscritto per la visita militare e poco tempo dopo arrivò la cartolina rosa.

Arrivò in anticipo perché le cose sui fronti andavano male. Cosí era il destino; come un giorno fu per suo padre, per i suoi zii, i compaesani; per quelli di cui trovava le ossa scavando a recuperare.

Era verso la fine della primavera del 1943 e i contadini avevano già incominciato la fienagione. Una sera fece l'ultimo giro con la Linda; salutò tutti, giovani e vecchi, uomini e donne; ma le ragazze si lasciavano sfuggire un sospiro e molte vollero dargli di nascosto la fotografia perché le ricordasse.

Al caseificio salutò suo padre, Massimo e Silvio. Tutti gli dicevano che stesse sempre allegro, che presto sarebbe finita e lui ritornato a raccogliere il latte con la Linda. A casa salutò la madre, i fratelli, le sorelle, la cavalla, il gatto, il ciuffolotto nella gabbia e andò a prendere il trenino a cremagliera per la pianura.

Poiché aveva un fisico forte ed era alto e ben fatto, lo assegnarono all'artiglieria alpina, a Belluno.

Il 26 luglio ero in licenza e quel giorno andai a far legna per casa nei boschi di Sotto. Il podestà mi aveva fatto assegnare dalla guardia una partita comoda da lavorare perché in Russia ero stato decorato. Era un giorno caldo, ricordo, e un temporale vagava sulle montagne a nord; sull'ora del mezzogiorno, quando avevo acceso il fuoco per abbrustolire la polenta, sentii giú nella Barental mio fratello Ilario che mi chiamava. Mi gridava di andare a casa perché era arrivato un telegramma dai carabinieri e dovevo ritornare al reggimento.

Sul treno che mi riportava in pianura incontrai anche il Moretto; stavamo silenziosi a guardare dai finestrini perché tutto ci sembrava nuovo e leggero. E ci pareva impossibile che questo era perché in Italia non c'era piú un governo fascista.

Un giorno di fine settembre Massimo stava levando le patate dal campo della Corda e alzando la testa vide uno uscire guardingo dal bosco: era il Moretto che ritornava a casa. – Ehi, Massimo! – gli gridò da lontano. – Come sono le patate?

– Guarda chi si vede, – gli rispose Massimo appoggiandosi alla zappa. – Allora ce l'hai fatta.

Si salutarono allegri e il Moretto chiese se nei dintorni si erano visti i tedeschi. – Qui non ancora, – gli rispose Massimo. – Ma in paese sí, pare.

Arrivò a casa e la contrada si animò come ci fosse la fanfara. – È arrivato il Moretto! – gridavano i ragazzi per le stalle e i cortili.

Si cambiò in fretta di quello che di militare gli era rimasto ancora addosso e la sera stessa, dopo cena, andò dal presidente del caseificio per sentire se poteva riprendere il suo lavoro. Certo che lo poteva, lo rassicurò: quel posto era sempre suo.

Il mattino dopo era già seduto sul baroccio con le gambe a penzoloni e raccontava alla sua cavalla come gli era andata in quei giorni dopo l'8 settembre. Anche i contadini volevano sentire come, mentre le ragazze erano semplicemente felici di rivederlo.

Intanto, in quei giorni, altri soldati ritornavano a casa alla spicciolata e alcuni paesani pensarono di nascondere nelle gallerie della Val Lunga le armi e le munizioni del battaglione guastatori, che si era liquefatto come la neve di maggio.

L'autunno pareva scivolar via limpido con le vacche al pascolo sui prati falciati, ma qualcosa diceva che invece era torbido. E nero si sarebbe presentato l'inverno.

Un giorno il Moretto stava lavando i bidoni del latte e sentí Massimo fischiettare soprapensiero un motivo che gli sembrava nuovo e anche no. Gli chiese cosa fosse. Massimo lo guardò un poco in silenzio e infine si decise a rispondergli che era l'*Internazionale*, l'inno dei socialisti che aveva imparato in Francia, e riprese a zangolare la panna. Ma subito smise e avvicinandosi gli disse: – Ma se lo fai sentire in piazza ti mettono dentro.

Volle ricordare il motivo per fischiettarlo alla cavalla nei tratti di strada deserta, e pensò: «Ma perché ti devono imprigionare per una canzone?»

Prima dell'inverno uscirono i bandi di chiamata per l'esercito di Graziani e il maestro Alfredo, figlio del Toni fornaro, e qualche altro andarono in bosco, sopra le contrade. In paese arrivarono stabili i tedeschi e un battaglione di brigate nere che incominciarono a gironzolare in cerca dei renitenti; insomma non era sano farsi vedere in giro, e alla sera, quando uno andava nelle stalle a far filò, doveva prima guardarsi intorno.

Il Moretto si trovava volentieri a passare le ore nella stalla del Nin Sech, a cento metri da casa sua. Nin gli raccontava della vita e del mondo.

Nin era un uomo sereno al quale esperienze e traversie avevano insegnato di prendere le cose in maniera saggiamente ironica. A cinque anni, orfano di madre, era stato abbandonato al suo destino da un padre ubriacone e vagabondo, e aveva vissuto l'infanzia con la carità dei poveri che gli davano ogni tanto una patata lessa. A sette andò servo pastore per le montagne dietro le greggi e a quindici a piedi in Germania, come facevano tanti, a lavorare da manovale. Trovò occupazione in una fornace e un compaesano, Toni Pun, gli fece da fratello maggiore. E se facendo il servo pastore aveva imparato per conto suo a leggere e a scrivere, in Germania imparò presto il tedesco. Entrò anche in contatto con i comunisti che gli fecero leggere *Il manifesto*.

Nel 1914 scoppiò la guerra e ritornò in Italia dove lo chiamarono negli alpini. Sul monte Fior, da dove vedeva la casa dove era nato, al finire del 1917 venne fatto prigioniero dagli austriaci e portato a Mauthausen. Sotto la giubba militare aveva annodato al collo un fazzoletto rosso con su stampato il ritratto di Lenin e la scritta in giallo «Vive Lénine».

Ritornò dalla prigionia patito e smunto e, dopo aver lavorato alla ricostruzione del nostro paese distrutto, si mise a fare il recuperante. E si sposò con Maria Costa, la Mora.

Andavano loro due, sposi novelli, fin dentro al monte Colombara o al monte Forno a scavare lungo le trincee, e Nin diceva ai recuperanti: – Vedete come è la società borghese: prima ci faceva ammazzare e distruggere e adesso per vivere ci fa arrischiare ancora la vita con questo lavoro.

Scavando nella terra sconvolta dai bombardamenti molte volte uscivano i resti dei soldati uccisi; allora lo prendeva una rabbia malinconica perché quello era stato un uomo come lui, come i compagni che aveva conosciuto lavorando per il mondo: un proletario.

Con due amici, Piero Parlio e Valentino Nappa, decise di costruirsi la casa poiché ogni uomo deve averne una, e dopo, per pagare il debito rimasto, lasciò lí la sua Mora e andò in America.

Per sei anni si fermò a lavorare duro nella mina.

Questa sua vita raccontava Nin al Moretto nelle veglie del coprifuoco, e una sera il Moretto gli chiese che gli facesse vedere il fazzoletto con la scritta «Vive Lénine». Lui si sbottonò la camicia e sopra la maglia felpata apparve il rosso ormai sbiadito dal sudore e dagli anni.

Un giorno di quell'inverno venne di corsa uno dal paese per avvisare che le brigate nere si preparavano per una sortita verso le contrade. Il Moretto e qualche altro presero la strada del bosco cercando di confondere le tracce sulla neve.

I brigatisti vennero, perquisirono le case dalle cantine alle soffitte, e le stalle, i fienili e le barchesse. A casa di Nin rovesciarono una catasta di legna e con la baionetta si misero a dar filzate sulle patate nel ripostiglio invernale. Maria urlava e bestemmiava che erano maleducati e senza rispetto. Perché dovevano rovinare in quella maniera le patate che erano costate tanto lavoro? E perché buttare all'aria il fieno minacciando di incendiare tutto? Nin, in silenzio e senza battere ciglio, seguiva in ogni movimento quel gruppo di scalmanati, ma dentro trepidava per i due soldati inglesi che da una settimana teneva nascosti in una nicchia tra la catasta della legna e la parete della stalla. Nessuno sapeva che erano nascosti là dietro, nemmeno sua moglie e suo figlio. Il Moro della Costa li aveva accompagnati da lui una notte che nevicava forte. E adesso le brigate nere invece di tirare la catasta in fuori l'avevano ribaltata contro il muro e i due inglesi erano restati sotto. E non parlavano di certo.

Quando le brigate nere se ne andarono a rovistare nella casa del Moretto, un ufficiale, dopo aver controllato il numero civico sopra la porta, lesse forte il suo nome. Nemmeno i ragazzi dissero che c'era, nemmeno la sorella Nelda, e la madre confermò che dopo l'8 settembre non avevano avuto piú notizia di lui. Nella stalla slegarono la Linda, l'ufficiale ci salí sopra a cavalcarla e ritornarono in paese.

Alla sera il Moretto uscí dal bosco e s'avviò verso casa. La madre gli raccontò come quelli del fascio l'avessero cercato e che, anche, avevano portato via la cavalla. Rimase male a sentire della Linda e subito, attraversando per i prati coperti di neve, quasi corse al caseificio per sentire cosa si potesse fare.

Suo padre, Silvio e Massimo quando lo videro comparire cosí eccitato e ansante pensarono subito a qualcosa di grave perché anche loro avevano visto passare le brigate nere. – La Linda, – disse. – La mia cavalla. Mi hanno portato via la Linda –. E si mise a piangere come un bambino. – Come faccio adesso a raccogliere il latte senza la Linda?

– Ma che non si possa fare qualcosa? Magari parlando al vecchio podestà, – disse Silvio. Massimo scrollò la testa e si grattò sotto il cappello: – Quelli non capiscono nessuna ragione, – disse.

Il Moretto, invece di ritornare a casa, andò da Nin per consigliarsi. Quando bussò alla porta sentí dentro in cucina confusione di passi e di voci; dopo un bel poco Maria aprí la finestra della camera di sopra e guardò giú: – Ah, sei tu, Moretto, – disse. – Aspetta che vengo ad aprirti.

I due inglesi stavano seduti sulla paglia, pronti magari a nascondersi dentro la greppia, sotto il fieno. Al vedere quei due stranieri al Moretto passò anche la disperazione per la cavalla. Salutò timido e sedette anche lui ad ascoltare Nin che parlava inglese con loro.

– Vedi, – disse poi Nin a lui, – questi due sono fuggiti da un campo di concentramento. Dovevano stare qui nascosti fino a primavera e nessuno sapeva niente; invece le brigate nere sono venuti a cercarli. È andata bene questa volta, ma certamente ritorneranno; se li trovano, come minimo mi bruciano la casa, ma loro vanno a finire in Germania. Capisci che questo è piú importante della tua cavalla? Qui si tratta di uomini e non di cavalli. Ascoltami bene: sai che in bosco c'è un gruppo di nostri ragazzi, questi due bisognerebbe accompagnarli da loro; il mio Errante è troppo ragazzo per farlo, io sono tenuto d'occhio. Vuoi accompagnarli tu?

Il Moretto andò ad accompagnare i due soldati inglesi e rimase lassú con gli altri. Aveva ritrovato quelli delle contrade di qualche anno piú anziani di lui: Alfredo, Bepín, Giacomo, Nico, Albino, Milio e altri ancora che non conosceva e che parlavano in lingua.

Le brigate nere intanto, assieme a tedeschi e russi, passarono ancora a mettere paura nelle contrade; cercavano soldati inglesi, ebrei e renitenti ai bandi di chiamata alle armi, ma mai riuscirono a trovare qualcuno.

Un giorno di maggio il Moretto venne giú dalla montagna per arrivare sino a casa per salutare i suoi e cambiarsi. Uscí dal bosco e si avvicinò cautamente alla casa di Nin camminando rasente le lastre di pietra che confinano i campi. Maria era nell'orto a innaffiare, e alzando la testa lo vide ridere dietro le rame dei piselli. – Moretto! – esclamò sottovoce Maria. – Vai subito dentro in stalla e non muoverti. I fascisti sono appena andati via e adesso sono fermi a casa tua!

Rimase a cenare con loro; Maria gli diede da cambiarsi con la biancheria del Nin e un paio di pantaloni di fustagno perché quelli che aveva indosso erano tenuti insieme con filo di ferro. Quando venne buio ritornò in bosco senza passare per casa perché le brigate nere, accompagnate dal Vacca, ancora gironzolavano per la contrada.

Lassú, intanto, si erano organizzati; gli alleati avevano fatto un paio di lanci dagli aerei nella zona di Campo Gallina ed ora avevano armi ed esplosivo. In paese si era costituito il Comitato di Liberazione e anche Massimo, il contabile del caseificio, ne faceva parte. Si erano stabiliti i collegamenti con le città in pianura e con altre zone di montagna, anche lontane. Per il nostro Altipiano passava gente che andava dalla

Svizzera ai Balcani o viceversa. Incominciarono anche atti di sabotaggio.

A Malga Fossetta si era costituito un gruppo dove la maggior parte dei componenti erano laureati o studenti di città. C'erano anche i due inglesi. Questo gruppo era comandato da Toni Giuriolo, un famoso antifascista di Vicenza, e il Moretto, perché conosceva bene le montagne, era lí come guida.

La notte tra il 4 e il 5 giugno vennero in tanti. Per ogni strada che portava alla montagna salivano file di camion con su tedeschi, fascisti e russi. Circondarono delle zone ben delimitate da strade o crinali, stabilirono dei posti fissi da dove era facile controllare ogni movimento e poi rastrellarono camminando a contatto con le armi spianate. Spararono; bruciarono malghe e pastorili.

Al tramonto ritornarono in paese e quella stessa sera, al bivio di una contrada, un uomo dai capelli grigi lasciava che l'acqua della fontana traboccasse dai secchi e pallido e immoto guardava i camion che scendevano dalla strada di Sant'Antonio. Con gli occhi pareva frugasse sotto i teloni dei camion e fin dentro il cuore di quelli che erano nascosti dentro. Era Giovanni, l'aiuto casaro e padre del Moretto.

Dopo un anno la guerra era finita e anch'io ero ritornato a casa. Stavo solitario come un animale ferito che si lecca le ferite nella tana; avevo anche sentito della guerra partigiana sulle mie montagne e della fame che c'era stata anche qui, ma ora le feste, i discorsi, i racconti di azioni o di paure passate mi cagionavano insofferenza. Dovevo anche cercare un lavoro ma non ne sapevo uno e pensavo di emigrare. Un pomeriggio venne a cercarmi Sandro.

Con don Angelo, zia Corinna ed altri era stato incaricato dal comando partigiano di raccogliere i corpi dei caduti in combattimento e dei fucilati; ma non era sempre facile localizzare il luogo preciso dove la terra e l'erba e i muschi del bosco li copriva. Già molti erano stati riesumati e riconosciuti, e il pavimento della chiesa di San Rocco era coperto dalle bare. C'erano quelli di Granezza, del Bosco Nero, del Colombara, di Malga Fossetta, ma ancora altri ne mancavano. Anche il Moretto.

Da come avevano ricostruito il combattimento del 5 giugno, risultava che il Moretto e qualche altro si erano ritirati sparando e facendosi seguire da un grande numero di tedeschi e russi fino sull'orlo dei Castelloni di San Marco, che precipitano sulla Valsugana. Lí si erano difesi all'ultima cartuccia; cosa era avvenuto dopo non si sapeva. Bruno Parent aveva interrogato un fascista che aveva partecipato al rastrellamento e sembrava che il Moretto, per non farsi prendere vivo, fosse saltato dalle rocce. Insomma, per la mia esperienza di alpinista, Sandro mi chiedeva se ero disposto ad aiutarli ad esplorare le pareti dei Castelloni per cercare il Moretto e gli altri che mancavano.

Erano quattro anni che non andavo in roccia, e la steppa e i Lager non avevano certo contribuito a tenermi in allenamento. Mi ricordai anche di quel luglio quando sul trenino avevo incontrato il Moretto nella divisa di recluta imberbe, e dell'aria nuova di quel giorno.

– Avete corde? – chiesi a Sandro. – Ce ne vogliono almeno centocinquanta metri. Ma io non ho forza per calarmi giú e poi risalire.

– Lo faremo noi, – mi rispose. – Tu basta che ci insegni come fare.

Trovarono le corde: due delle campane e quella della carrucola dell'impresa edile Masain.

Partimmo di buonora con il camioncino del Rosso della verdura. Eravamo un bel gruppo, ricordo. C'erano Massimo, Silvio, Moro, Danilo, Fernando, Bruno, Barba, il russo Vassilij, che era stato nella banda del Moretto, e un ex soldato tedesco che chiamavano Mario Berlinese, già condannato a morte dai suoi perché comunista e disertore e che da piú di un anno era con i nostri partigiani.

Il camion saliva fumando dal radiatore per strade di montagna tra una primavera esplodente; i miei compagni erano quasi tutti allegri per la giovinezza e la vita che erano riusciti a conservare intatte dopo la lotta partigiana. Io, invece, sentivo dentro una stanchezza mortale e un grigiore cupo, come se il tempo dei campi di concentramento mi si fosse tutto condensato addosso ora che ero ritornato a casa, a contatto con la libertà, e la forza che avevo avuto un tempo fosse rimasta impigliata nei reticolati.

Arrivammo a Malga Fossetta, lasciammo il camion, prendemmo le corde e ci inoltrammo per la mulattiera di Porta Incudine. Camminando parlavano del combattimento che si era svolto nella zona un anno prima e Vassilij e Bruno Parent non si trovavano d'accordo su certi particolari. Giungemmo sul ciglione che precipita per quasi mille metri e ci mettemmo a cercare qualche oggetto o segno tra i mughi e i crepacci.

In un cespuglio di rododendri Danilo raccolse una

manciata di bossoli del nove lungo e ci chiamò. Giú, la roccia scendeva a picco per un bel po' e dopo si vedevano ghiaioni, calanchi, nevai, torrioni, cespugli. Saldammo bene una corda a un larice che sfidava i secoli e i temporali, e la calai; ma nessuno sapeva fare la discesa a corda doppia e quindi con un'altra corda feci sicurezza, e uno si calò. Dopo scese un altro, e Silvio da una scaffa li guidava con la voce. Sotto, con cautela, incominciarono a esplorare i piccoli ripiani e i cespugli.

In un canalone dove un mugo spuntava tra la neve di una slavina trovarono un corpo. Chiamarono. Altri due scesero portando un telo e un sacco; poi lentamente e con fatica risalirono.

Sandro mi aiutava nella manovra delle corde e altri tiravano a tutta forza.

Non era il Moretto. Vassilij e Bruno riconobbero in quel corpo sfatto un partigiano della Pedemontana. Ora parlavamo tutti sottovoce, ma nessuno cercava di ricostruire l'ultimo atto di quella vita che si era spenta in un canalone dei Castelloni, perché tutto era chiaro.

Moro e Danilo si appartarono ad accendere il fuoco per riscaldare qualcosa da mangiare; intanto noi ritiravamo le corde. Quando ci riunimmo attorno al fuoco, presi dalla tasca un pezzo di pane biotto e mi misi a mangiare in silenzio. Moro mi guardò e poi disse: – Ma guarda, Mario, che qui ci dovrebbe essere anche la tua razione. – Non avete prelevato la razione per Mario? – chiese a Sandro.

Avevano portato fin lassú uno scatolone di viveri americani e Fernando mi porse una razione sigillata.

Non mangiai tutto perché il contenuto era sorprendente; c'erano persino tre stuzzicadenti, foglietti di carta morbida, gomma da masticare e dieci sigarette molto profumate. Con uno stizzo accesi una sigaretta e subito mi venne il capogiro.

Era pomeriggio inoltrato; con dei rami improvvisammo una portantina e con quel corpo leggero ritornammo al camion. Moro raccolse dei grandi mazzi di rododendri appena fioriti e con questi coprí il telo.

Dentro il camion scoperto eravamo tutti in silenzio e quando giungemmo in paese ci alzammo in piedi. La gente, al nostro passaggio, si scopriva il capo.

Lo portammo nella chiesa di San Rocco dove c'erano tutti gli altri.

Ancora altre volte ritornammo sui Castelloni di San Marco, trovammo altri corpi di partigiani, ma il Moretto non si trovava. In quei giorni fecero i funerali; venne tutto l'Altipiano e le bare erano tante che occupavano tutta la piazza davanti alla chiesa. Furono seppelliti nel nostro cimitero sotto un unico nome: «Caduti per la Libertà»; alcuni, anche, ritornarono ai loro paesi dove erano nati.

Massimo e Silvio, intanto, non volevano rinunciare alla ricerca del Moretto; troppo caro era stato per abbandonarlo cosí alla natura e agli animali rapaci. Dovevano trovarlo; per suo padre, e per metterlo accanto agli altri compagni.

Quel giorno vennero anche suo cugino Mario e sua sorella Nelda. Cercammo ancora tra quel terreno accidentato piú di ogni altro delle nostre montagne. Cercammo con pazienza, con ostinazione, perché nessuno poteva averlo portato via; e i piú ostinati erano sempre Massimo e Silvio.

Esaminammo la stretta gola dove erano saltati i partigiani di Roana (dopo il volo si salvarono perché sotto, quell'anno, c'era tanta neve e scivolarono via), rivedemmo i cespugli dove avevamo raccolto gli altri corpi. Assieme ai bossoli dei parabellum trovavamo anche quelli dei 91 degli alpini e dei mauser austriaci che risalivano ai combattimenti del 1916, e bombe inesplose nelle fenditure della roccia.

Fu Bruno che trovò un fazzoletto all'imboccatura di un vaio. Ci chiamò. Riconobbero che era stato suo, del Moretto. Uno si calò con la corda e sulla prima scaffa trovò il parabellum senza piú un colpo. Guardando giú per i precipizi della Valsugana a qualcuno sembrava di vedere una macchia piú scura dentro un mugo isolato sopra altri precipizi.

Tentammo di calare con le corde, ma non arrivavano fin là; e le rocce, in quel punto, erano molto friabili. Silvio disse: – Faccio io il giro per Porta Moline e vado per sotto.

Noi aspettammo sopra e quando lo vedemmo comparire piccolo e solo, Massimo, tenendosi con una mano a un ramo che sporgeva sul burrone, lo guidò con la voce tra i pinnacoli e i canaloni.

Quando raggiunse il punto, Silvio non ci gridò niente; stette curvo un bel poco e poi cercò di avvicinarsi fin sotto la parete: – Calate giú le corde, – ci gridò da sotto, – e un telo.

Due si calarono per tutta la lunghezza della corda; giunti su un ripiano la ritirarono e la fissarono in qualche modo per ritornare a calarla. Dai piedi della parete procedettero con cautela sul pendio ripidissimo fino a raggiungere Silvio.

Quando Silvio stava risalendo, portando sulle spalle il telo con dentro il corpo, ci investí un temporale che non avevamo avvertito in tempo. A metà strada non ce la faceva piú a risalire perché le mani gelate non facevano presa sulla corda; allora altri due di noi scesero ad aiutarlo.

Il telo con dentro il corpo stava ora su un ripiano di pietra e pioveva gelido. Mario e Nelda erano qualche metro in disparte; Silvio era sfinito e pallido, Massimo non parlava e fissava il telo. Vassilij e Bruno svolsero il corpo; Vassilij sbottonò la giacca e levò il portafogli; l'aperse. Apparvero delle fotografie stinte e bagnate ma dove si potevano ancora ricostruire visi di ragazze sorridenti o sognanti. Dietro a una c'era una parola ancora decifrabile. – Questo stare Moretto, – disse Vassilij.

Lo portammo giú tra la pioggia gelida e la grandine; alla chiesetta degli alpini del Bassano ci fermammo per ripararci dal temporale. Sul camion lo coprimmo di fiori gocciolanti e due giorni dopo ebbe un funerale che nemmeno un re avrà mai.

La scure

a Primo Levi

In quella mattina di primo inverno era stato un continuo stacco e un continuo ritorno. E il ritornare era piú doloroso che il partire. Restava fermo, il corpo, dentro il letto e la finestra inquadrava un'alba grigia e un abete scuro.

Tutto lo scalpiccio, il bollire delle siringhe, il ronzio degli strumenti che aveva fatto arrivare il professore, la ricerca delle medicine e, infine, la barella e l'autoambulanza erano cose che non mi riguardavano perché venivano fatte per quella parte di me che aveva deciso di abbandonarmi. Solo che quell'altro luogo dove doveva andare quello che di me era l'essenza, e che a tratti in questi momenti intravedevo, non era poi come lo avevo pensato: non colline boscose con ruscelli, non praterie con fiumi, non montagne azzurre con torrenti; nemmeno i cari amici e le care donne amate, né notti limpide, né albe, né animali e uccelli da cacciare senza far morire. Non era cosí, no. Intravedevo solidi luminosi di luce propria in un liquido grigio e pure luminoso: e tutto dava il senso di una grande pace. Fuori da ogni immaginazione. (Ma io, ora, continuo a sperare che oltre questi solidi geometrici con luce propria in un liquido grigio ci sia quell'altro luogo: il mio).

Dopo una settimana di ospedale chiesi come ero orientato; dove guardassero le finestre della stanza, a che piano ero. Rimasi male quando mi disse che avevo la testa a sera e i piedi a mattina. La finestra guardava a mezzogiorno e nel cielo plumbeo a segnare il tempo era solo il volo dei corvi. Lei mi spiegava che si vedeva il bosco con una fascia di pascolo e una casara e, piú basso, un altro dosso boscoso di fitti abeti. Capii che quello lassú era il posto dove nelle sere di ottobre si aspettava il volo della beccaccia e dove in primavera si vedono i branchi di caprioli al pascolo. Vicino alla casara c'è un grosso abete bianco.

– Lo vedi? – chiedevo. – È là, sai, che alla prima neve viene a svernare un vecchio urogallo. Tutto l'inverno rimane su quell'abete, da anni. E lui mi conosce.

– Non parlare, ti stanchi, – lei mi rispondeva. – Immaginalo pure ma non parlare.

– E quel dosso basso allora non era cosí: la guerra aveva tutto distrutto quel bosco. Vedevi solo trincee e scavi e reticolati: da bambino andavo a scavare le cartucce, dopo vi crebbero lamponi e fragole, dopo, ancora, rimboschirono e con mia cugina andavo a raccogliere i funghi. Quanto saranno alti quegli alberi, ora?

– ... basta, non parlare. Non vuole il professore. Vuoi che ti legga il giornale?

– ... non me ne importa niente del giornale.

Un pomeriggio venne a trovarmi il guardacaccia; odorava di bosco, di tabacco e di aria libera. Restò impacciato in fondo al letto rigirando tra le mani il cappello e in quella stanza bianca di medicina e di silenzio mi parlò della nostra riserva alpina, di come si era chiusa la stagione, quanti animali erano rimasti vivi, quanti abbattuti. Fui felice nel sentire che gli urogalli del bosco della Bulda nessuno li aveva trovati, che ancora intatta era tutta la famiglia. Arriverò a sentirli cantare la primavera prossima? Pure, anche se non ci sarò, è bello sapere che loro ci saranno. Ma la novità del guardacaccia era questa: che nei boschi a sud è stata accertata la presenza di una famiglia di cervi. Erano stati visti piú volte. Che lo chiedessi per conferma qui al Walter, il meccanico dell'ospedale. Ricordavo una fotografia che avevo visto in casa di vecchi amici: sullo sfondo del bosco tre cacciatori vestiti all'antica posavano attorno a un grande cervo; anche i cani erano in posa. Dietro c'era la data: bosco dei Meltar, settembre 1901. Dopo d'allora piú nessun cervo era stato visto; ed ecco che ora ritornavano. Che siano venuti per prendermi?

Piú tardi chiesi all'infermiera se era possibile vedere il Walter. È vero, mi confermò lui. I cervi chissà da dove sono venuti. Piú volte i suoi cani li avevano scovati e inseguiti: alla piana del Meltar, al Prunno e anche alla Luka e alla Busa della Tanna. Il maschio ha un bellissimo palco e correndo nel bosco, con la testa portata all'indietro, fa un fracasso da mettere paura.

– E non hai sparato? – gli chiesi.

– No, – rispose lui. – Mi dissi: non sparare Walter. Eh no! urlai a mio fratello. Non sparare! E poi ci siamo passati parola tra noi segusisti per proteggerli e lasciarli in pace a prolificare, finché ce ne saranno tanti come i caprioli.

– Sarebbe meglio farli proibire in calendario, – dissi, – perché se quando viene la neve si spostano verso la Pedemontana è finita per sempre.

Mi venne l'angoscia in fondo alla gola perché pensai che anche per me era finita per sempre: non piú le albe tra i larici rossi e i mughi cupi, non piú l'ot-

tobre dentro il bosco umido e odoroso di terra viva, non piú il sole di striscio sui falaschi dei beccac-
cini. Nascosi la testa sotto il lenzuolo e lei mi disse:
– Vuoi dormire? Abbasso le tapparelle?

Da giorni il cielo s'era ingrigito, ogni tanto qualche
fiocco di neve scendeva leggero, ma non riusciva a
imbiancare: era troppo freddo. Tirandomi un po' su
riuscivo a vedere dal letto una striscia di bosco e immaginavo lí dentro i cervi.

Una mattina ci fu grande silenzio; anche le preghiere delle suore erano lontanissime: al di là delle cor-
sie, e delle pareti, e delle mura, e dei boschi, e delle
montagne. Forse venivano, quelle preghiere, da dove
erano i solidi geometrici di luce propria. Attraverso
la finestra scendeva la neve.

Fu come se la stanza dove ero disteso dentro il letto bianco si staccasse da tutto il resto del fabbricato e
se ne andasse per conto proprio come una mongolfie-
ra, o meglio come un palloncino colorato nel cielo di
aria buona e di neve: sopra i boschi dei cervi, sopra
le case degli uomini. Tutto appariva nuovo come il
giorno della creazione dopo un milione di anni luce.
Cosí era stato allora. Nel 1945.

Il Lager avrebbe dovuto restare dietro le spalle,
lontano; in una landa della Polonia. Ma non era perché le baracche allineate nei blocchi, i reticolati con
sopra, alte come su trampoli, le torrette delle mitragliatrici mi seguivano. Camminavo da centinaia di
chilometri e attorno restavano sempre queste cose:
mi attorniavano come un abito. Reali, non di impres-
sioni o di aria, e non riuscivo a liberarmene. Forse
neanche tentavo, anche se fisicamente ero riuscito a

scappare e a camminare, come fossi libero, per pianure e boschi e montagne fino al giorno in cui l'acqua
scese dall'altro versante. La neve di queste ultime
montagne, che avrebbero dovuto essere le mie, era
ancora neve di steppa. Le erbe e le chiocciole che
mangiavo non erano ancora erbe e chiocciole ma pur
sempre restavano rape guaste e sabbiose.

Anche la pianura e la festa per la Liberazione e il
giorno della pace, in quel maggio del 1945, non erano ancora per me. Non mi accorgevo delle rondini,
del suono delle campane, dei fiori dei ciliegi, del canto dei tordi, delle api sui colchici, perché ancora avevo i comandi urlati. Come frustate su un animale che
non reagisce. Neanche la strada dove avevo giocato,
la casa dove ero nato, la tovaglia bianca sotto la luce
riuscivano a estraniare la fame, il freddo, le battaglie,
le morti innaturali, il Lager.

Di notte, nel sonno, urlavo. Di giorno andavo per i
boschi senza sentire i fringuelli, senza vedere le tracce del capriolo, senza odorare il sambuco. E non cercavo nessuno.

Una mattina sentii battere una scure sul fianco del
monte: un rumore nuovo. La scure di un legnaiuolo,
non la mitragliatrice, e lo avevo percepito.

Camminai per il sentiero, quasi corsi sul filo di quel
suono, e quando fui vicino mi fermai. Alzando la testa vide che lo guardavo; mi salutò sorridendo; stac-
cò da un ramo la borraccia di legno, fece spillare l'acqua e me la porse: – Vuoi bere? – disse.

Ritorno sul Don

Ogni anno, quando cadeva la prima neve e dalla finestra che guarda gli orti vedevo tetti e montagne imbiancarsi, mi prendeva una malinconia che stringeva il cuore e mi isolava da tutto il resto. Come se questa neve avvolgesse e coprisse la vita che è nel corpo. Anche di notte mi svegliavo quando nevicava. Lo sentivo che nevicava, e stavo immobile dentro il letto.

I primi anni prendevo gli sci e andavo. Andavo da solo dove non avrei incontrato nessuno. Nessuno, tranne quello che avevo lasciato là.

Certe volte che ero in ufficio a trascrivere le volture catastali sui vecchi registri mi pareva che il nero dell'inchiostro ferro-gallico sulla pagina fosse come la colonna in ritirata nella steppa. E mi capitava pure di scrivere nomi di compaesani che non erano ritornati.

Allora per delle giornate intere stavo zitto e chiuso; i colleghi d'ufficio e a casa dicevano che era perché avevo la luna di traverso. Era difficile spiegare, o non volevo. Perché una madre che aspetta non poteva sapere. Aspetta, prega, ma non si stanca di sperare. Magari, dice, è sposato in qualche parte perché la Russia è grande; e magari avrò anche dei nipotini, laggiú. Mi mandasse almeno una cartolina, pensa. E intanto vive.

Ma io sapevo. Avevo visto cose che non si possono dire alle madri. Cosí, ogni volta che nevicava era come morire un poco. Ma passavano anche gli inverni, e a primavera, quando ritornavano le allodole, il cuore si liberava dalla stretta come il prato dalla neve.

Fu per questo vivere, forse, che un mattino di dicembre il cuore si fermò? Forse poteva essere un allarme per dirmi che avevo ancora poco tempo? Ma io so che il tempo della vita non è quello che si misura con l'orologio.

Andai in pensione. Per mesi ogni tanto mi capitava in casa un contadino per chiedermi di controllare sui registri la superficie delle sue proprietà, o una vecchia perché spiegassi la maniera di fare un testamento giusto, o un emigrante per la successione del padre, o un bottegaio per la denuncia dei redditi. Sentivo il mio cane abbaiare verso la strada che saliva dal paese e dicevo: eccoli, vengono da me. E se anche mi distoglievano dai miei lavori manuali, in fondo ero contento di giovare a qualcuno.

Però solo una cosa, ora, mi interessava veramente: avere quanto prima l'indennità di buonuscita che da Roma doveva liquidarmi l'Enpas. Quei soldi li volevo per ritornare in Russia. Forse avrei potuto trovare anche un giornale che avrebbe finanziato il viaggio; ero pur sempre quel tale che aveva scritto *Il sergente*. Anche degli amici comunisti avrebbero trovato il modo di farmi ritornare laggiú con poca spesa. Ma non volevo questo, o non cercavo queste strade; volevo essere libero di andare a modo mio.

Quando arrivò l'assegno della Banca d'Italia scrissi all'Inturist di Milano. Era d'estate, e mi risposero che avrebbero organizzato il viaggio per ottobre, quando non ci sarebbe stata la confusione dei turisti; ma fino a Charkov: arrivati là, avremmo dovuto, per proseguire, prendere accordi con le organizzazioni locali.

Interessai un amico di Roma il quale a sua volta parlò con altri amici che telefonarono a Mosca: – Che venga intanto fino a Charkov, – dissero.

Mi bastò quell'*intanto*. Sí, perché non solo attraverso i loro poeti e i loro narratori, ma dal vivo, in Ucraina e in Russia Bianca, ma piú ancora nei Lager tedeschi, avevo capito il loro animo. Tante cose vissute in comune con loro, la fame specialmente e l'amicizia soprattutto, non potevano cadere nel niente.

Quando ogni cosa fu pronta mi decisi di parlare per telefono con il direttore del «Giorno». – Vado in Russia, sul Don, forse. Pubblicheresti qualcosa che potrei scrivere?

Era di notte. Il mio cane abbaiò forte e festoso perché certo credeva che si andasse sulla montagna a galli: – Stai buono, – gli dissi, – per questa partenza non mi dispiace perdere il passo delle beccacce. Ma quando tornerò ne troveremo ancora qualcuna.

In cucina, su tre fogli distinti, erano scritte le incombenze sotto ogni nome: uno doveva badare alle galline, al cane, all'orto (le api non avevano bisogno di nulla in questa stagione); uno alle pulizie della casa; uno a preparare il cibo per tutti.

Pioveva, era notte fonda e mentre l'automobile ci portava giú per i tornanti della montagna per prendere il treno che da Torino arriva fino a Togliattigrad, pensavo alle altre mie partenze.

Questa era la terza volta che andavo nelle Russie; la prima fu quando partimmo da Aosta con il Cervino, la notte del 13 gennaio 1942. Nevicava, allora.

Gli alpini salivano sui vagoni con fiaschi e bottiglie in mano e nello zaino, e vino in corpo; si cantava e uno della mia squadra frantumò un fiasco pieno sulla testa di un ufficiale superiore che ci voleva contegnosi e disciplinati. Il vino rosso gli colava giú dal viso e fino in terra lungo la divisa, e con il cappello schiacciato in testa stava lí stupito senza dire parola.

Il viaggio fu lungo, durò fino al 21 febbraio: quaranta giorni attraverso la Germania, la Polonia e l'Ucraina. Il freddo era intenso e persistente. Il treno tutto coperto di ghiaccio molte volte era costretto a fermarsi perché si congelavano gli impianti di riscaldamento, o i freni non funzionavano. Nei vagoni installammo delle stufe e per farle funzionare molte volte andavamo a rubare il carbone nei depositi delle stazioni.

Piú avanti, in Polonia, il treno si fermava perché i partigiani facevano saltare i binari o i ponti sui fiumi. Allora, in quelle lunghe soste, l'aiutante di battaglia Gualdi ci raccontava di quando era stato al Polo Nord con il capitano Sora alla ricerca della Tenda Rossa; o, anche, con Gigi Panei cantavamo le canzoni abruzzesi.

Ogni mattina con il fiato scioglievo un cerchietto di ghiaccio sul vetro del finestrino e attraverso questo foro osservavo curioso un mondo insolito e nuovo: sterminate pianure, foreste sepolte nella neve, villaggi, voli di corvi, lepri, caprioli.

Un giorno incrociammo un treno carico di feriti che scendevano dal fronte di Mosca; stavano ammucchiati sulla paglia dentro i vagoni merci, fasciati con bende di carta, poco coperti, pidocchiosi. Erano nelle medesime condizioni di come si sarebbe stati noi un anno dopo, all'uscita della sacca del Don. Un alpino di

Gressoney che parlava tedesco chiese a uno di loro che a sua volta ci aveva chiesto da fumare: – Come va la guerra? – Merda! – ci rispose.

Nello scompartimento di terza classe assieme a me c'erano De Marzi, Bonomi e Marcellin; due dormivano sulle panche e due sui teli da tenda tesi come amache. Io stavo sopra, dentro il telo, e quando il treno partiva o si fermava gli scossoni erano tali che si dondolava per un bel poco. Nelle stazioni dove si fermavano per fare rifornimento di acqua e carbone, andavamo di corsa nei posti di ristoro della Croce Rossa; là ci davano in abbondanza infusi di tiglio che le inservienti si ostinavano a chiamare tè, o anche, ci davano, pappette di semolino. Strane, in quelle stazioni, erano anche le latrine: stanghe sospese orizzontalmente sopra le fosse dove si stava accovacciati con la stanga sotto le ginocchia come lunghe file di uccelli sui fili della luce.

Una volta ci dissero che il treno sarebbe stato fermo per almeno sei o sette ore. C'era una stazioncina semidistrutta con un passaggio a livello, e lontano, dentro la bianca pianura, un villaggio coi tetti di paglia. Andammo verso il villaggio, e lungo la strada un contadino ci fece salire sulla sua slitta. C'era il mercato: uova, galline, nastri, paste colorate, semi di girasole, sedie impagliate, utensili da tavola in legno e donne che conversavano animatamente. Due soldati tedeschi delle SS, armati di tutto punto, osservavano staccati e con aria di sufficienza. Barattammo due saponette e un pettine con parecchie uova.

In un altro villaggio incontrai un vecchio che nel 1917 era stato con gli austriaci nel mio paese devastato; io gli offrii tabacco e lui mi portò un secchio di birra, e stemmo a conversare in una lingua strana, ma dicendoci tante cose, durante tutta la sosta.

Il 7 febbraio eravamo a Leopoli e qui piú che altrove si vedevano i segni della guerra. I cittadini silenziosi e dimessi nella stazione semidistrutta mi fecero piú impressione che non i carri armati e gli aeroplani sui campi delle grandi battaglie. E dopo, a mano a mano che ci si addentrava nell'Ucraina, non si vide una stazione ferroviaria intatta, né una fabbrica; cosí che pareva impossibile che un treno potesse ancora andare.

Il 23 febbraio il generale Messe che comandava il CSIR venne a Jassinovataja e ci fece il discorso. Disse che il Cervino era un battaglione speciale, da non sprecarsi, e che il nostro compito sarebbe stato di far pattuglie nelle retrovie russe e colpi di mano.

Venne un marzo freddo che per niente annunciava la primavera. Si andava di pattuglia con gli sci per le pianure nei dintorni di Rikovo, e un giorno ci imbattemmo in una grande fossa ricolma di cadaveri nudi di ogni età e sesso. Restammo sconvolti e quando un tenente volle ritornare su quel posto con la macchina fotografica, trovò le fosse coperte con terra e neve.

Nei giorni di riposo andavamo a fare i tiri contro le piramidi dei materiali di scarto delle miniere, o anche in un grande stabilimento dove ci dicevano di disfare gli impianti elettrici e i grossi cavi di rame delle centrali. E mi faceva rabbia veder distruggere impianti costosi per ricavare il metallo. Dicevano, gli alpini, che il rame serviva in Italia per solforare le viti.

Qualche pomeriggio ci portavano anche a teatro. La compagnia teatrale era di ragazze e ragazzi ucraini che ballavano e cantavano in costume. I soldati che affollavano il teatro di Rikovo fischiavano, urlavano e battevano i piedi quando nel ritmo della danza apparivano le ginocchia delle ragazze o sobbalzavano i seni. Ma certe canzoni profondamente malinconiche facevano stare tutti zitti.

Quel che era strano in quel periodo era che di notte si facevano pattuglie e colpi di mano e di giorno si andava a spasso per la città o a teatro.

Nella primavera del 1942 ritornai in Italia con altri compagni, alla Scuola d'Aosta. Alla stazione di Jassinovataja, Simonutti e Anzi rubarono alla sussistenza un barile di cognac; dopo la bevuta si addormentarono in Russia e si svegliarono a Udine.

Nell'estate ritornai al mio reggimento e ripartimmo per le Russie la seconda volta.

Eravamo in tanti, questa volta, tre divisioni: nove reggimenti di alpini e tre di artiglieria, e i servizi; tanti lunghi treni, con tanti muli, non i trecento alpini del Cervino. Diceva, radio scarpa, che si sarebbe andati nel Caucaso per poi scendere da lí per l'Armenia sino a incontrare l'armata dell'Africa che sarebbe salita dall'Egitto.

Ma in una tampa a Torino, la sera prima di partire un operaio della Fiat mi aveva detto: – Non finirà tanto presto questa guerra. La Russia è grande. Cosa credono di fare Mussolini e Hitler? La fine di Napoleone, faranno. Quello che ti auguro è di ritornare a casa –. Bevemmo insieme un paio di bottiglie.

Era una domenica mattina e, al comando «Zaino in spalla, riposo», uscimmo dalla caserma Monte Grappa con la bocca ancora impastata per il vino della notte. Le strade mattutine di una Torino ancora addormentata erano deserte; i rari passanti si fermavano sui marciapiedi e ci guardavano passare senza farci alcun gesto. Il rumore dei chiodi degli scarponi e degli zoccoli dei muli sull'asfalto di corso Vinzaglio sembrava riempire la città; nelle case la gente dentro i letti forse ascoltava questo rumore giungere alle finestre e svanire come un brontolio. Erano gli alpini della Tridentina che andavano in Russia.

Alle 10,40 la tradotta partí, e Gazzoli, il tromba della compagnia, suonò l'avanti; il macchinista rispose con il fischio del vapore. Gli alpini urlarono. Dopo i primi giri delle ruote Bona intonò: «Non ti potrò scordare piemontesina bella...» e tutto il treno rispose al suo invito. Cosí, con un grande coro, partimmo dalla stazione di Porta Nuova quella domenica del 26 luglio.

A Brescia trovammo tanto vino perché dalle montagne erano scesi i parenti dei nostri compagni bresciani; vino, pane e salame anche a Verona per i veronesi, e anche a Trento per i trentini. Poi, quando il treno scese dall'altra parte delle Alpi, stavamo a guardare dalla porta spalancata del carro ferroviario, con le gambe a penzoloni.

Ora sono venuto in Russia per la terza volta. Il treno è entrato in Ucraina e corre via liscio e veloce; a Cop, mentre ci controllavano i passaporti, gli operai hanno cambiato i carrelli ai vagoni e ora non si sentono piú i sobbalzi e gli scossoni che nell'attraversare l'Ungheria ti mescolavano il cervello e le viscere. Allora i treni non facevano questa strada, passavano piú a nord, per la Cecoslovacchia e la Polonia. Da Leopoli sí che sarà la stessa. Sarò forse il primo alpino che ritornerà in quei luoghi dopo trent'anni. Come sarà?

Il treno corre tra i boschi della Transcarpazia, ricordo i miei due viaggi precedenti, i compagni di allora. In silenzio guardo le cittadine e i villaggi con i camini che fumano, le oche negli stagni, i vagoni che sfilano nelle ampie curve. L'autunno è meraviglioso di colori e questi boschi sembrano i miei. Volentieri mi fermerei a parlare con quel cacciatore e quel ragazzo: hanno appena sparato e il cane gli riporta la beccaccia. È un mondo pulito e pacifico, ma pure sento dentro qualcosa che risale, come una paura profonda e assopita, e quando giungiamo a Lvov (la Leopoli per i polacchi, la Lemberg per i tedeschi) mi ritrovo dentro la stazione di allora, quella distrutta dai bombardamenti e le donne ebree di quel lontano 1942, e non questa ricostruita, con la gente tranquilla e serena attorno ai treni.

È notte, mia moglie prepara i lettini nella cabina e intanto parlo nel corridoio con i compagni di viaggio. Due sono italiani, gli altri russi. Il piú giovane degli italiani si è laureato a Mosca e ha sposato una ragazza di qui, ora si interessa di export-import; l'altro italiano è un vecchio fuoruscito della Bassa Padana, al suo paese faceva il fabbro ma nel 1925 dovette emigrare in Francia perché i fascisti di Farinacci volevano ucciderlo; dalla Francia passò in Russia dove continuò a lavorare come forgiatore in una grande officina. Mi parla delle lotte proletarie del 1920 e poi del suo mestiere di ferraiolo, di come conosce bene i metalli e di come li tempra, di come i cacciatori del suo paese e anche qui in Russia gli portavano i fucili perché li aggiustasse quando saltavano le molle dei cani. Mi mostra con orgoglio la lettera che Longo gli ha mandato in occasione del suo cinquantesimo di militante comunista, la medaglia d'oro e la cicatrice sulla mano, quando venne ferito in uno scontro davanti la Casa del Popolo. Gli aveva fatto impressione rivedere il suo paese dopo tanti anni, e commosso la festa dei vecchi compagni; pure sentiva nostalgia della moglie che lo aspettava a Mosca e del pane nero e saporito. Mi dice anche in confidenza che quando al confine sono saliti i funzionari russi, ha sentito che tra loro dicevano di un certo Rigoni, un italiano, scrittore di guerra, che avrebbe dovuto essere sul treno. Mi aspettavano, insomma.

Tra i viaggiatori russi c'è un giovane tecnico che viene da Torino. Sono quasi due anni che manca dall'Urss e la sua impazienza per arrivare a casa è grande e comprensibile. Sí, certo, dice, in Italia si sta bene e la gente è brava, ha trovato anche amici con cui andava a pescare le trote nei torrenti delle Alpi piemontesi, ma a Ulianov, sul Volga, è un'altra cosa.

I miei compagni di viaggio dormono nelle loro cabine, il treno corre liscio sulle rotaie, la notte è serena e le costellazioni mi indicano l'orientamento: andiamo verso sud-est. Passano foreste, villaggi con piccole luci, città illuminate, distese di terra nera arate di fresco, stoppie, altre distese, ancora villaggi: questa è la Russia. Domattina saremo a Kiev. Per questa strada ferrata passammo anche allora, e da Vinitza era Lisa Mitz che faceva la cuoca al distaccamento di prigionieri lungo la ferrovia del Baltico. Sarà ancora viva?

Il treno corre nella notte e non dormo. Allora eravamo in tanti dentro i vagoni dalle porte spalancate e si stava distesi tra armi e zaini. Ma ha un senso andare alla ricerca di quel tempo?

A Kiev, appena siamo giú dal treno si avvicina una ragazza: – Scusi, – dice in perfetto italiano, – è lei il signor Rigoni Stern? Le do il benvenuto. Sono dell'Inturist.

Un uomo ci porta i bagagli sino a una macchina che ci aspetta davanti alla stazione. Andiamo con fiducia e mia moglie mi prende a braccetto. Certo, questa che vedo ora non è la Russia dei miei ricordi: la città è pulita, ordinata, fresca; e la gente se ne va tranquilla per le belle strade alberate. Ma questo parlare mi riporta i compagni con i quali ho diviso i lunghi mesi nei Lager tedeschi, e i ragazzi che se ne vanno a scuola allegri altri ragazzi che in tristissimi tempi si erano aggregati alla cucina del Cervino per poter sopravvivere.

Si sa che Kiev è una città antica, con parchi sterminati e il grande Donetz, la gente cordiale; ma la prima cosa che qui appare evidente è la grande pulizia che si nota dovunque: nelle strade, nei parchi, alla stazione delle corriere, nei sottopassaggi, sulle rive del fiume.

L'interprete vorrebbe accompagnarci nei soliti luoghi che i turisti vogliono vedere: il Gum, il metrò, i musei, le cattedrali, i vecchi conventi, e rimane sorpresa quando le dico che preferisco stare tra la gente.

I colori e il sole di questo lungo autunno sui giardini di Kiev mi allontanano dallo scopo del mio viaggio fino a quando in un parco sopra la collina vediamo il monumento ai soldati caduti per liberare la città nel dicembre del 1943. Leggo il nome di un generale di quarantadue anni e quello del giovanissimo soldato che per primo vi entrò su un carro armato, e vedo la grande fossa dove sono tutti insieme sepolti e i fiori freschi sulle pietre. Due sposi si fanno fotografare davanti alla «fiamma della gloria eterna» e l'interprete mi spiega che tutte le giovani coppie vengono qui a portare i loro fiori per riconoscenza e ricordo.

Nella primavera del 1945 a Kiev erano sopravvissuti appena duecentocinquantamila abitanti, ora sono oltre i due milioni. I trucidati, i deportati, i caduti in combattimento in Ucraina furono milioni, e non c'è casa o famiglia che non abbia avuto i suoi morti.

Ma questo lo sapevo anche se la guida-interprete non me lo diceva; lei lo ha imparato a scuola, io qui, allora. Ed è per questo che vorrei camminare per le strade come uno di loro; come quel contadino dalla faccia tartara, quel mutilato con le stampelle, quell'operaio con le mani in tasca e la berretta alla Lenin che si fuma la sua papiroscka aspettando il tram. O sedermi accanto a quell'ebreo, chissà come sopravvissuto, che sulla panchina si gode il sole guardando i ragazzi che giocano. No, noi qui non eravamo come i tedeschi; e dopo, quando ognuno poté scegliere, fui con voi. Per questo posso dire tranquillamente: – Ià italianschi, – e voi rispondermi sorridendo: – Italianschi carasciò!

Oggi, qui a Kiev, potrebbe essere venuto dalla campagna dei dintorni anche Vassilij, il partigiano russo che aveva combattuto sulle mie montagne e che ancora i compaesani ricordano con affetto. Io l'avevo conosciuto quel giorno che andammo a recuperare il corpo del Moretto, giú per i precipizi della Valsugana. E Kremenciug? Era grande e grosso, e nella «baracca della fame» ricordava il pane della sua Ucraina e i campi di frumento e di girasoli. Faceva il ferroviere, e lo chiamavamo con quel nome perché era macchinista sulla linea Kremenciug-Kiev. Sarà ritornato a far correre i treni per le sue pianure? e a mangiare il suo pane saporito? Era quasi sempre allegro, ma certe volte lo prendeva la nostalgia e piangeva come un bambino.

Il giorno dopo sono in viaggio per Charkov: è da questa città che spero di raggiungere il Don. Qui a Charkov vi era un grande ospedale italiano dove molti nostri compagni sono morti. Anche il mio capitano che venne ferito a Nikolajevka il 26 gennaio. E nei pressi di Bielgorod, a una ottantina di chilometri da qui, siamo usciti dalla sacca in quel febbraio del 1943.

In treno ci fa compagnia una donna ucraina; fu deportata in Germania nel 1942; nel 1944 arrivò sino in Italia, nel Friuli, come operaia lungo le ferrovie; dopo fu liberata dagli americani, e dalla Germania passò in America dove aveva dei parenti emigrati. Ora è ritornata in Russia come turista, ma il mondo della civiltà consumistica non è riuscito a cambiarla perché è rimasta la dolce bàbusca contadina. Si fermerà qui un paio di mesi e si porta al seguito una nipote per fare il giro di tutti i conoscenti. A Charkov scendiamo allo stesso albergo.

Anche qui mi aspettano alla stazione, e dopo, in albergo, il direttore dell'Inturist mi chiede se il mio desiderio è proprio quello di visitare i luoghi dove hanno combattuto gli italiani. Ci tiene a precisare che le distanze sono grandi, le strade non tutte buone e, infine, mi chiede se sono disposto a pagare in valuta, ossia in dollari o lire, tutte le spese per autista, macchina, accompagnatrice. Mi domanda con insistenza perché voglio andare in quei posti scomodi e lontani dopo tanti anni, se lo scopo del mio viaggio è speculativo e se dietro di me vi sono organizzazioni politiche, o giornalistiche, o la televisione. Mi assumerò tutte le spese in lire, lo rassicuro; dietro di me non vi sono organizzazioni, e lo scopo del mio viaggio è solo per portare un saluto ai miei compagni caduti e rimasti per sempre in quelle steppe, e anche un ringraziamento alla gente dei villaggi e delle isbe. Solamente ora sorride appena: – Allora siamo d'accordo, – dice. E sul volume delle carte stradali dell'Urss, che un amico di Milano mi aveva mandato a casa (lo stupisce questo volume di carte edito a Mosca, nemmeno loro lo conoscevano), facciamo l'itinerario per l'indomani.

Lasciamo Charkov al primo albore perché la strada sarà molto lunga. Dopo circa centocinquanta chilometri di camionabile asfaltata ci inoltreremo per piste di terra battuta sino a raggiungere Valuiki, poi piegheremo a nord-est per Nikitovka e Arnautovo, e da lí, per Nikolajevka lungo la strada del nostro ripiegamento, ritorneremo a Charkov per Sebekino e Bielgorod.

Per buona sorte il cielo è limpido e la temperatura fresca, appena qualche grado sotto zero. Il nostro autista si chiama Jurij e l'accompagnatrice, che parla il francese, Larissa. La macchina, una Volga, affronta con buona velocità la strada e sorpassiamo i camion dei kolcosiani che vanno al lavoro, trattori, motocarrozzelle. Dopo una cinquantina di chilometri costeggiamo un grande lago artificiale e Larissa ci spiega con orgoglio che quest'acqua serve per le industrie metallurgiche di Charkov: viene pompata, usata, depurata e nuovamente qui rimessa.

Piú avanti entriamo in quella parte dell'Ucraina meno abitata, i villaggi sono lontani tra di loro decine di chilometri; a tratti, dopo le distese di terra nera e grassa, affiorano colline biancheggianti solcate dai calanchi; le isbe hanno quasi tutte il tetto di paglia; le strade sono piste di terra battuta, come allora, e, ai lati di queste, ogni tanto compaiono i lunghi pagliai dove avevano trebbiato nell'estate.

Era su pagliai come questi che molte notti si cercava riparo dal freddo e dalla tormenta; qualche volta venivano incendiati da quelli che stavano sotto, e chi stava sopra finiva bruciato. Spiego questo sottovoce a mia moglie ma anche Larissa ha capito qualcosa e chiede spiegazioni. In russo-francese tento di farmi capire e l'autista che segue attentamente le mie parole dice dopo: — Anch'io ho combattuto da queste parti; da Voronesc a Valuichi nell'inverno del '43. Davanti a noi avevamo gli ungheresi; ma poi ho visto anche gli italiani. E sempre camminando sono arrivato sino a Berlino nel 1945.

Ha la mia stessa età, ed è uno dei rari sopravvissuti di questa leva in Urss. — I nostri compagni, — dice, — sono tutti morti!

La strada diventa sempre piú accidentata, sul fondo delle balche ci sono dei fossi che ci fanno sbattere la testa contro il tetto della vettura, ma Jurij è un autista eccezionale e guida la sua Volga come fosse un carro armato. Il viso di Larissa non è piú allegro come alla partenza; anche per lei, abituata ad accompagnare operatori stranieri nelle officine di Charkov, questa Russia forse è nuova.

Quando attraversiamo un villaggio mia moglie guarda curiosa le isbe e dice: – A vederle, le donne, sembrano vestite in maniera goffa, ma tra le casupole ho visto stesa della biancheria che non ha niente da invidiare la nostra.

È mezzogiorno e abbiamo continuato ad andare senza mai fermarci; consultando le carte e i chilometri fatti dico che si dovrebbe essere fuori dall'Ucraina e già nella repubblica russa. – È vero! – mi conferma Jurij. E Larissa ridendo: – Andiamo per le Russie!

Finalmente incontriamo una tabella che indica Valuichi a quarantatre chilometri. Ci arriviamo dopo l'una e quando scendo dalla macchina sento che ora, sí proprio ora, sono tra loro. Tra gli alpini, dico. E mi allontano dal gruppo per una strada qualsiasi. Quasi mi viene da chiamare nomi.

Qui, tra queste case, per queste strade, per questi orti finirono i resti della Julia e della Cuneense tra il 26 e il 28 gennaio del 1943. I paesani e i ragazzi mi guardano curiosi: – Chi sarà questo straniero dal passo incerto?

Mia moglie mi chiama e anche Larissa e Jurij mi fanno cenno di ritornare.

Nel ristorante del Soviet locale è pronto da mangiare per noi. Ma io prima mi aggiro ancora, solo, attorno alla chiesa bianca e celeste dove vecchie contadine sono forse venute in pellegrinaggio dalla campagna. Cantano sommesse, e sopra le loro voci esili sento quella baritonale del pope. Quanti nostri feriti, quanti nostri morti alpini saranno stati dentro e attorno questa chiesa di Valuichi? La luminosità del cielo, il miele dorato della chioma delle betulle sopra il prato, il suono delle campanelle nell'arco della porta bianca e azzurra, i canti sussurrati, i giochi delle ombre che il sole tra le foglie fa sui volti di alcune vecchie appoggiate al muro e che mi guardano miti, mi fanno per un attimo cancellare ben altre immagini che impetuose risalgono vivide e con violenza. Sto trepidante a guardarmi attorno assorbendo da ogni poro questo di oggi per mitigare quello di allora.

Finché mia moglie e Jurij mi vengono a prendere perché la tavola è già imbandita e la solianka va raffreddandosi.

La nostra colazione non è ancora terminata che viene da noi un uomo con gli occhiali; ci dice: – Il segretario del Soviet di Valuichi vi aspetta nella sede; vi prego, quindi, appena avete finito, di seguirmi.

L'edificio vecchio mi ricorda la scuola elementare della mia infanzia: le spesse mura di pietra, i pavimenti di legno, le porte tinteggiate con olio di lino e terraombra, le pareti a calce, l'odore di varechina e il silenzio. Sí, certo, qui dentro c'erano; mi sembra di sentire la loro presenza fisica e guardo attorno in ogni angolo e sento parole piemontesi e furlane nell'aria immota. Saliamo in silenzio quattro rampe di scale; in un corridoio un ufficiale d'artiglieria – forse un generale? – passeggia in attesa di qualcosa. L'accompagnatore con gli occhiali e dall'aria di seminarista, senza bussare apre una porta e ci fa entrare. Mi accorgo che con noi non c'è Jurij e mi sento come indifeso; sento pure la preoccupazione di mia moglie e la improvvisa remissività di Larissa.

Stava dietro una scrivania e dietro, sopra la parete, campeggiavano un ritratto di Lenin e una bandiera rossa ricamata con simboli in oro. Con un gesto ci indica una panca laterale dove sederci; di fronte a noi, sull'altra panca, stanno seduti l'uomo che è venuto a chiamarci e un altro uomo più anziano dall'aria bonaria di fabbro paesano. Senza farsi vedere dagli altri, mi sorride con gli occhi. Il segretario del Soviet è magro, asciutto, dai lineamenti del viso decisi e convinti, lo sguardo assorto; parla sottovoce senza alcun gesto o inflessione. Anche Larissa, che è seduta sull'orlo della panca dopo mia moglie e fa da interprete, risponde sottovoce e compunta: sembra di essere in una chiesa di frati. Ma anche, mi sembra, un interrogatorio.

Finalmente, dopo le mie risposte, l'ambiente si rasserena e, sempre lui, ci racconta che «allora» era qui e aveva quattordici anni. Mi sembra di rivederlo in uno di quei ragazzi che con un parabellum di traverso il petto o un fucile più alto di loro operavano con i partigiani.

Ricorda gli italiani e il loro ultimo combattimento quando furono circondati dalla cavalleria cosacca; i prigionieri. Ricorda che cantavano, anche. Cantavano, precisa, quelli che erano qui a Valuichi con i servizi, prima dell'offensiva dell'Armata Rossa. Parla ancora dei nostri prigionieri e dei nostri feriti, del freddo che avevano perché erano male coperti e delle scarpe che gli congelavano i piedi; e la fame che avevano tutti, anche loro russi.

— Le so, queste cose, — dico. Di sua iniziativa mi dice che i nostri morti sono stati sepolti in una fossa comune, fuori dal paese, verso la steppa.

Forse questo sarà anche vero, ma so per certo che a Nikolajevka tutti i nostri morti li hanno raccolti davanti alla chiesa, cosparsi di benzina e inceneriti: non era possibile scavare una fossa perché il terreno era gelato in profondità, duro come la pietra. Quello che mi dice è forse una pietosa bugia e non gli chiedo dove è la fossa comune degli italiani. Forse nemmeno me la indicherebbe, o mi indicherebbe un luogo qualsiasi. Cosa importa, ormai? Da qui al Don è tutta una tomba d'alpini.

Mi chiede del mio paese, dell'Italia, di come si vive. Rimane molto stupito quando gli spiego che da noi, sulle montagne, viene tanta neve e qualche inverno arriviamo ai trenta gradi sotto zero. Mi nomina qualche città: Torino, Milano, Napoli, Roma, e mi chiede quale di queste è piú vicina al mio paese. – Venezia, – gli rispondo. Allora con un sorriso aperto e per farmi contento ci dice che una volta aveva visto su un libro delle illustrazioni di Venezia che è «Bolsciòi krasíva». Bellissima.

Si alza, ci alziamo tutti e ci avviciniamo a un tavolo. Su un foglio fa scrivere a macchina l'indirizzo del Soviet di Valuichi e mi dice di scrivergli, quando sarò ritornato a casa, e di salutargli a nome dei compagni di qui i compagni del mio paese; ci offre ospitalità, ci stringe le mani. (Quel foglio con l'indirizzo l'ho perduto chissà dove, e mi dispiace veramente non potergli scrivere come avevo promesso).

Fa portare al tavolo una carta geografica della zona, la confronta con la nostra carta stradale della Russia, con le mie italiane e gli dico dove intendo andare. Ma in nessuna carta russa è segnato il nome che cerco: Nikolajevka. C'è solo sulle carte italiane. – Ma non esiste questo paese? – dico. – Ma qui c'è pure Nikitòvka e Arnautòvo –. Noi abbiamo sempre pronunciato in maniera sbagliata: c'è, mi dicono, Nikítova e Arnáutovo.

Le due carte russe non corrispondono, le tre italiane nemmeno. Forse, su quelle italiane, vi sono errori di trascrizione dal cirillico o dal tedesco. E poi tutte e cinque hanno scala diversa. Rimango imbarazzato e confuso quando uno di loro sbadatamente si appoggia sul vetro che ricopre la loro carta incorniciata e lo rompe. Sono io la causa di questo danno.

Due membri del Soviet di Valuichi si offrono di accompagnarci verso la pista che porta a Nikitova e Arnautovo: – Andiamo, – dico, – si fa tardi –. Poi penso tra me: «Da lí la strada per Nikolajevka la troverò io. Diavolo se la troverò!»

Dopo che i compagni di Valuichi ci hanno lasciato con grandi gesti di saluto, seguiamo per un pezzo la ferrovia; ma la pista, dopo un bel tratto, diventa impraticabile anche per la Volga di Jurij.

Non si vedono villaggi: solo terra, terra arata e no, cielo, e corvi che si alzano gracchiando al nostro passaggio. Larissa è visibilmente stanca e mia moglie guarda stupita in silenzio. Finalmente incontriamo delle isbe e Larissa chiede la strada per Nikolajevka: – Non so, – ci rispondono. Oppure: – Mai sentito nominare questo paese.

Mi viene il dubbio che il nome sia quello del tempo degli zar, Nicola, appunto, e prego Larissa di chiedere ai piú vecchi. Non lo sanno nemmeno loro. Non c'è.

Larissa e Jurij sono preoccupati. Ma dove ci vuole portare questo pazzo di italiano? Alla ricerca di un paese che non esiste? Allora prendo io l'iniziativa: controllo i chilometri fatti da Valuichi, guardo le carte, il sole: – Vai per di qua, – dico a Jurij. E dopo: – Prendi per quella traccia.

Il sole è basso all'orizzonte, non si vede un'isba, un

uomo. Solo cielo e terra. Scendo. Una nuvola di corvi si alza da un arato senza confini. Ma laggiú, tra pochi alberi coi colori dell'autunno, in un grande silenzio, due villaggi sembrano confondersi e impastarsi con l'aria e la terra: Nikitova e Arnautovo. Non mi posso sbagliare. No, non mi sono sbagliato.

Cammino fuori dalla pista. Capitano Grandi del Tirano, dormi in questa pace. Ti porto i saluti dei superstiti del tuo battaglione, di Nuto Revelli e di tutti gli alpini della Tridentina. Dormite in pace amici valtellinesi, in questo silenzio, in questa terra nera, in questo autunno dolcissimo. Chino la testa e poi faccio un cenno con la mano: – Ci ritroveremo un giorno. Arrivederci.

Dalla macchina mi chiamano. Salgo e non parlo; con la mano indico la direzione del sole che sta per tramontare.

Da sopra il dosso mi appare come allora. Non riesco a dire di fermare la macchina ma Jurij ha capito. Le mie mani a stento aprono la porta, a stento i piedi si posano sul terreno. Cammino? Cammino verso Nikolajevka. Il dosso. Questo dosso dove siamo scesi la mattina del 26 gennaio. I resti dei battaglioni, delle compagnie, delle squadre del 6° alpini. Il Vestone, la 55: la valletta ricolma di neve, il terrapieno della ferrovia, il sottopassaggio, il casello. Giuanin, Minelli, il capitano, il tenente Pendoli, i russi vestiti di bianco con le due mitragliatrici, i cannoni anticarro che i paesani del genio alpino hanno assaltato a bombe a mano. Tutto. Tutto come allora. Metro per metro. In quell'isba sono entrato con Antonelli e la pesante, e Dotti e Menegolo mi hanno portato poi le munizioni.

Là sono andato a mangiare e c'erano dentro i soldati russi con la donna e i bambini. In questa il tenente Pendoli era con il capitano ferito a morte; e da qui sono usciti i soldati russi con i parabellum. Quanti siamo rimasti? Forse in due, forse in quattro con loro. Guardo e non sono capace di dire una parola, di fare un gesto. Rino, Raoul, Giuanin, il generale Martinat, il colonnello Calbo, Moreschi, Tourn, il tenente Danda, il maggiore Bracchi, Monchieri, Cenci, Baroni, Moscioni, Novello, don Carlo Gnocchi. Tutti qui eravamo.

Mi fanno risalire in macchina e scendiamo lentamente per la strada che va verso la chiesa; da questa strada dove, dopo ore e ore di battaglia, il generale Reverberi e un gruppo di disperati hanno trascinato la massa che aspettava. Per questa strada, tra queste isbe che fanno da quinta, e la chiesa da fondale. È stata la porta che abbiamo aperto per arrivare a baita. Qui, davanti a questa chiesa, con Baroni ho chiamato quelli che mai più sarebbero venuti avanti; e il tenente Zanotelli diceva: – Ma dove sono tutti? Vestone! Vestone! – Il freddo, la notte e il silenzio erano scesi su questo villaggio. E gli alpini morti restavano nella neve.

Mia moglie, Larissa e Jurij si guardano in faccia, dicono qualcosa che non capisco, ma vedo i loro occhi gonfi di pianto. E la macchina riparte veloce.

È scesa la sera, non si vedono più villaggi e, quando mi giro, nemmeno Nikolajevka. Come allora neve e cielo, ora terra e cielo. Quando parlo dico a fatica: – Per questa pista siamo passati il 27 gennaio. La riconosco.

Quelle lunghe marce, eterne, senza soste, senza cibo, con i congelati che restavano ai lati della pista, con i feriti che morivano sulle slitte, con i sopravvissuti che si trascinavano. Neve cielo, notte giorno, neve cielo. Ma come abbiamo potuto?

Dopo ore di corsa con la Volga incontriamo un villaggio, dopo ore un altro, e quando arriviamo a Sebekino è vicina la mezzanotte.

Tutte le porte e le case sono chiuse; ma rivedo le isbe che ci hanno accolto dopo quei diciassette giorni di marcia dal Don; dove era il comando della Tridentina, e del 5° e del 6° alpini, e del 2° artiglieria. Qui ci siamo contati, e qui è morto il nostro colonnello Signorini.

Ancora due ore di macchina e poi saremo a Charkov, in albergo. Un tè, un letto pulito, il caldo. Ma è possibile? Ma come è stato possibile?

Ho visto Kiev e Charkov; le università, gli alberghi, i negozi, i monumenti a Lenin, le piazze, le chiese, i musei. A lungo mi sono soffermato in una sala dove erano esposte molte armi della nostra guerra, bandiere naziste e, in una vetrina, alla rinfusa, croci di ferro di ogni classe, spalline di generali e un bastone di maresciallo. Sulle pareti, pannelli plastici in altorilievo riproducevano ingenuamente fasi di battaglie.

Avevo chiesto anche di passare una giornata o due in un kolcos, ma, mi dicono, in questa stagione non è possibile perché i kolcosiani sono tutti impegnati nell'aratura e nella raccolta delle barbabietole; e per questo l'ospitalità verrebbe trascurata. Mi propongono in cambio una visita a una fabbrica, e una mattina fredda e ventosa andiamo.

L'ingegnere che mi guida nella visita era un pilota

di aerei da combattimento; quelli che volavano bassi sopra la steppa e d'improvviso ti erano sopra a spezzonare e mitragliare. «La morte nera», li chiamavano i tedeschi; lui era stato abbattuto due o tre volte dietro le linee, e anche ferito malamente, e sempre se l'era cavata. Nel pannello dove sono le persone illustri che hanno lavorato in questa fabbrica c'è anche la sua fotografia perché eroe nazionale.

Anche questo ingegnere, dopo una prima fase di staccata riservatezza, si lascia naturalmente andare e della fabbrica mi racconta e mi vuol far vedere tutto. Ma io non me ne intendo assolutamente di meccanica e piú che le macchine elettroniche e la produzione dei trattori mi interessano le bacheche dove sono esposte vecchie fotografie e lettere: si vede come qui vivevano e lavoravano settant'anni fa, Lenin che parla agli operai proprio in questa fabbrica, come l'avevano ridotta i tedeschi nel 1943.

Quando vuole riparlarmi di motori Diesel dico ancora che non me ne intendo. – So solo, – gli dico, – che le vostre macchine, armi o carri o trattori che fossero, andavano sempre, anche quando sembravano scassate, mentre le nostre... – E lui ride divertito.

Al funzionario dell'Inturist, in albergo, dico del mio desiderio di ritornare ancora una volta sui campi di battaglia. Ma non a Poltava dove nel 1709 i russi sconfissero gli svedesi, e nemmeno a Jassinovataja e Rikovo, che mi propongono: tra l'altro arrivare laggiú, dove ero il primo inverno con il Cervino, o dove il 1° settembre il Vestone fu distrutto, è troppo lontano. – Sul Don, – dico, – desidero andare.

Loro si sono già informati e mi spiegano che invece

di rifare la strada per Valuichi è molto meglio arrivare a Rossoch scendendo da Alessjevka perché la strada è asfaltata per un bel tratto; non sanno, invece, come sarà verso Rossoch e il Don. Cosí, a un primo conteggio, i chilometri sono circa novecento. Ce la faremo?

Non c'è Jurij questa volta a guidare la Volga; ha ancora le reni rotte per il viaggio dell'altro giorno. Borís si chiama il nuovo autista, ed è piú giovane; Larissa è ormai rassegnata ad accompagnarci anche questa volta.

Il mattino è meraviglioso e smaglianti i colori dell'autunno; nei campi senza fine stanno raccogliendo le barbabietole da zucchero e i mucchi immensi vengono caricati sui camion: ne incontriamo una lunghissima fila. Sono autocarri militari, ogni tanto intercalati da uno kolcosiano; i militari sono contenti di fare questo servizio, lo si vede dai loro visi sorridenti e dai saluti che ci fanno con la mano.

Oltre Bielgorod un odore acuto penetra nella macchina: viene dagli zuccherifici che stiamo costeggiando.

La strada corre diritta: sale, scende, risale, ridiscende; i limiti dei kolcos sono segnati da insegne con il nome e il numero. Terre arate, terre seminate: nero, verde. Rosso di foreste di querce, bianco verticale di betulle con le chiome d'oro. Stagni con oche bianche e vaporose, pascoli con mandrie bicolori. La sorpresa in una balca è un gregge di pecore.

Dopo Alessjevka il paesaggio cambia; diventa piú selvaggio, ampie zone non sono coltivate, i villaggi sembrano piú poveri; la strada è una pista di terra bat-

303

tuta che sovente dobbiamo lasciare per i lavori in corso sul fondo delle balche. Piccole mandrie di cavalli girano libere nei pascoli; corsi d'acqua si impaludano.

– Fermati, – dico a Borís, – qui vorrei scendere.

Il luogo mi è noto anche se non c'è la neve. Sono certo di essere tra Postojali e Seljachino. Ma perché queste macchie d'alberi lontani, questa terra, queste lunghe erbe secche e questo cielo si impastano e sfumano in un'unica linea orizzontale? Si sciolgono come se una calda luce liquida li dissolvesse. Da laggiú siamo arrivati dopo aver lasciato il Don e per questo lungo dosso abbiamo camminato tra il 20 e il 22 gennaio. Vorrei camminare come allora lungo una traccia che so, e dormire nelle isbe; e vorrei che fossero qui anche loro: gli amici che sono rimasti vivi e che mai, forse, qui potranno ritornare. Ma gli altri come potranno capire questo?

Ecco, da qui, a ogni gruppo di isbe è legata la nostra storia; una storia di alpini della Julia, della Cuneense, della Tridentina, del Cervino. Siamo passati per ogni pista e i nostri nomi gridati nella tormenta di queste steppe. Morte, speranza, disperazione, fatalismo. Chi potrebbe dire tutto? Nessuno. Nessuno saprà tutto. E per tutti e per ognuno una storia diversa. Ed eravamo in tanti.

Cammino un poco da solo, e ai margini di uno stagno inselvatichito osservo i resti di quattro isbe. Vedo tra le erbacce le stufe di mattoni, i camini crollati, qualche trave carbonizzata. Per chi si sarà svolta qui l'ultima parte del dramma? Da quale paese delle nostre montagne sono venuti a morire qui?

Tutt'intorno non si vede un essere vivente. Nemmeno corvi, o uccelli nello stagno. Mi sembra d'essere dentro un profondo oceano, ma anche provo una malinconica pace. Mia moglie, Larissa e Borís non parlano; forse anche loro sono colpiti da questo immobile silenzio.

Passiamo per Oljchovatka; scendiamo lungo il Kalitva e alle due pomeridiane arriviamo a Rossoch. Borís, Larissa e mia moglie cercano un ristorante o un'osteria, se c'è, ma io vado intanto per le strade dove hanno combattuto e sono morti gli amici del Cervino e della Julia. Mi guardo attorno e mi sembra strano vedere la gente tranquilla vicino alla chiesa ad aspettare la corriera, e non sentire i carri armati e le raffiche dei mitra. Proprio lí, tra la chiesa di San Nicola e la stazione (che ancora porta i segni di allora) è stato visto per l'ultima volta il Mario Pesavento, mio compagno alle elementari. Suo padre lo vedevo tutti i giorni passare davanti a casa mia quando tornava dalla cava; ora ha tanti anni, ma l'ultimo suo lavoro di scalpellino è stato un monumento per i dispersi in Russia.

Anche qui a Rossoch c'è un monumento dentro un giardino di betulle e di aceri; è per i loro caduti e a fatica traduco: «Alla gloria eterna di coloro che sono morti per la liberazione e l'indipendenza del loro paese».

Un poco fuori del centro, lungo la strada che scende a Novo Kalitva, hanno trovato un ristorante.

Prima di sedermi al tavolo mi avvicino al banco per comperare qualcosa per il viaggio perché prevedo una cena molto lontana: – Sono un italiano, – dico alla donna che mi serve. E vedo il suo viso trasfigurarsi: impallidire, arrossire, gli occhi illuminarsi e inumidirsi; sorridere, infine.

Non riusciamo a parlarci. Questa donna che per l'emozione non è capace di avvolgere il pacchetto, allora avrà avuto vent'anni. Mi dice: – Dasvidània! – E poi, in italiano: – Arrivederci –. E nient'altro.

Mangiamo la solita solianka, montone arrosto, cavoli. Per bere c'è vino di ciliegie o birra. Borís beve solamente acqua, come aveva fatto Jurij del resto, perché chi guida non può assolutamente bere alcolici.

Ora ho fretta di arrivare sul Don, anche se Larissa, dopo essersi allontanata dal gruppo per telefonare, mi dice che il Soviet di Rossoch gradirebbe una nostra visita. – No, – dico, – se è possibile; si farebbe troppo tardi. E poi bisogna ritornare a Charkov viaggiando tutta la notte. Andiamo subito a Podgornje.

Vorrei anche andare verso Staraja e Novo Kalitva, a Quota Pisello, dove hanno combattuto quelli della Julia e della Cuneense. Ma lassú c'è il mio caposaldo: – Andiamo, – dico, accennando al Nord.

Ecco Podgornje con la fabbrica di calce e i carrelli che passano sopra la strada; qui ogni cartello indica un nome noto: Saprina, Morosovka, Serghejevka, Opit, Dacia, Scororyb, Basovka, Morosov. Passo dopo passo, dal Don fino a qui, la prima notte della ritirata, fino a queste isbe che ora mi vedo davanti nella verzura degli orti e con le donne sedute sulle panchine a chiacchierare. Allora ci apparvero dentro il fumo della tormenta dopo la notte piú lunga e fredda. E dopo, l'uscita da questo paese per la salita dove i camion non ce la facevano, e i magazzini che bruciavano e il nostro ospedale divisionale con la grande bandiera bianca e la croce rossa, e i feriti che si trascinavano fuori sulla neve della via perché volevano venire con noi.

Sulla strada che va a Dacia c'è ancora il mulino a vento dove un giorno incontrai il Silvio dalle Ave che faceva il guardafili: ero passato con gli sci prima di andare in linea, per trovare Rino al comando del battaglione genio. Questo mulino indicava la strada ai nostri conducenti e ai portaordini, ed è come rivedere un campanile di paese.

Stiamo attraversando un villaggio e Borís ferma la macchina vicino a un pozzo perché ha sete. Anch'io scendo per bere e sento il cuore salirmi in gola: in queste isbe c'era il comando del mio battaglione, del Vestone e là, verso la balca, avevamo scavato i ricoveri per invernarci. Invece, quando furono finiti, andammo in linea per prendere il posto del Valcismon. Gli scavi erano grandi e profondi, per stare al caldo e al sicuro; uno ogni due plotoni. Noi mitraglieri del tenente Sarpi eravamo con i fucilieri di Cenci. Quanto abbiamo cantato là sotto quando veniva la sera! Ci sono ancora i segni degli scavi ed è come mi ritrovassi davanti tutti i compagni di allora e le voci: Artico, Tardivel, Moreschi, Bodei, Monchieri, Linardi, Corazza, Barp. Tutti.

Bevo avidamente l'acqua di questo pozzo che ci dissetò anche allora. E adesso andiamo, andiamo in fretta Borís, voglio arrivare sul Don con la luce.

Bielogoroje; il paese che declina verso il fiume, a destra e a sinistra le due montagne biancheggianti, il boschetto e la piana con il fosso anticarro, le erbe, la riva e l'acqua che va lenta. Lo riconoscete, amici del Tirano, questo posto? Quante volte siete venuti di pattuglia dove ora cammino e non sparano? Quaggiú sulla riva c'erano i posti avanzati dove venivate di notte; sui dossi ci sono ancora i segni delle trincee e delle postazioni e guardando verso il sole che tramonta indico con la mano i caposaldi. Lassú c'era il caposaldo «Madonna di Tirano» della 46, poi venivano quelli del Val Chiese e del Verona; laggiú, lungo il fiume, l'Edolo, il Vestone, il Morbegno. E poi ancora, lontano, la Cuneense e la Julia.

Scendo alla riva, con l'acqua mi bagno la fronte e raccolgo una manciata di terra. Un cartello dice che è vietato fare il bagno: forse perché sul letto ci sono ancora bombe a mano o mine?

Un ponte di barche unisce le due rive; al di là la strada prosegue dentro il bosco e camminando su questo ponte dondolante ho l'impressione della vastità delle Russie. Quante migliaia di chilometri ancora? Foreste, città, pianure, fiumi, deserti, laghi, villaggi, steppe, montagne fino dove finisce il mondo.

Di notte, stando sulla riva alta di questo fiume, vedevamo lontano delle luci che parevano un altro firmamento; ed è da qui che sono partiti per liberare la loro patria e l'umanità dal nazismo. Si fermarono quando raggiunsero Berlino.

Sul ponte di barche, nel mezzo del fiume, un vecchio è assorto a pescare e mi fermo con lui in silenzio. Dopo un poco gli chiedo in russo: – Kak dielà? – Nicevò, – mi risponde girando appena la testa. E sorride con gli occhi, non stupendosi del mio essere straniero.

Con tutto il cuore avrei voluto sostare a lungo su quel ponte a pescare con il vecchio, a sentire l'acqua frusciare contro i legni mentre il sole incendiava di colori il bosco autunnale. Anche i pesci che tirava su brillavano nell'ultimo sole come le cupole delle chiese ortodosse. Il vecchio voleva offrirmeli.

Con un cenno lo salutai e ripresi la strada del ritorno. Mia moglie, Larissa e Borís mi aspettavano accanto alla macchina. E ripartimmo.

Allora, in quella notte del 18 gennaio 1943, questa pista che va a ovest era gremita di muli, di automezzi, di battaglioni di alpini della Tridentina che avevano lasciato il Don con troppo ritardo per obbedire a un ordine dell'OKW di Hitler; era stato lui che aveva ordinato al comando dell'VIII Armata italiana che il Corpo d'Armata Alpino non lasciasse il fiume.

Da Rossoch saliva la Julia che per un mese in aperta steppa aveva fermato la fanteria e i carri armati russi che avevano rotto il fronte nell'ansa di Verk Mamon e che avevano tentato di aggirarci. Dalla zona di Karavut veniva il 1° reggimento alpini e da Staraia Kalitva il 2° e i gruppi del 4° artiglieria alpina. Dal Nord, dove la 23ª divisione ungherese aveva abbandonato la linea di propria iniziativa, le masse degli sbandati ungheresi e tedeschi intasavano villaggi e piste da Judino a Podgornje.

I soldati russi dei reggimenti della Guardia e i carri armati stavano chiudendoci nella sacca. I villaggi bruciavano, negli ospedali gli ufficiali medici piú giovani tiravano a sorte chi doveva restare per assistere i feriti che non potevano andarsene con le proprie gambe. Le tradotte con i complementi che arrivavano dall'Italia, nelle stazioni a ridosso del Don invece di trovare i nostri comandi tappa trovavano i carri russi. Colonne motorizzate di servizi e di salmerie arretrate pistavano veloci al di là dello sbarramento per raggiungere Charkov.

Noi si restava dentro la bufera; ancora reparto per reparto, squadra per squadra. Fino a quando abbiamo trovato i magazzini abbandonati dove i pochi civili rimasti nei villaggi e i partigiani cercavano di salvare dalle fiamme quanto potevano. Allora incominciarono a staccarsi i primi; e di quelli che trovarono il cognac nelle botti forse non si è salvato nessuno.

Le notti e i giorni del 19 e del 20: incursioni di carri armati, mitragliamenti aerei, i primi morti assiderati ai lati delle piste, i primi bruciati dentro le isbe. La prima grande fame di sonno e di baita.

Ora abbiamo lasciato alle nostre spalle le case di Bielogoroje, e al rosso di quello straordinario tramonto sul Don si è ora sostituita una notte tranquilla. Quelle luci che vedo alla mia destra sono forse delle isbe di Kasinka; allora, lassú, c'era il Verona, e di là partimmo in una notte di estremo gelo per andare giú verso Bojvolovka, a dare il cambio in linea al Valcismon della Julia.

Che notti in quel dicembre del 1942! E don Carlo Gnocchi con gli alpini dell'Edolo preparava il presepio in una tana sopra il fiume gelato. Ricordo le postazioni, le pattuglie di collegamento con il Morbegno, le ore nei ricoveri e l'odore e la macina del grano e la polenta di segale e i semi di girasole; e le armi che non volevano sparare e l'alpino Lombardi che stava sempre silenzioso e staccato, indifferente nel suo grande coraggio perché la morte era già in lui. E Giuanin: – Sergentmagiú, ghe rivarem a baita?

Vorrei dire a Borís di fermare la macchina per farmi scendere, a Larissa di accompagnare mia moglie a Charkov e farla ripartire per l'Italia e io restarmene qui solo, per tutto l'inverno in questi villaggi, e camminare dall'uno all'altro. In silenzio, sulla neve. Fino a primavera, fino al disgelo, e dopo riprendere il treno per casa. Ma questo non lo posso chiedere; posso solamente pensarlo e immaginarlo; nemmeno accennarlo, a loro. È già molto cosí. Quanti di quelli che siamo usciti dalla sacca, dai Lager, dalla Resistenza, dalla guerra degli alpini, insomma, vorrebbero essere qui stasera con me?

La macchina corre veloce tra il Don e Alessjevka; ancora paesi di allora: dopo Podgornje, Opit, Postoiali, Novo Charkovka. Borís tiene il finestrino completamente abbassato per sentire il vento della corsa tenerlo sveglio e fuma in silenzio; mia moglie per il freddo si stringe a me. Ma forse non è solamente per il freddo. Larissa dovrebbe essere molto stanca perché da qualche ora non dice una parola. Ad un tratto accende la radio e dopo la musica jazz e cubana sentiamo il bollettino meteorologico; Larissa mi spiega che nel Nord della Russia nevica, che il freddo e il fronte di basse pressioni ha investito l'Ucraina settentrionale.

È per questo che prima, guardando in cielo, non vedevo piú le stelle. Le foglie di betulla che il vento strappa dai rami vengono ad illuminarsi davanti ai fari della macchina come balenanti farfalle: «Se venisse ora a nevicare, – penso, – forse saremmo costretti a fermarci, a cercare un'isba per chiedere ospitalità e ripartire domani».

Ora desidero questa neve che ho tanto maledetto, che mi ha ossessionato per anni; la desidero per passare una notte sopra la stufa di un'isba, perché troverei ad aspettarmi tutti gli amici e i compagni che non sono arrivati a baita.

Mia moglie forse capisce qualcosa perché mi stringe il braccio. – Ho freddo, – dice poi. Ma se dovessi dire a Borís di chiudere il finestrino certo si addormenterebbe perché sono undici ore che guida, e cosí copro Anna con la mia cacciatora di velluto e lana.

Il paese che si dovrebbe raggiungere è Alessjevka (anche allora, in un primo tempo, fu una meta: dicevano che c'era un caposaldo tedesco, invece era già stato occupato); da Alessjevka prenderemo la strada asfaltata per Bielgorod e Charkov. Ma questo paese sembra irraggiungibile, e quando Borís si accorge di aver perso la pista buona, chissà dove diavolo siamo.

Seguendo la carreggiata di un trattore arriviamo nelle vicinanze di un grande recinto fiancheggiato da due stalle. I fari illuminano un branco di cavalli e i puledri spaventati dalla luce improvvisa corrono in tondo con le criniere e le code al vento; e mi viene davanti un'altra immagine, quando la mia compagnia una notte era in testa alla colonna accerchiata: c'era tormenta e sbucarono dal buio due autoblinde che nel turbinio della neve ci spararono sopra la testa raffiche di pallottole traccianti. Poi sparirono nuovamente nel buio; come questi puledri, dopo che Borís ha spento i fari.

Non c'è nessuno qui, a custodire i cavalli, nessuno

risponde al nostro richiamo. Risaliamo in macchina e ci inoltriamo cautamente verso il fondo di una balca; incontriamo delle isbe, Borís suona il clacson e scende. Dei cani abbaiano, qualche porta si apre e nel riquadro della luce compaiono delle figure di donne. I ragazzi saranno tutti a letto perché è tardi.

Chiediamo la strada per Alessjevka e rispondono tutte insieme, dicendo cose differenti. Dal gran ciacolare che fanno riesco a capire che grosso modo siamo in quella zona poco abitata che è tra Varvarocka e Ostrogorsk. Anche degli uomini sono usciti dal loro sonno, fanno stare zitte le donne e poi parlano con calma. Ci offrono anche ospitalità e dico a Larissa e Borís di fermarci: potremo riprendere domattina.

Non è possibile, dicono: dobbiamo ritornare nel nostro albergo anche a costo di viaggiare sino a giorno. A questo riguardo, forse, avranno ricevuto una consegna. Allora un giovanotto si offre di accompagnarci verso la strada buona e lo facciamo salire dietro, con me e mia moglie. Ripartiamo ringraziando e salutando la gente di questo paese sconosciuto: – Bolsciòi spasíba! – Dasvidània, – ci dicono loro.

Dopo un'ora il ragazzo scende, dice che in questo villaggio che stiamo attraversando c'è una donna che l'attende e che domani, con la fortuna di qualche trattore kolcosiano, ritornerà a casa per far pascolare i cavalli. Ci indica la strada buona e ci augura buon viaggio fino in Italia.

La macchina corre nel buio, il vento gelido della steppa entra dal finestrino tutto aperto, nessuno dice parole. Borís ogni tanto rallenta la corsa e china la testa sul volante: anche se andiamo fuori strada, penso, non succederà niente: è tutto piano!

Prima un tasso, poi una volpe, un'altra volpe ancora e delle lepri attraversano nella luce dei fari dove sempre le foglie dell'autunno sembrano farfalle rosse. In queste distese infinite dormono i miei compagni, e questa è la Russia che sono venuto a cercare.

Altre due volte abbiamo perso la strada in quella notte che avrei voluto ancora piú lunga. In un villaggio, dove Borís cercava qualcuno per chiedere dell'acqua, due giovani ci rispondono buffamente, ciondolando: anche qui ci sono gli ubriachi del sabato. Larissa e Borís sono seccati per questo incidente davanti agli ospiti stranieri, ma io sorrido al loro imbarazzo.

Piú avanti una gomma si sgonfia, lontano abbaiano i cani, delle gocce miste a neve ci sferzano mentre cambiamo la ruota. Dopo altre due ore di viaggio e di silenzio dico a Borís, che sento teso per la stanchezza e il dispetto di aver smarrito la strada: – Non prendertela! Se non arriveremo a Charkov arriveremo a Voronez o a Mosca. È lo stesso! – Finalmente lo sento ridere, e finisco: – Nicevò, Borís, nièt voinà! – Non prendertela, non siamo in guerra.

Se ci fossero le stelle, la troverei la strada per Charkov. Ma quanti nostri compagni allora, in quella bufera di fuoco e di neve come in un inferno, non hanno trovato la strada di casa? Camminavano, giravano in tondo, si trascinavano sulle ginocchia e si perdevano. Quando ritornavano le stelle o il sole, un piccolo rialzo sulla neve indicava che lí sotto c'era un uomo.

Finalmente troviamo una tabella che indica Koroça. Ci eravamo portati troppo a nord, ma tra centoquaranta chilometri di buona strada saremo a Charkov, nell'albergo dell'Inturist dove sarà fin troppo caldo. Ci arriveremo per la prima colazione; è da Rossoch, dal mezzogiorno di ieri, che non mangiamo; e come cena abbiamo succhiato le grosse caramelle di crema, comperate dalla donna che mi ha detto «arrivederci».

Per due giorni mia moglie stette quasi sempre a letto con la febbre e io verso sera uscivo un paio d'ore a passeggiare per la città. Mi piaceva andare lungo una vecchia strada, forse la piú vecchia e intatta e paesana via di questa Charkov rifatta nuova dopo tante battaglie. Su questa mia cara strada, dei gradini scendono verso le porte illuminate delle botteghe seminterrate: lí sotto è caldo, è intimo. Entro in tutte: vendono libri, stampe, tabacco, tè, ciambelle, bottoni. Sono riuscito a trovare un pacchetto di makorka, il vecchio e rustico tabacco ucraino che noi e i nostri paesani russi riuscivamo a fumare nei Lager. – Mario, davài gazieta, – mi diceva Piotr Ivanovic. E con un pezzo di giornale propagandistico tedesco faceva delle grosse sigarette che quando aspirava si incendiavano. Ora questo ritrovato makorka mi sembra il tabacco piú prezioso e piú buono del mondo. La vecchia che l'ha spolverato dal piú riposto angolo della bottega me lo porge scrollando la testa e non vuole nemmeno le copeke del prezzo segnato sulla carta gialla; forse ha capito cosa cercavo.

Queste botteghe sotto il livello della strada piena del traffico serale mi ricordano la vecchia Russia di Gogol e Chagall; solo che una volta entrato non trovo vecchi mercanti, ma studenti. Ragazzi e ragazze che sfogliano libri, bevono il tè, discutono, si scambiano francobolli e distintivi, si fanno i fatti loro, insomma; e io vecchio sergente maggiore degli alpini che ho combattuto contro i loro padri prima di essere stato a questi fratello, mi sembra d'essere dell'era neolitica. O forse no, perché in una bottega color cannella dove mi sono fermato a bere tè e mangiare frittelle, quando stavo per uscire un paio del gruppo mi hanno detto «ciao». Proprio ciao!

Anche verso la periferia della città, dove stanno costruendo dei nuovi rioni, sono andato un paio di volte camminando tranquillo. Le costruzioni sono grandi e moderne, con centinaia di appartamenti, ma attorno vi sono ancora case a un piano con gli orti e le galline. Una profonda balca divide la città vecchia dalla nuova e un largo ponte la scavalca. Mi sono fermato sul ponte a vedere la gente che ritornava a sera con le borse della spesa; venivano anche dalla campagna in bicicletta e con ceste di funghi. Un cacciatore teneva al guinzaglio un magnifico bracco unicolore: passando mi annusò e mosse la coda. Certo avrà sentito sui pantaloni l'odore del mio Cimbro. Io lo grattai dietro le orecchie.

Ritornammo a Kiev e il giorno dopo riprendemmo il treno che da Togliattigrad va a Torino. Compagno di viaggio era un chiassoso italo-americano, nato da genitori trentini, che dal tempo della guerra di Corea vive a Tokyo. Aveva preso la transiberiana a Vladivostok e portava con sé un armamento di macchine fotografiche e cineprese; ma anche bottiglie di whisky e tanti dollari. Appena varcata la frontiera dell'Urss si mise a imprecare contro i doganieri sovietici che gli avevano messo a soqquadro la cabina.

Io volevo stare in pace, e in silenzio guardare dal treno la campagna dove i trattori rivoltavano la terra e gli uccelli volavano sopra gli arati. Anche allora, nel 1943, quando noi pochi rimasti prendemmo il treno per ritornare, avevo portato via una immagine simile che per anni mi aiutò a vivere: dopo un villaggio distrutto, su una collina nera contro l'orizzonte del cielo rosso un contadino arava solitario, un cavallo bianco e magro tirava l'aratro e la lunga frusta che il contadino teneva diritta pareva sostenere il cielo.

Ecco, sono ritornato a casa ancora una volta; ma ora so che laggiú, quello tra il Donetz e il Don, è diventato il posto piú tranquillo del mondo. C'è una grande pace, un grande silenzio, un'infinita dolcezza.

La finestra della mia stanza inquadra boschi e montagne, ma lontano, oltre le Alpi, le pianure, i grandi fiumi, vedo sempre quei villaggi e quelle pianure dove dormono nella loro pace i nostri compagni che non sono tornati a baita.

Assonanze

Le guerre degli italiani, Parole, immagini, ricordi, 1848-1945, di Mario Isnenghi, Mondadori, 1989.

«Perché mai – ci si può chiedere – il fronte russo ha imposto a tal punto la sua presenza, per qualità e frequenza, rispetto a ogni altro fronte? La Russia ci ha dato tanto il capolavoro – con *Il sergente nella neve* – che il best-seller – con *Centomila gavette di ghiaccio* –, tanto il "genere" che l'industria e il lavoro di memoria in serie (con iniziative del tipo di *C'ero anch'io* animate dallo stesso Bedeschi). I fattori di questo doloroso primato nell'immaginario sono sicuramente diversi. Intanto c'è la mitica lontananza dell'impresa ribadita da ovvi depositi della memoria: Napoleone, la steppa, la Siberia, il "Generale Inverno". E poi, la Russia, fra i paesi lontani, non attende il 1941 per essere indirettamente fra i più presenti, sia pur favolosamente presenti: idealizzati o esecrati, gli Zar spodestati, la Rivoluzione russa, l'Ottobre del '17, hanno riempito di sé l'immaginario dei padri, nell'altra guerra prima di materializzarsi, una guerra dopo, agli occhi dei figli. Nel primo dopoguerra – al tempo di "E noi faremo come la Russia..." – e poi negli anni Venti e Trenta l'Unione Sovietica ha continuato a fungere da orizzonte epocale, terroristico o fulgente; con l'invasione, i conti tenuti sempre in sospeso – *Roma o Mosca!* – giungono finalmente a maturazione...

Chi si salva dalla ritirata – l'epica umile del ritorno a casa si dedicherà a elaborare il lutto per tanta stanchezza, disinganno e sfinimento. Ma – affettuosa e pugnace, pensando alla baita o che non è *Mai tardi* per regolare i conti con chi ha tradito la propria giovinezza – la memorialistica di Russia ci appare tutta intenta al ritorno, pensa e si muove materialmente e mentalmente da oriente a occidente, e sul perché e come ci si era mossi, appena pochi mesi innanzi, all'andata in direzione contraria, non ha molta voglia di interrogarsi. O, per lo meno, di raccontarcelo.

Gli imbarazzi e le reticenze nel ritrovarsi a terra – diversi in

un'Italia diversa – non sussistono ancora, invece in quel tanto
che ci è rimasto e riusciamo a decifrare di lettere e di commenti
contemporanei allo svolgimento dei fatti e non ancora filtrati dal
senno e dai disinganni del poi. È Nuto Revelli, soprattutto – l'ex
ufficiale d'Accademia convertito dalla catastrofe nel risoluto partigiano delle brigate di "Giustizia e libertà" e poi a quarant'anni
di assidua opera di ricupero fra i vivi e i morti di quella terribile
esperienza collettiva – che ha salvato le prove dell'educazione
nazional-fascista e anticomunista: schegge e lacerti di motivazioni
aggressive e restauratrici che avevano fatto in qualche modo brec-
cia – per azione congiunta di parroci e di federali, di dopolavoro
e di caserma – nella piú o meno approssimativa cultura e nel vo-
cabolario politico dei contadini-soldati della "Cuneense" e, pre-
sumibilmente, di altre Divisioni. Mario Rigoni Stern e Primo Levi – questi nel secondo libro di guerra, quello del ritorno, *La tregua* – trasformano grazie alla sconfitta l'occasione aggressiva in
occasione d'incontro e riconoscimento fra i popoli. Il reduce *Sergente nella neve* – nel memorabile autoriconoscimento dell'uomo
comune sotto le spoglie dismesse dell'italiano di Mussolini – fa
appello, per la sua opera di restaurazione dei significati pre-politici
della solidarietà fra uomini di buona volontà di là dalle tregende
storiche che travolgono i popoli, alla tavola dei valori della cultura
contadina e montanara. Dire che si risente aleggiare nell'aria *Con
me e con gli alpini* è vero e poco appropriato nello stesso tempo...»

Con me e con gli alpini, di Piero Jahier, La Voce, 1919, Einaudi,
1943, APE s.d.
    Esperienza di una piccola comunità di uomini in guerra, un intel-
    lettuale tra gli alpini durante il primo conflitto mondiale.

Mai Tardi, di Nuto Revelli, Panfilo, Cuneo 1946, Einaudi, 1967.
    Diario quotidiano dell'odissea degli alpini in Russia sino alla tra-
    gedia della ritirata durante il secondo conflitto mondiale.

La guerra dei poveri, Einaudi, 1962.
    La prima parte rielabora le memorie di *Mai Tardi*, mentre la se-
    conda è dedicata alla guerra partigiana.

La strada del davai, Einaudi, 1966.
    Raccolta delle testimonianze di quaranta reduci della «Cu-
    neense».

L'ultimo fronte, Einaudi, 1971.
    La seconda guerra mondiale in un'antologia di lettere di soldati
    scomparsi.

Centomila gavette di ghiaccio, di Giulio Bedeschi, Mursia, 1963.

Il piú grande successo editoriale tra i libri sulla campagna di Russia.

Lettera da Kupiansk, di Mario Spinella, Mondadori, 1987.

L'immagine piú meditata e mediata dell'Italia in Russia.

La tregua, di Primo Levi, Einaudi, 1963. Ora, insieme con *Se questo è un uomo*, in «E.T.» n. 2.

Il secondo libro della Seconda guerra mondiale; il ritorno come riconoscimento dei popoli.

Indice

Il sergente nella neve

Ritorno sul Don

Stampato nell'aprile 1990 per conto della Casa editrice Einaudi
presso lo Stabilimento Tipolitografico G. Canale & C., s. p. a., Torino

C.L. 11784